Klaus Thiele-Dohrmann, geboren 1936, studierte Psychologie und Literatur-wissenschaft in Hamburg und Zürich. Der Wissenschaftsjournalist und Autor mehrerer Bücher ist als Mitarbeiter verschiedener Zeitungen und Sendeanstalten tätig.

Jeder Mann wird es reizend finden, wenn seine Dame in Momen-
ten der Entspannung pikant wie ein Engel zu plaudern versteht,
so daß Venus von neuem erwacht, und läge sie auch in tiefstem
Schlafe.

Abbé de Brantôme
(1538–1614)

Vollständige Taschenbuchausgabe März 1997
Droemersche Verlagsanstalt Th. Knaur Nachf., München
Copyright © 1995 für die deutschsprachige Ausgabe by
Ernst Kabel Verlag GmbH, Hamburg
Die Abbildung auf S. 110 wurde mit Genehmigung des Ullstein
Bilderdienstes, Berlin, verwendet.
Originaltitel: »Pikant wie ein Engel. Hetären, Kurtisanen, Mätressen«
Umschlaggestaltung: Alexander Urban, Wiesbaden
Umschlagfoto: AKG, Berlin
Satz: Ventura Publisher im Verlag
Druck und Bindung: Ebner Ulm
Printed in Germany
ISBN 3-426-77103-9

5 4 3 2 1

Klaus Thiele-Dohrmann

Hetären, Kurtisanen, Mätressen

Zauberischer Reiz: *Lady Lilith*, Ölgemälde von Dante Gabriel Rossetti

Inhalt

Vorwort

»Hure« – mit dem bedrohlich dunklen »u« und dem voll Ekel ausgehauchten »re« galt dies Wort jahrhundertelang als Inbegriff der Verachtung gegenüber »gewissen« Mädchen und Frauen. Einem gutbürgerlich erzogenen Menschen kam es kaum über die Lippen. Begriffe wie »Dirne« oder »Straßenmädchen« waren dagegen vergleichsweise freundlich-burschikos, obgleich sie genau dasselbe meinten.

»Gewerbsmäßig und wahllos den eigenen Körper zu geschlechtlichen Zwecken an einen anderen hingeben«, wie ein vielbenutztes Lexikon in den 30er Jahren die Liebesgunst definierte – etwas Verwerflicheres als sich zu prostituieren konnte eine Frau (oder auch ein Mann) sich selber kaum antun.

Prostitution war fast schlimmer als der Tod. Wer freiwillig seinen Körper verkaufte, der konnte nicht ganz bei Sinnen sein. »Die Prostituierten«, so hieß es denn auch im selben Nachschlagewerk, dem Brockhaus des Jahres 1933, »weisen häufig erblich-degenerierte Belastungen und eigene körperliche, seelische und charakterliche Entartungsmerkmale auf, die öfters mit einem gewissen Grad von Schwachsinn oder Kriminalität verbunden sind.«

Inzwischen ist viel Zeit vergangen, und solche Verdikte gelten nur noch mit starken Einschränkungen. Von »geborenen Dirnen«, die der italienische Mediziner Cesare Lombroso Ende des letzten Jahrhunderts glaubte ausmachen zu können, sprechen nur noch unverbesserliche »Entartungs«-Theoretiker. Und die Meinung, Huren seien oft schwachsinnig, ist längst in den Bereich des Gerüchts verwiesen. In Deutschland haben sich in jüngster Zeit zahlreiche Frauen, die sich selbst in der Medienöffentlichkeit als Huren bezeichnen, mit großem Nachdruck für eine Verbesserung ihres Ansehens eingesetzt. Sie betrachten ihre Tätigkeit als einen Beruf wie jeden anderen und wollen dementsprechend sozial anerkannt und abgesichert sein.

Den eigenen Körper »gewerbsmäßig und wahllos zu geschlechtlichen Zwecken an einen anderen hingeben«, das taten Huren, Dirnen, Straßenmädchen zu allen Zeiten. Und zu allen Zeiten setzten sie damit (aus finanzieller Not, aus Neugier, Lust oder Unkenntnis) ihren Ruf in der Gesellschaft aufs Spiel. Die meisten verloren ihn ganz.

Aber immer wieder gab es Frauen, die sich trotz ihrer sozial verachteten Tätigkeit Ansehen zu verschaffen und zu bewahren wußten. Die wenigen, denen das gelang, waren bald keine Huren mehr. Sie wurden Freundinnen, Gefährtinnen, Geliebte. Sie waren Persönlichkeiten, an die man sich erinnerte. Auch wenn manche von ihnen schließlich doch den Absturz aus der Gesellschaft nicht verhindern konnten, blieben sie der Nachwelt im Gedächtnis, als Frauen, die sich einen Namen gemacht hatten.

Ein solcher Ruhm war allerdings kaum das erste Motiv für ein junges Mädchen, den Beruf einer Liebesdienerin zu wählen. Auch wenn es später für die wenigen glücklichen Damen sehr angenehm sein mochte, von Dichtern besungen und von Bildhauern und Malern verewigt zu werden – zunächst war es meist die pure Not, die keinen anderen Weg als den der Prostitution erkennen ließ. Und erst dann, wenn ein Mädchen diesen Weg eingeschlagen und einen gewissen Vorrat an Erfahrungen mit unterschiedlichen Männern gesammelt hatte, stellte sich heraus, was sie aus diesem Beruf noch machen konnte, falls sie ihn wirklich beibehalten mußte. Wollte sie sich mit dem Ruf einer anschmiegsamen Geliebten begnügen, die ihren Kunden jeden Wunsch von den Augen ablas und ihnen für kurze Zeit das Gefühl gab, der einzige zu sein? Ging es ihr allein um Geld, oder wollte sie auf Dauer mehr als das?

»Eine solche Anmut, einen solchen Liebreiz, eine solche Art,

Gartenkonzert mit Kurtisanen.
Ölgemälde von Lodovico Toeput detto II Pozzoserrato

sich zu unterhalten, findet man nirgendwo anders. Sie verfügen über die wahre Kunst des süßen Liebesgenusses, kennen alle Regeln der Bewegung in gerader oder schräger Richtung, so daß sich der Liebhaber im Himmel glaubt«, schreibt im 17. Jahrhundert ein begeisterter Besucher Venedigs über die Liebesdamen der Lagunenstadt. »Sie haben Eigenschaften, die begehrenswert für jede vornehme Dame, für die Geliebte eines Fürsten, sein könnten. Ihr Auftreten ist hoheitsvoll, aber nicht anmaßend oder auf Gewinn erpicht. Ihre Liebenswürdigkeit bezaubert und bestimmt zu Geschenken, obwohl sie mitunter solche nicht begehren. In Venedig muß Amor geboren und aufgewachsen sein, da so viele und so schöne Liebespriesterinnen für ihn sorgen …«

Ganz sicher waren sie nicht allesamt so anziehend und dabei so bescheiden, die hochgelobten Liebeskünstlerinnen von Venedig. Vermutlich zogen die meisten von ihnen, wie sich ein anderer Reisender beschwerte, aus Geldgier ihren Kunden das Fell über die Ohren. Und es wäre auch unwahrscheinlich gewesen, wenn sie es, in Italien und anderswo, nicht getan hätten. Denn die Zeit, in der sie Geld verdienen konnten, war meist ziemlich kurz, nur wenige Jahre, dann mußten sie den jüngeren, gesünderen, attraktiveren Mädchen weichen und brauchte das übriggebliebene Geld für den Rest ihres kargen, vergessenen Lebens in Krankheit und Erschöpfung.

Aber die kleine Zahl derer, die unvergessen blieben, was für ein Geheimnis hatte sie? War es eine besondere Begabung oder war es Zufall, eine allmähliche, unbeabsichtigte Entwicklung, die aus der Not eine Tugend werden ließ? War es ein besonders ausgeprägter Wille, nach dem Verlust des Schamgefühls nicht auch noch die letzte Spur von Selbstachtung zu verlieren? Oder war es von vornherein wohlerwogene Strategie, »Karriere über das Bett« zu machen?

»Frauen, die ein redliches Leben führen, mit dem ehelichen Scheinglück zufrieden sind und auch von der Zukunft keine besonderen Freuden zu erwarten scheinen, finde ich uninteressant und schätze sie gering.«

Dies ist keine Äußerung eines Lebemannes, der aus oberflächlicher Genußsucht jede Bindung scheut, sondern einer sehr kultivierten Frau, die ebenso dezent wie souverän über ihren Kopf und über ihren Körper verfügte. Ihr Name war Sei Shonagon. Sie war keine griechische Hetäre, keine italienische Kurtisane und keine französische Mätresse. Am ehesten könnte man sie mit einer Geisha vergleichen, obwohl sie auch das nicht war. Denn japanische Geishas betreiben ihre gehobene Unterhaltungskunst vorwiegend im Teehaus. Es sind meist hübsche Mädchen aus ärmeren Familien, die frühzeitig in eine Geishaschule gegeben werden, um sich dort in Musik, Tanz, gehobener Konversation und gesellschaftlichen Umgangsformen unterweisen zu lassen. Später werden sie auf eine bestimmte Zeit für das Gewerbe einer Unterhaltungsdame verpflichtet. Sie wohnen in einem Geishahaus, das aber durchaus kein Bordell, sondern lediglich der Wohnsitz ist. Ihrer beruflichen Tätigkeit gehen die Geishas in Teehäusern nach, wo es zwar zwischen ihnen und ihren Kunden zu sexuellen Kontakten kommen kann, dies aber keinesfalls vorausgesetzt wird.

Im Gegensatz zu diesen jungen Frauen war Sei Shonagon, die japanische Verfasserin eines weltbekannten »Kopfkissenbuchs«, etwa um das Jahr 1000 als Hofdame der Kaiserin Sadako, der Gemahlin des Kaisers Ichijo, beschäftigt.

»Kopfkissenbücher« nannte man damals in Japan kleine Notizblöcke oder Skizzenbücher, in die man all das eintrug, was man sonst nur seinem Kissen anzuvertrauen pflegte, also Einfälle, Stimmungen und Beobachtungen, die nicht für die Öffentlichkeit gedacht waren. Obgleich die diskrete Hofdame Sei Shonagon ihr eigenes Kopfkissenbuch sorgfältig versteckt hielt, wurde es eines Tages doch entdeckt und von vielen Adeligen gelesen und bewundert.

Sei Shonagons Aufzeichnungen über das Hofleben im Japan der Heian-Zeit, zwischen 898 und 1186, wurden später zu einem klassischen Werk der japanischen Literatur und zu einer außerordentlich wichtigen Quelle der Forschung über das Leben der damaligen Zeit. Außerdem gibt das kleine Buch einen einzigartigen Einblick in das Seelenleben einer feingebildeten und geistig unabhängigen japanischen Frau vor tausend Jahren – einer Frau, die einerseits durch ihren Charme und ihre Intelligenz bestach, andererseits durch genaue Beobachtungsgabe und gelegentlichen Spott manche Männer das Fürchten lehrte.

Sei Shonagon genoß das Leben und hatte während der zehn Jahre ihres Hofdienstes etliche Liebschaften. Aber nie war ihr Herz so heftig bewegt, daß sie ihren Verstand darüber verlieren konnte, schrieb, halb bewundernd, halb bedauernd, ein Zeitgenosse über sie. Auch in ihren privaten Notizen ist kein Anzeichen dafür zu entdecken, daß sie sich einmal in einen ganz bestimmten Mann unsterblich verliebt hätte. Aber vielleicht hätte sie ein solches Gefühl nicht einmal ihrem Kopfkissenbuch anvertraut.

Immerhin gab es am Kaiserhof genügend Gelegenheit zu jeder Art von Liebesfreuden. Denn der japanische Adel beschäftigte sich damals vorwiegend mit den angenehmen Seiten des Lebens. Zwar waren die Hofdamen grundsätzlich von den Männern getrennt und durften nur heimlich von ihnen gesehen werden. Aber wenn ein Mann eine Dame kennenlernen wollte, von deren Reizen er gehört hatte, dann konnte ein von ihm selbst verfaßtes Liebesgedicht den Weg zu mehr Vertraulichkeit ebnen, vorausgesetzt, das Gedicht gefiel der von fern Verehrten. Dabei spielte keine Rolle, ob die Dame verheiratet war oder einen Geliebten hatte. Ehepaare wohnten bei Hofe üblicherweise nicht zusammen. Die Frau lebte entweder allein oder bei ihren Eltern, und der Mann durfte nur nachts zu ihr kommen und mußte sie vor Sonnenaufgang wieder verlassen.

Daß auch Sei Shonagon häufig die Nacht zum Tage machte, läßt sich ihrem Kopfkissenbuch eindeutig entnehmen. Dabei konnte es gelegentlich zu etwas peinlichen Erlebnissen kommen, wie die sensible Hofdame registrierte. Zu ihren eigenen nächtlichen Erfahrungen notierte sie, unter dem Stichwort »Unangenehme Dinge«: »Ein Hund, der den Geliebten, welcher sich heimlich zu einem schleichen will, stellt und bellt. Man möchte ihn am liebsten gleich totschlagen!«

Aber auch der Liebhaber selbst kann abstoßende Eigenschaften haben, wie Sei Shonagon bei anderer Gelegenheit feststellen muß: »Man hat die Dummheit begangen, einen Mann heimlich bei sich nächtigen lassen, und da fängt er an zu schnarchen. Wie unangenehm ist das!«

Recht übel vermerkt die Tagebuchschreiberin, wenn ein Besucher sich ungeschickt benimmt:

»Ein Liebhaber stattet dir, ohne daß jemand es merken soll, zu nächtlicher Stunde einen Besuch ab, und er hat zu diesem Zweck sein festliches Gewand angelegt. Als er schließlich wieder zum Aufbruch drängt, aus Furcht, bei dir gesehen zu werden, läßt er klirrend etwas zu Boden fallen. Wie unangenehm! Die Sache wird nicht besser, als er sich nach dem fallengelassenen Gegenstand bückt und beim Wiederaufrichten mit seinen Schultern den Vorhang herunterreißt. Es entsteht ein ohrenbetäubender Lärm, obwohl doch gewöhnlich, wenn man den Vorhang behutsam zur Seite schiebt, nichts zu hören ist …«

Gerade beim Abschied stelle sich oft heraus, was der Liebhaber für ein Mensch ist, notiert die Beobachterin. Wenn er Anmut und Würde hat, dann seufzt er und ist traurig, daß er die Geliebte schon im Morgengrauen wieder verlassen muß. Nur widerwillig erhebt er sich, wenn sie leise zu ihm sagt: »Jetzt mußt du aber gehen, der Tag bricht schon an!« Noch einmal kommt er ihr ganz nah und flüstert ihr Zärtlichkeiten ins Ohr. Dann kleidet er sich unauffällig an, öffnet sachte die Tür, und gemeinsam gehen beide zum Gartentor. »Wie endlos wird der kommende Tag für mich sein!« klagt er beim Abschied. Wenn er sich so verhält, muß sie ihm noch lange mit ihren Blicken folgen.

»Wie verabscheuungswürdig ist dagegen ein Liebhaber, der sich mit einem Sprung vom gemeinsamen Lager erhebt, aufgeregt im Zimmer hin und her läuft, um seine Siebensachen zusammenzusuchen, und, wenn er sich schließlich umständlich angekleidet hat, mit ganzer Kraft seine Jackenbänder festbindet. Wenn er dann beim Hinausgehen noch nicht einmal das Gartentor schließen sollte, so wird sie ihn eines Tages nur noch hassen.«

Die feinsinnige und scharf beobachtende Tagebuchautorin ist ein Beispiel dafür, daß es einer Frau mit Intelligenz gelingen konnte, aus einem Abhängigkeitsverhältnis eine souveräne Stellung zu machen und, wie in diesem Fall, sogar weit über den Tod hinaus berühmt zu werden.

Respektvolle Erinnerung hatten sich, lange vor der emanzipierten Hofdame im fernen Japan, auch in anderen Ländern schon Frauen gewünscht, die ihr Leben unter schwierigen Bedingungen allein meistern mußten. Einige begaben sich, mehr oder weniger freiwillig, unter die Herrschaft von männlichen Gönnern und wurden verspielte Luxuswesen, die müßigen Herren zu verantwortungsfreiem Spaß verhalfen und darüber oft selbst vereinsamten. Andere hofften, auf dem Wege der Liebeskunst zu Reichtum und gesellschaftlichem Ansehen zu kommen und irgendwann einmal ein gutsituiertes »normales« Leben führen zu können. Und manchen gelang es schließlich, auf dem Umweg über ihren Körper auf ihren Kopf aufmerksam zu machen.

Das allerdings konnte nicht allen Männern gefallen. Es wäre nämlich möglicherweise für viele von ihnen eine zusätzliche, wenn vielleicht auch uneingestandene Bedrohung gewesen. Ein ganz bestimmter Aspekt ist bei den zahlreichen Veröffentlichungen über die Existenz von »käuflichen Frauen« kaum jemals zur Sprache gekommen: die Männerängste.

Die Angst vieler Männer vor Frauen, vor deren vermuteter Überlegenheit in manchen Bereichen – zum Beispiel einer stärker ausgeprägten Intuition, die vieles schneller erfaßt als die »männliche« Logik, und nicht zuletzt eine scheinbar unbegrenzte erotische und sexuelle Bereitschaft, die viele Männer unter Leistungsdruck bringt und vor Konkurrenzprobleme stellt – belastet das Verhältnis zwischen Frauen und Männern oft, ohne daß solche Befürchtungen geahnt oder gar eingestanden werden.

Eine vage Angst vor Frauen haben anscheinend nicht nur Männer, die Mühe bekunden, eine für sie »passende« Partnerin zu finden, sondern häufig auch Männer, die als wahre »Ladykiller« gelten, aber beim geringsten Anzeichen von »Untreue« mit heftiger Eifersucht reagieren und vermeintliche Konkurrenten mit allen Mitteln aus dem Feld zu schlagen versuchen. Die meist unausgesprochene Angst, in ihrem Selbstwertgefühl verletzt zu werden, macht viele Männer – trotz der gesellschaftlichen Ächtung von »Macho-Gehabe« – aggressiv gegen erfolgreiche Frauen oder zwingt sie zu lächerlichen, manchmal sogar demütigenden Balzvorführungen, um sich das gefährliche Objekt Frau möglichst untertan zu machen und Rivalen auszuschalten.

Die Angst vor dem Vergleich mit anderen muß, trotz ständig wiederholter, aufgeklärter Diskussion, offenbar in jeder Generation wieder neu durchgestanden und mehr oder weniger glücklich bewältigt werden.

Eine heimlich-unheimliche Angst des Mannes vor der Frau läßt sich schon in ältesten Zeiten feststellen. Die Frau wurde nicht nur als liebevolles, attraktives oder schutzbedürftiges Wesen gesehen; sie konnte ebenso als bedrohliche »Große Mutter« auftreten. Sie konnte gebären, aber sie konnte auch verschlingen, und das war verständlicherweise etwas, wovor der Mann sich fürchtete. Darstellungen des weiblichen Schoßes, eines geöffneten Tores oder eines aufgerissenen Tiermaules waren in vielen Kulturen die Symbole für diesen furchteinflößenden, verschlingenden Aspekt des Weiblichen. Eine mittelalterliche Karikatur zeigt

Erotisches Spiel. Stich von Marcantonio Raimondi, nach einem Gemälde von Giulio Romano

einen höhnisch grinsenden Teufel, der ein Lot an einem sehr langen Faden über einen nackten weiblichen Schoß hält und damit auf sexuelle Unersättlichkeit anspielt.

In Goethes *Faust* lenkt Mephisto den Blick seines Begleiters während der Walpurgisnacht auf eine besonders anziehende Frau. Es ist Lilith, nach altjüdischer Überlieferung die erste Frau des Adam, bevor Eva den Paradiesgarten betrat. Mephisto warnt Faust vor Liliths verlockendem Haarschmuck, mit dem die Verführerin junge Männer umgarnt und für immer gefangenhält. Im jüdischen Volksglauben ist Lilith ein böser weiblicher Dämon, der nachts als blutsaugender Vampir sein Unwesen treibt. In psychologischer Deutung gehört Lilith zu den verführerischen Frauenfiguren, die einen verhängnisvollen Zauber ausüben. Ihre übergroße Macht und Faszination wird (ähnlich wie bei der Lorelei, die Heinrich Heine besang) als gefährlich oder sogar zerstörerisch erlebt.

Die zauberischen Reize Liliths beschrieb im 19. Jahrhundert der englische Dichter Algernon Charles Swinburne an dem Bild »Lady Lilith«, das sein Landsmann, der präraffaelitische Künstler Dante Gabriel Rossetti, gemalt hatte:

»In weiche weiße Gewänder gekleidet, zieht sie durch einen Kamm ihr schweres, massiges Haar wie dicht gesponnenes Gold zu voller Länge; ihr Haupt ist halb schlaftrunken zurückgelehnt, prächtig und übersättigt von der eigenen Schönheit; ihre Augen sind schmachtend, ohne Liebe oder Haß darin; ihr süßer üppiger Mund hat die Gelassenheit erfüllter und vollzogener Freuden, die warme Ruhe der Leidenschaft, die ihrer eigenen Wonne sicher ist ... Die träumerische Pracht des Bildes bietet ein passendes Gewand für die Verkörperung der Idee vollkommener fleischlicher Schönheit und der Gefahr unentrinnbarer Freuden ...«

Um diese Gefahr einzudämmen und sich gleichzeitig die fleischliche Lust zu sichern, bedienten sich geängstigte Männer seit dem Altertum mehrerer Möglichkeiten: Sie heirateten und nahmen dabei das Recht für sich in Anspruch, neben ihrer Ehegattin je nach Bedarf auch andere Frauen zu beglücken – der Gattin war Untreue gesetzlich verboten; sie führten neben der männlichen auch die weibliche Beschneidung ein, vorgeblich aus hygienischen Gründen, tatsächlich aber vor allem, um die weiblichen Lustempfindungen zu verringern und die Mädchen und Frauen besser unter Kontrolle zu haben; und sie kauften sich Sexualität, indem sie sich kurzfristig mit einer Prostituierten einließen, die sie problemlos wieder verlassen konnten.

Hetären, Kurtisanen, Mätressen – Worte, die männliche Sehnsüchte, aber auch weibliche Neugier wecken, Vorstellungen von Schönheit und Eleganz, von Frivolität und Witz, vor allem aber von ungewöhnlichen Liebeskünsten; all das verbindet sich zu sinnlichen Attraktionen aus fernen Epochen. Dazu ein Flair von Macht und Intrigen, von Hofklatsch und heimlichem Vergnügen, von Gefahr und Abenteuer. Was waren das für Frauen, die die Phantasie bis heute beschäftigen und von denen mancher moderne Mann wünschen mag, er fände sie noch, die verruchte oder die kindlich-frauliche, immer verständnisvolle, zu jedem erotischen Spaß aufgelegte Freizeitgespielin, bei der er den Alltagsmuff und den familiären Trott, den beruflichen Ärger und die innere Einsamkeit für eine Weile vergessen konnte? Was war es sonst noch, was die Männer bei Hetären, Kurtisanen und Mätressen fanden, bei ihren eigenen Frauen aber anscheinend nicht? Auf welche Liebeskünste verstanden sich die Hetären des Altertums, die bürgerlichen Ehefrauen offenbar nicht zu Gebote standen? Welche Tricks wandte eine Kurtisane in der Renaissance an, um Männer zu faszinieren? Wie kleidete sie sich, wie schminkte und schmückte sie sich, mit welchen Mitteln versuchte sie auf sich aufmerksam zu machen und den Blick der Männer auf sich und nicht auf ihre Konkurrentinnen zu lenken?

Temperamentvolle und zurückhaltende, schmeichlerische und spottlustige, naive und höchst kultivierte Charaktere aus mehreren Jahrhunderten fügen sich zu einem facettenreichen Bild des »Rätsels Frau«. Zugleich aber – und das machen vor allem die Geliebten von August dem Starken, am Schluß des Buches, deutlich – bleiben bei aller scheinbaren Selbständigkeit die meisten Liebesdamen letzten Endes doch immer Dienerinnen der Männer.

Wer diese Frauen waren, aus welchen Verhältnissen sie kamen und in welche Verhältnisse sie gerieten, wie sie ihr Leben beurteilten und warum sie auf einmal verschwanden wie vom Erdboden verschluckt (und das, obwohl man meinen könnte, daß der Bedarf nach solchen phantasiebegabten Geschöpfen, für die ein Mann bequemerweise keine familiäre Verantwortung zu tragen braucht, sehr groß sei) – diese Fragen können sie am besten selbst beantworten: Die griechischen Hetären des Altertums, die fröhliche Teilzeitgefährtinnen der Männer waren; die Kurtisanen der Renaissancezeit, die ihre erotischen Netze gern an Fürstenhöfen auswarfen; und die Mätressen der Könige und Kaiser in England oder Frankreich, die erkannten, daß Erotik auch mit Macht zu tun hat. Aus vielen Jahrhunderten kommen Frauen ins Bild, die untereinander sehr verschieden waren, aber deren Leben eine große Gemeinsamkeit hatte: Liebe in vielen Variationen, verkauft, verliehen, verschenkt – die manchmal in Verzweiflung endete.

Straßenmädchen
und Hetären im Altertum

Die Frau, das »größte aller Übel«?

»Laß dich von keinem Weib mit prunkenden Hüften
betören,
Das mit schmeichelnden Worten in deiner Hütte dich auf-
sucht.
Wer dem Weibe vertraut, vertraut auch Betrügern und
Dieben.«

So pessimistisch und negativ hat sich einer der frühesten Dichter
des Abendlandes, der Grieche Hesiod, im 7. Jahrhundert vor
Christus grundsätzlich über Frauen geäußert – wobei der erste
Teil seiner Bemerkungen sicher nur auf käufliche Frauen gemünzt
ist, der letzte Teil dagegen verallgemeinernd klingt.
Hesiod stammte aus einer Bauernfamilie in Boiotien. Nach seiner eigenen Schilderung war er schon als Kind, beim Schafehü-
ten, von den Musen zum künftigen Dichter berufen worden; diese weiblichen Gestalten konnte er also mit seiner Kritik nicht gemeint haben. Berühmt wurde er durch seine »Werke und Tage«,
eine Anleitung zu ländlicher Arbeit, die aus seinen eigenen Erfahrungen gespeist war, und durch seine »Theogonie«, ein Werk
über die vermutliche Entstehung der Götter.
Möglicherweise hat Hesiod unangenehme Erlebnisse mit Frauen
gehabt und seine persönlichen Erfahrungen zur Grundlage seines
allgemeinen Urteils gemacht. Für ihn jedenfalls sind die Frauen
ein »schlimmes Geschlecht«, das unheilbringend unter den
Männern wohnt und mit diesen nur die angenehmen Seiten des
Lebens, nicht aber die Notzeiten teilen möchte. Während sich
die Männer mit harter Arbeit abmühen, sitzen die Frauen wie
Drohnen im Bienenkorb zu Hause und sammeln »den fremden
Erwerb im eigenen Bauche«.

Doch Hesiod ist keineswegs der einzige der frühen Dichter, die solche Meinungen verbreiten. Knapp 100 Jahre nach seinem Tod übertrifft ihn ein anderer Dichter, Semonides, noch an giftiger Kritik. Mit der Erschaffung der Frauen habe Zeus »das größte aller Übel« in die Welt gesetzt, klagt Semonides. Nach seiner Darstellung stammen die unterschiedlichen Frauentypen von Tieren wie dem Schwein, dem Fuchs, dem Hund, dem Esel oder dem Affen ab und verkörpern deren Eigenschaften.

Auch wenn derartige Ansichten sich im alten Griechenland über Jahrhunderte festsetzten und bei persönlichem Bedarf immer wieder einmal zitiert wurden, blieb es glücklicherweise nicht bei diesem pauschalen Verdammungsurteil über die Frau in der Antike. Für ein freundlicheres Ansehen sorgte vor allem die wohl mächtigste unter den griechischen Göttinnen – Aphrodite, von den Römern Venus genannt, die Göttin der Liebe und das große Vorbild für weibliche Schönheit.

Ihre Geburt verdankte Aphrodite einem schmerzhaften mythologischen Ereignis: Der Titan Kronos hatte, um in den Besitz der Weltherrschaft zu kommen, seinem Vater Uranos das Zeugungsglied abgeschnitten und es ins Meer geworfen. Dort trieb es eine Zeitlang umher, bis allmählich aus dem Schaum, den die Wellen trugen, die schöne Göttin Aphrodite auftauchte.

Ein anderer Mythos berichtet, daß Aphrodite die Tochter des Göttervaters Zeus gewesen sei. Auf jeden Fall ist sie die Göttin der Liebe geworden. Sie vermählte sich mit dem Feuergott Hephaistos, der lahm geboren wurde und infolge seiner beruflichen Tätigkeit als Bronzegießer immer rußgeschwärzt war.

Als Göttin konnte Aphrodite sich manches leisten, was einer irdischen Frau übel vermerkt worden wäre: Sie hielt sich an keine eheliche Bindung und betrog ihren Mann mehrmals. Einem Seitensprung der schönen Liebesgöttin entstammte Eros, der geflügelte Liebesgott; aus einer weiteren Liebesbeziehung entsprang Priapos, das Symbol der ungehemmten Lust und Fruchtbarkeit.

Aphrodite, die in einer Muschel an den Strand der Insel Kythera geschwemmt worden sein soll, wurde zur Schutzherrin der Hetären. Bei aller Freizügigkeit, die man ihr nachsagte, war sie schamhaft: Nur ihren Auserwählten zeigte sie sich nackt, und selbst diese mußten schweigen über das, was sie zu sehen bekamen.

Dieses Gebot aber mißachtete der einzige Sterbliche, mit dem sich die Göttin jemals in Liebe vereinigte, der Hirte Anchises, der später König von Dardanos am Berg Ide in Kleinasien gewesen sein soll. Über seine Begegnung mit Aphrodite heißt es in einem Hymnus (der zugleich ein anschauliches Bild der antiken Mode gibt):

> Als Anchises sie sah, da faßte ihn wunderndes Staunen
> über ihr Ansehn und auch ihre Größe und lichten Gewänder,
> trug sie doch ein Kleid, das hell wie Feuer erstrahlte,
> reich umwunden mit Schmuck, und leuchtende Ohrgehänge.
> Ihren zarten Nacken umschlang ein köstlich Geschmeide,
> goldig und schön und schimmernd in Buntheit, und über den zarten
> Brüsten glänzte es gleich dem Mond, ein Wunder zu schauen.

Stolzgeschwellt über seine himmlische Liebesbeziehung konnte der schwatzhafte Mann sein Glück nicht für sich behalten und prahlte mit den Reizen seiner Geliebten. Die Rache der Göttin war sehr hart und von lebenslanger Dauer: Zutiefst beleidigt über seine Indiskretion ließ Aphrodite ihrem Liebhaber von Bienen die Augen ausstechen.

Höchster Ruhm der Frau: Unauffälligkeit

Bevor nun die von der durchaus rachefähigen Liebesgöttin geschützten Hetären zu Worte kommen, muß noch einiges Wichtige zur Stellung der Frau in der griechischen Antike gesagt werden. Die meisten Zeugnisse über Kultur und Gesellschaft des Altertums, unter anderem auch über das alltägliche Leben der Frauen, fand man in Athen, das im fünften Jahrhundert vor Christi Geburt – und in dieser Zeit beginnt unser Streifzug durch die Hetärengeschichte – die wirtschaftlich, politisch und kulturell führende Stadt in Griechenland war.

Die gesellschaftliche Stellung der Frau in dieser Zeit war begrenzt auf Haus und Familie. Dies um so mehr, als sich ausschließlich Männer mit Politik und Kriegführen beschäftigten. Im Hause war die Frau allerdings auch nicht die eigentliche Herrin, sondern sie diente dem Mann als dem Oberhaupt der Familie.

Auch hier waren männliche und weibliche Lebensbereiche getrennt. Die Räume der Frau, meist im oberen Geschoß des Hauses, wurden von Männern kaum betreten, sondern waren den Müttern, Ammen und jungen Mädchen vorbehalten. Dies galt freilich nur für die wohlhabenden Schichten; ärmeren Frauen blieb meist gar nichts anderes übrig, als, neben der häuslichen Arbeit, durch eine Tätigkeit innerhalb oder außerhalb des Hauses zum Lebensunterhalt ihrer Familie beizutragen.

Kennzeichen einer gutsituierten Ehefrau war unter anderem, daß sie sich so selten wie möglich in der Öffentlichkeit sehen ließ – ganz im Gegensatz zum Mann, für den es als Schande galt, wenn er mehr im Haus blieb als draußen seine Geschäfte zu betreiben. Auch Einkäufe tätigte im allgemeinen der Ehemann oder aber ein Sklave, und selbst Besuche von Nachbarinnen waren nicht gern gesehen. Zu den wenigen Gelegenheiten, bei denen sich eine Ehefrau außerhalb des Hauses sehen ließ, gehörten öffentliche Feiertage oder Familienzusammenkünfte, etwa bei Hochzeiten oder Beerdigungen.

Von politischen Versammlungen waren Frauen selbstverständlich ebenfalls ausgeschlossen. Überhaupt lief die gesamte Erziehung einer Frau darauf hinaus, daß sie möglichst wenig von der Welt erfuhr, nicht oder kaum Lesen und Schreiben lernte und nur, keusch, gehorsam und fleißig, das Haus für den Gatten hütete. »Erfüllet ohne Rast die Pflichten, die eure Natur euch zuweist, so wird man euch loben, und wenn von einer Frau, sei es im Guten, sei es im Bösen, unter Männern möglichst wenig gesprochen wird, so ist das ihr höchster Ruhm«, heißt es in einer Rede des Staatsmannes Perikles. (Wie die Geschichte zeigt, nahm der berühmte Politiker allerdings seine Geliebte Aspasia von dieser Vorschrift aus.)

Frauen aus ärmeren Schichten arbeiteten entweder in der Landwirtschaft oder verkauften bäuerliche Produkte auf den Märkten. Bestenfalls konnten sie den Beruf der Hebamme erlernen, der wegen der damit verbundenen ärztlichen Kenntnisse recht geachtet war. Berufe, zu denen man eine gewisse Bildung benötigte, waren Frauen sonst nicht zugänglich.

Die Frau in Athen hatte also Pflichten, aber praktisch keine Rechte, die sie gegen den Ehemann hätte geltend machen können. Die Herrschaftsgewalt ihres Gatten erstreckte sich nicht nur auf das Vermögen der Familie, sondern auch auf die einzelnen Personen des Haushalts. Die Ehefrau durfte zwar das häusliche Geld verwalten, war aber für größere Geldgeschäfte nicht rechtsfähig. Vor Gericht mußte sie sich von ihrem Mann oder, wenn sie noch unverheiratet war, von ihrem Vater vertreten lassen; in eigener Sache zu reden war ihr verboten.

Diese strengen Vorschriften galten zumindest für Athen. In anderen Teilen Griechenlands sah es für die Frauen etwas günstiger aus.

Auch das sexuelle Leben von athenischen Bürgerinnen war gesetzlich geregelt. So konnte zum Beispiel ein männlicher Vormund einer ledigen Frau, wenn er diese mit einem anderen Mann in flagranti ertappte, sie in die Sklaverei verkaufen.

Für Ehebruch wurde vor allem die Frau bestraft. Wollte eine Ehefrau, die ja in der Regel von ihrem Vater verheiratet worden war, aus einer Ehe mit einem ungeliebten Mann ausbrechen und ein Liebesverhältnis mit einem anderen Mann anfangen, so setzte sie damit das Leben des Geliebten aufs Spiel. Denn der beleidigte Ehemann hatte das Recht, wenn auch nicht die Pflicht, den Verführer oder Vergewaltiger seiner Frau zu töten. Da der Zweck einer Ehe darin bestand, legitime Nachkommen zu zeugen, war Ehebruch ein öffentliches Vergehen. Schuldig im Sinne des Gesetzes war bei einem Ehebruch immer der Mann, weil er als der aktive Partner betrachtet wurde. Im allgemeinen kam ein Ehebrecher allerdings mit einer Geldstrafe davon.

Einer Frau dagegen, die die Ehe freiwillig oder unter Zwang gebrochen hatte, erging es sehr viel schlimmer. Selbst bei einer Vergewaltigung bekam sie keine Möglichkeit, sich zu rechtfertigen und ihre Unschuld zu beteuern. Ihr Ehegatte war dazu verpflichtet, sich von ihr zu trennen. Denn, so hieß es im Gesetz: »Wenn jemand einen beim Ehebruch ertappt, so soll es dem Ehemann nicht gestattet sein, ferner mit seiner Gattin in ehelicher Gemeinschaft zu leben. Tut er dies aber, so soll er seine Ehre und seine bürgerlichen Rechte verlieren. Ferner soll es auch der Frau, bei der ein Liebhaber angetroffen wurde, nicht mehr gestattet sein, den öffentlichen Gottesdienst zu besuchen. Betritt sie aber die Tempel dennoch, so soll sie jeder Art von Mißhandlung, außer der Tötung, ohne Straffolge ausgesetzt sein.«

Die auf diese Weise verurteilte Frau durfte nicht nur künftig keine öffentlichen Festlichkeiten mehr besuchen, sondern auch keinen Schmuck mehr tragen. Von viel größerer Tragweite war aber, daß sie als gesellschaftlich verstoßen galt und deshalb keinen anderen Ehemann mehr fand.

Auch im Scheidungsrecht wurde die Frau schlechter behandelt als der Mann. Ein Ehegatte, der seiner Frau überdrüssig war, konnte sie einfach wegschicken. Allerdings mußte er dann ihre Mitgift wieder zurückgeben oder hohe Zinsen dafür zahlen.

Eine Frau dagegen konnte ohne männlichen Beistand eine Ehe gar nicht auflösen, einerlei, wie schlecht sich ihr Gatte ihr gegenüber betragen mochte. Für eine Scheidung benötigte sie die Hilfe ihrer männlichen Verwandten. Nach vollzogener Scheidung durfte sie zwar wieder eine neue Ehe eingehen. Die Kinder aus einer ersten Ehe blieben aber, selbst wenn der Mann als schuldiger Teil galt, immer beim Vater.

Gegenüber dem strikten Reglement, innerhalb dessen sich die athenische Hausfrau bewegte, mußte das anscheinend ungebundene, ungeordnete Leben einer Hetäre wie ein extremer – und für manche vielleicht sogar wünschenswerter – Gegensatz wirken. Ob dies tatsächlich so war oder zumindest von den freiberuflichen Liebesdienerinnen so empfunden wurde, darüber gibt es recht unterschiedliche Urteile, sowohl von Betroffenen als auch von außenstehenden weiblichen wie männlichen Beobachtern.

Die Freiheit der Hetären

»Hetären hält man sich nur zum Vergnügen, Dirnen aber zur täglichen Pflege und Bedienung der Person. Ehrbare Frauen heiratet man dagegen, um ebenbürtige eheliche Kinder zu zeugen und um im Hause eine treue Wächterin zu besitzen.«

Mit diesen Worten aus einer Rede des berühmten griechischen Redners Demosthenes ist klar beschrieben, wie man sich die Stellung der Frau in der griechischen Antike vorzustellen hat. Damit ist auch gleichzeitig klargemacht, daß zwischen Dirnen und Hetären ein beträchtlicher Unterschied gesehen wurde, auch wenn es in beiden Fällen um bezahlte »Liebe« ging. Denn auch bei der Tätigkeit der Hetäre handelte es sich um Prostitution.

Den Beruf der Liebesdienerin gab es in Griechenland seit dem frühen 6. Jahrhundert v. Chr., sicherlich begünstigt durch den zunehmenden Handel in Hafenstädten und die zahlreichen Handelsreisenden, die während der Abwesenheit von ihren Ehefrauen nicht auf erotische Freuden verzichten mochten.

Der weise Gesetzgeber Solon soll es gewesen sein, der – um unverheiratete junge Männer und fremde Reisende von der Versuchung zum Ehebruch abzuhalten, vielleicht aber auch, um die Griechen von der weitverbreiteten Knabenliebe abzubringen – die ersten Bordelle einrichtete. »Solon hat Weiber gekauft und sie an Orten angesiedelt, wo für alles, was sie brauchten, gesorgt wurde«, heißt es in einem alten Text. »Diese Weiber mußten allen, die danach verlangten, zu Willen sein.«

Bei diesen Frauen handelte es sich nicht um freie Hetären, sondern, wie der Text besagt, um Sklavinnen, sogenannte Dicteriaden.

Ein frühes Gedicht preist den Schöpfer dieser Einrichtung mit den begeisterten Worten:

> Du warst es, der von allen Sterblichen zuerst
> Dies wahrhaft nützlich' und soziale Werk getan.
> Du sahst die ganze Stadt erfüllt von Jugendkraft,
> Du sahst der jungen Männer kraftgeschwellten Trieb.
> Damit nun dieser Manneskräfte Überschuß
> Gefahr nicht bringe rechtlich ehelichem Bett,
> Erschufst du Freudenhäuser, wo nun jedermann
> Ein Mägdlein findet, opferwillig und bereit.
> Ganz nackend stehn sie da, und alles kannst du sehn.
> Nimm an, dir stört der geile Trieb die Seelenruh,
> – ein Groschen Eintritt – drin gibt's keine Ziererei,

Und keine hat Ausflüchte, daß sie dich nicht mag,
Nein, jede macht dir's die du willst – und wie du's willst.

Daß die Sexualmoral auch zu Solons Zeiten zwiespältig war, wurde durchaus nicht nur von Frauen bemerkt und beanstandet. Der Geschichtsschreiber Plutarch kritisierte:
»Die ungereimtesten unter Solons Gesetzen sind wohl die, welche die Weiber betreffen. Er erlaubte nämlich jedem, der bei seiner Frau einen Ehebrecher traf, diesen zu töten; für den aber, der eine freie Frauensperson entführte und ihr Gewalt antat, bestimmte er zur Strafe hundert Drachmen und für den, der eine solche anderen preisgab, gar nur zwanzig Drachmen, mit Ausnahme derer, die öffentlich verkauft werden – womit er die Dirnen meinte, die ohne Scheu zu jedem gehen konnten, der sie bezahlte.«
Während die große Menge der rechtlosen Dirnen aus dem Sklavenstand kamen und ihren Lebensunterhalt auf entwürdigende Art und meist widerwillig im anonymen Halbdunkel verdiente, gelang es einigen wenigen Prostituierten, zu einem gewissen Wohlstand zu kommen und sich darüber hinaus noch einen Namen als geistreiche Gefährtinnen bedeutender Männer zu machen.
»Hetäre«, das griechische Wort für »Gefährtin«, umschreibt auf dezente Art den Beruf einer Frau, die zwar das gleiche tat wie die als Hure (griechisch: Porne) verschriene Prostituierte, die es aber durch Intelligenz, besonderen Liebreiz oder andere spezielle Fähigkeiten fertigbrachte, ihrer Tätigkeit zu einem gewissen sozialen Ansehen zu verhelfen. Mit einer Hetäre konnte ein Mann sich in der Öffentlichkeit sehen lassen. Er konnte sie für bestimmte Zeiten oder auf Dauer mieten, sie begleitete ihn, wenn er wollte, zu geselligen Veranstaltungen, und wenn sie Glück hatte, kaufte er sie sogar frei.
Doch selbst dann mußte sie sich den Wünschen ihres Liebhabers

Jünglinge und Hetären beim Gelage. Unteritalisches Vasenbild aus Cumae

unbedingt fügen, wie das Beispiel der ehemaligen Hetäre Neaira zeigt, die angeklagt wurde, sich widerrechtlich den Status einer legitimen Ehefrau erschlichen zu haben. Bevor sich Neaira als Ehefrau eines Athener Bürgers namens Phrynion in der Stadt niedergelassen hatte, war sie dort und in Korinth eine abhängige Prostituierte gewesen. Von ihrer Kupplerin verkauft, hatte sie mehrmals den Besitzer gewechselt, bis schließlich jener Athener sie aus Korinth freikaufte und zu seiner privaten Hetäre machte. Was dieser »Freikauf« allerdings für Neaira bedeutete, war alles andere als Freiheit. Denn als Phrynion mit ihr nach Athen zurückgekommen war, bediente er sich ihrer, wie es in einer gerichtlichen Urkunde heißt, auf zügellose Weise. Er nahm sie überall zu Festmählern, den sogenannten Symposien, mit, trank mit ihr und den anderen Gästen und schlief mit ihr vor aller Augen, »wann und wo immer er wollte. Auch viele andere Männer schliefen mit ihr, als sie betrunken und Phrynion eingeschlafen war, darunter auch die Diener ...«

Diese entwürdigende Behandlung mochte Neaira sich nicht lange gefallen lassen: Eines Tages lief sie Phrynion davon, nahm einen Teil seines Hausstandes mit und verdingte sich als Hetäre in Megara. Dort lernte sie einen durchreisenden athenischen Bürger namens Stephanos kennen, der sich Hals über Kopf in sie verliebte und sie wieder mit nach Athen nahm. Da Stephanos ein gerissener Bursche war, der seinen Lebensunterhalt vorwiegend mit Denunziantentum und Erpressung verdiente, fiel es ihm nicht schwer, den athenischen Behörden gegenüber Neaira als seine rechtmäßige Gattin auszugeben. Man glaubte ihm (oder ließ sich von ihm bestechen), und von da an galt Neaira als legitime Gattin des Stephanos.

Wie nicht anders zu erwarten war, tauchte aber eines Tages Neairas ehemaliger Geliebter Phrynion wieder auf und verlangte die flüchtige Dame samt dem mitgenommenen Hausstand zurück. Es kam zu einem Prozeß, und die Richter lösten den verzwickten Sachverhalt mit einem salomonischen Urteil: Neaira sollte eine Hälfte des Monats mit Stephanos, die andere Hälfte mit Phrynion zusammenleben und jedem der beiden in täglichem Wechsel ihre Liebe schenken; die gestohlenen Sachen mußte sie Phrynion zurückerstatten. Wie zufrieden Neaira mit diesem Urteilsspruch war, ist nicht überliefert.

Selbst als freigekaufte Prostituierte blieben viele Hetären also oft immer noch das Objekt männlicher Willkür, »Leibeigene« im buchstäblichen Sinn. Nur einer kleinen Zahl von ihnen gelang es, sich relativ unabhängig zu machen, ihre körperliche Anziehungskraft zielbewußt und mit kühlem Kopf einzusetzen.

Zu diesen wenigen eleganten und gebildeten Frauen, die aktiv an der Welt der Männer teilnahmen und sich dabei eine gewisse Selbständigkeit schaffen konnten, gehörte die berühmte Aspasia. Sie erreichte nicht nur, als anregende Gesprächspartnerin der männlichen Oberschicht von Athen zu imponieren und durch eine anscheinend besonders raffinierte Liebeskunst bleibende Eindrücke zu hinterlassen. Durch ihre Klugheit wie durch ihre

Schönheit nahm sie selbst den damals bedeutendsten griechischen Staatsmann für sich ein und galt bei manchen seiner politischen Entscheidungen als treibende Kraft. Damit wurde sie zum Inbegriff der erfolgreichen Hetäre und zugleich zu einem, wenn auch delikaten, Klischee-Beispiel der »mit allen Waffen« um Unabhängigkeit kämpfenden Frau.

Die kluge Aspasia

Aspasia war die berühmteste Frau im Athen des fünften vorchristlichen Jahrhunderts. Sie begann als Hetäre und stieg zur bewunderten Dame auf. Eine Zeitlang lebte sie sogar mit Perikles, dem politischen Führer Athens, in einem eheähnlichen Verhältnis zusammen.

Boshafte Zungen, wie der Komödiendichter Aristophanes, behaupteten mehr oder weniger scherzhaft, daß Perikles unter dem starken Einfluß der ehrgeizigen Hetäre den Peloponnesischen Krieg begonnen habe. Der Geschichtsschreiber Plutarch dagegen hatte ein positiveres Urteil über sie. »Die einen behaupteten, Perikles habe Aspasia nur wegen ihrer Weisheit und politischen Einsicht umworben«, schrieb er, »denn auch Sokrates besuchte sie zuweilen mit seinen Schülern, und ihre Freunde brachten oft die eigenen Gattinnen zu ihr, damit sie ihr zuhören könnten ... Und doch war es offensichtlich nicht nur dies, sondern vielmehr echte Liebe, was Perikles zu Aspasia hinzog ...«

Ganz sicher war Aspasia die klügste unter den uns bekannten griechischen Hetären. Über ihre äußere Attraktivität ist weniger bekannt geworden als über ihren Scharfsinn, ihren politischen Ehrgeiz und ihre Verführungskunst, die sie auch an andere Mädchen und Frauen weitergab. Mit ihrer Einsicht in die sozialen

Verhältnisse und ihrer vermittelnden Intelligenz kann man sie als eine Art Vorläuferin der modernen Frauenemanzipation betrachten.

Aspasia war aus der kleinasiatischen Stadt Milet nach Athen gekommen und hatte dort als Hetäre bald einen unerhörten Erfolg. Durch ihre körperliche, vor allem aber durch ihre geistige Anziehungskraft gelang es ihr innerhalb kurzer Zeit, die bedeutendsten Männer von Athen in ihrem Hause zu versammeln. Selbst ein so berühmter Philosoph wie Sokrates hielt es nicht für unter seiner Würde, mit ihr Kontakt zu pflegen. Und Plato, der sich seit seiner Bekanntschaft mit Sokrates ganz der Philosophie gewidmet hatte, würdigte Aspasias Begabung, indem er ihr eine aufsehenerregende Rede in den Mund legte.

In Platos Dialog »Menexenos oder Die Leichenrede« ist von einer bevorstehenden Leichenfeier für gefallene Krieger die Rede. Der Rat von Athen ist gerade dabei, einen Redner für die Feier zu wählen, und Sokrates macht sich auf launige Weise über die rhetorische Kunstfertigkeit bestimmter Berufsredner lustig, »die so trefflich zu loben verstehen, daß sie jedem seinen Teil Ruhm geben – dem, der es nicht verdient hat, ebensogut wie dem, der es verdient hat, und alles mit zierlichen Wendungen schmücken. Dadurch berücken sie unsere Seelen.«

Der junge Menexenos möchte nun gern wissen, ob denn der weise Sokrates, der solchen professionellen Rhetorikern so ironisch gegenübersteht, sich selbst auch imstande fühle, eine anrührende Leichenrede zu halten. »Nun, was mich betrifft«, antwortet der Philosoph, »so wäre es gewiß kein Wunder, wenn ich imstande wäre, dies zu leisten; habe ich doch zur Lehrerin eine Frau, die keine verächtliche Kennerin der Redekunst ist, sondern die schon viele andere treffliche Redner gebildet hat, darunter einen, der eine Leuchte unter den Hellenen ist: den Perikles, des Xanthippos Sohn.«

Mit der »Lehrerin« ist natürlich Aspasia gemeint, was Menexenos gleich errät, da auch ihm das Gerücht bekannt ist, daß die Hetäre dem Staatsmann bei der Abfassung seiner berühmten Reden geholfen habe. »Und wenn du nun sprechen müßtest, was würdest du vorbringen?« fragt der junge Mann den Philosophen. »Ich selbst von mir aus vielleicht nichts«, antwortet Sokrates, »wohl aber war ich erst gestern Zuhörer bei der Aspasia, wie sie eine Leichenrede eben für den vorliegenden Fall vortrug. Sie hatte nämlich auch ihrerseits gehört, daß die Athener im Begriff ständen, einen Redner zu wählen. Darauf setzte sie mir im einzelnen auseinander, was man bei solchem Anlaß vorbringen müßte, teils aus dem Stegreif, teils auf Grund von Überlegungen aus der Zeit, wo sie mit Anfertigung der Leichenrede beschäftigt war, die Perikles als Redner vortrug ...«

Und nun wiederholt Sokrates seinem jungen Freund aus dem Gedächtnis die schwungvolle Grabrede, die ihm Aspasia vorgetragen hat, ein rhetorisches Meisterstück, das alle Kunstgriffe, Tricks und Finessen enthält, mit denen damalige Berufsredner ihr Publikum in Bann zogen. »Wahrlich, beim Zeus, mein Sokrates«, staunt Menexenos, nachdem der Philosoph geendet hat, »hochbegnadet muß doch diese Aspasia sein, wenn sie, ein Weib, deiner Darstellung nach solcher rednerischer Leistungen fähig ist.«

Als hochbegnadet muß auch der Staatsmann Perikles die Hetäre empfunden haben, denn er trennte sich ihretwegen von seiner rechtmäßigen Gattin. Doch sehr wahrscheinlich zogen den Politiker noch andere Eigenschaften der Aspasia an als nur ihre intellektuelle Zungenfertigkeit. Perikles, so berichteten seine Zeitgenossen, sei der Erotik außerordentlich zugetan gewesen. Unter anderem habe er auch intimen Umgang mit der Gattin seines Sohnes gehabt. Aber am stärksten sei er von Aspasia fasziniert gewesen. Und Plutarch schreibt in seiner Biographie des Perikles, es sei wohl nicht zu leugnen, daß der berühmte Staatsmann die Aspasia auf das zärtlichste geliebt habe: Jeden Tag, sowohl wenn er zur politischen Versammlung ging, als auch, wenn er von dort wieder zurückkam, habe er Aspasia umarmt und geküßt. Auch habe er mit ihr einen Sohn gezeugt, obwohl dies nicht öffentlich bewiesen worden sei.

Die Ehe des Perikles mit Aspasia galt nach athenischem Recht zwar nicht als legitim, Aspasias Einfluß allerdings wuchs durch diese Verbindung. Freunde des Perikles befürchteten deshalb, daß der athenische Führer seiner Geliebten hörig und damit zum Spielball ihrer persönlichen Interessen werden könnte.

Man unterstellte Aspasia nämlich, sie habe Perikles zum Krieg gegen Samos überredet, weil ihre Vaterstadt Milet mit Samos im Streit lag. Und am Ausbruch des Peloponnesischen Krieges sei, so hieß es bei Aspasias Gegnern, nicht bloß die Handelssperre schuld gewesen, die Athen gegen die Konkurrenzstadt Megara verhängt habe. Der entscheidende Anlaß zu jenem langen Kriege sei vielmehr von der Hetäre Aspasia geliefert worden, die mit einem Freudenhaus für folgenschwere Unruhen gesorgt habe.

In seiner Komödie *Die Acharner* schildert Aristophanes boshaft den angeblich kriegsauslösenden Vorfall:

>»Als aber ein Haufe junger Leute nach Megara ging
>Und kottabostrunken[*] dort die Hure Simaitha fing,
>Da wurden die Megarer bullenwild ob solches Leids
>Und raubten Aspasien zwei Huren ihrerseits.
>So kam der Anfang dieses Kriegs gewitterschwer
>Von den drei Lustdirnen über alle Hellenen her.
>Denn Perikles, der Olympier, jähen Zorns entbrannt,
>Der blitzte, donnerte, quirlte zu Brei das Hellenenland.«

* Der Kottabos war ein beim Trinken sehr beliebtes Spiel: Aus dem Mund oder aus dem Becher sprühte man Wein in kleine Waagschalen, die über Bronzefiguren pendelten, so daß sich die Schalen abwechselnd auf die Figuren senkten. Oder aber man spritzte Wein in kleine schwimmende Schalen, die dadurch zum Sinken gebracht wurden.

Mit diesen Spottversen spielte Aristophanes nicht nur auf Aspasias politischen Einfluß, sondern auch auf die verbreitete Vermutung an, daß die berühmte Hetäre ein eigenes Bordell unterhielt. Feinde des Perikles fanden jedenfalls in dessen Liebesbeziehung willkommene Vorwände gegen den »großen Olympier«, wie er respektvoll genannt wurde. Eine Frau, so kritisierten sie, habe im politischen Leben nichts zu suchen, schon gar nicht, wenn sie aus dem Ausland zugezogen sei und noch dazu aus Ionien stamme, das für die Sittenlosigkeit seiner Frauen berüchtigt sei.

Doch lange Zeit blieb die hervorragende Position des Perikles ungefährdet. Dies vor allem deshalb, weil der aus einem alten athenischen Adelsgeschlecht stammende Politiker im Jahre 462 v. Chr. epochemachende Neuerungen eingeführt hatte. Dazu gehörte, daß er den sogenannten »Areopag«, den aus höchsten Beamten bestehenden Ältestenrat, in seiner Machtfülle beschnitt und die Idee der Demokratie in Athen durchsetzte. Staatsämter wurden von nun an bezahlt, so daß jeder, auch der Ärmste, wenn er sich als politisch geeignet erwies, ein solches Amt übernehmen konnte. Perikles selbst wurde, als Führer der demokratischen Partei, Leiter der athenischen Politik, die er jahrzehntelang außerordentlich erfolgreich vertrat. Er machte Athen zu einer starken Festung, ließ vor allem die Akropolis künstlerisch ausgestalten und führte Athen zu einem Höhepunkt staatlicher und geistiger Blüte, so daß man bis heute mit Hochachtung vom »Perikleischen Zeitalter« spricht.

Wodurch unterschied sich nun die relativ bevorzugte, sozial angesehene Hetäre von einer gewöhnlichen Prostituierten? Was konnte beispielsweise ein unverschuldet in Not geratenes Mädchen tun, wenn es keinen Ausweg als käufliche Liebe sah, aber nicht als verachtete Straßendirne sein Leben fristen wollte? Wie mußte sie sich benehmen, um aus dieser Tätigkeit ein gewisses Maß an gesellschaftlicher Anerkennung zu gewinnen und sich ihr Selbstwertgefühl zu erhalten?

Aspasia und andere berühmte Hetären sahen in ihrem Beruf offenbar etwas, das keineswegs anrüchig war, sondern sogar als Auszeichnung gelten konnte: Sie betrachteten – so jedenfalls darf man nach den vorliegenden Quellen annehmen – ihre Tätigkeit als eine Aufgabe, die sie im Dienst der Liebesgöttin Aphrodite verrichteten. Diese Vorstellung adelte den Hetärenberuf. Um eine würdige Dienerin der Aphrodite zu werden, mußte ein Mädchen allerdings etliche Kenntnisse erwerben, die Charme und Schönheit besonders zur Geltung kommen ließen.

Die »Weisheit der Aspasia«

Aspasias Klugheit beschränkte sich nicht auf die Festigung ihrer eigenen Stellung an der Seite des damals 33jährigen Staatsmannes. Perikles hatte die demokratische Idee durchgesetzt. Aspasia ihrerseits wurde ein Vorbild für Frauenbefreiung. Sie lebte ein souveränes, geistig aktives Leben vor und bemühte sich, die zurückgezogen im Hause lebenden Ehefrauen ebenfalls für ein öffentliches Wirken und für Männergeschäfte zu interessieren. Freilich tat sie dies aus der Sicht ihres Hetärenberufes. Dabei verband sie, wie einer ihrer Biografen schreibt, »das Streben nach ernster Sittlichkeit mit der raffiniertesten Kunst der Wollust«.

Über die Echtheit der sogenannten »Weisheiten der Aspasia«, die in Form von sieben Vorträgen überliefert worden sein sollen, darf man streiten. Aber selbst wenn es sich dabei nicht, wie behauptet wird, um Fundstücke auf dem Gebiet des alten Alexandrien handeln sollte, die Mitte des 19. Jahrhunderts von französischen Forschern bei Ausgrabungen entdeckt wurden, klingen diese Liebeslehren so authentisch, daß sie durchaus von Aspasia selbst stammen könnten.

Der erste Vortrag beschäftigt sich ganz allgemein mit der Psychologie der Liebe, wobei Aspasia ihre Schülerinnen auf ihre Verpflichtung gegenüber Aphrodite hinweist: »Auserwählt seid ihr durch eure Schönheit unter Hellas' Töchtern«, erklärt sie, »zu eurer Eltern Ehre auserkoren für den Dienst an der hehren Göttin.« Dieser Berufung dient die Pflege des Körpers, die zu höchster Schönheit führen soll.

An Leib und Seele schön zu sein, war das Ideal des griechischen Menschen. Schönheit des Leibes und Schönheit der Seele stehen miteinander in engster Wechselbeziehung, wie Aspasia weiß. Deshalb gibt sie ihren Schülerinnen Ratschläge für die richtige Lebensführung und Hinweise für kleine Korrekturen, wenn das Äußere nicht ganz den eigenen Vorstellungen entspricht:

»Des Mädchens Leben sei in Gedanken, Worten und Gebärden ein rhythmischer Tanz, in dem Leib und Seele sich in süßester Harmonie vermählen. Euer junger, formschöner Leib ist die kostbarste Mitgift der Götter. Im allgemeinen genügt es, diese Gnadengabe so zu bewahren, wie sie euch ward, sie zu nützen und zu pflegen. Mitunter aber gilt es doch auch, der Hand der Götter ein wenig nachzuhelfen, die Natur da und dort zu korrigieren. Krumme Glieder können·wir nicht geradebiegen, Schweinsaugen nicht in schimmernde Kuhaugen verwandeln. Wohl aber können wir glanzloses Haar durch Tinkturen und Salben zu schönfarbigem umgestalten; wir schneiden doch auch Nägel an Händen und Füßen und entfernen entstellende Zähne aus dem Munde!

Sorgfältig und gewissenhaft müßt ihr euch jedes Haar am Leibe ausziehen oder ausziehen lassen, das an Stellen wächst, die nach der Göttin Willen unbehaart zu sein haben … Nur Achselhöhlen und Venusberg haben nach dem Geheiß Aphrodites die Frisur zu tragen.

Die verschiedenen Enthaarungsmittel kennt ihr. Ich ziehe dem Gebrauch des zeitraubenden Zängleins und der glimmenden

Nußschalen, die leicht Brandwunden hervorrufen, die Anwendung des Pechpflasters vor, das in heißem, weichem Zustande aufgelegt und nach der Erstarrung mit einem Rucke weggerissen wird. Diese so schmerzliche Prozedur nimmt am wenigsten Zeit in Anspruch und wirkt am gründlichsten. In jedem Falle ist aber danach eine linde Salbe aufzustreichen …«

Der weibliche Körper dürfe nicht so schlank sein, daß der Mann bei der Umarmung die Knochen spüre, warnt Aspasia. Ebenmäßig müsse die Figur einer Frau wirken, die einen Mann verlocken möchte. Nur die Körperteile, zu denen das Männerauge zuerst blicke, nämlich Busen und Gesäß, dürften eine gewisse Fülle aufweisen. Niemals dürfe die Hetäre einen Bauch haben, denn der erinnere an die Mutterschaft, an die ein Mann beim Liebesspiel nicht denken wolle. Frauen, die sich, wie Aspasias Schülerinnen, der Vereinigung von Schönheit und Liebeslust geweiht haben, müssen auf die Freude, Kinder zu bekommen, verzichten. Wenn der Bauch seine edle, flache Form zu verlieren droht, beugt man dem am besten durch Massagen vor, rät die Schönheitslehrerin. Wird das Gesäß zu dick, dann soll die Hetäre tanzen oder Seilspringen, bis ihr der Atem vergeht. Nie soll sie gebückt an der Spindel hocken oder länger dauernde Gartenarbeit verrichten. Dagegen ist sehr der Gang zum Brunnen zu empfehlen, mindestens zweimal am Tag; von dort soll die Frau mit der gefüllten Amphore auf dem Kopf langsam und würdevoll schreitend zurückkommen. Diese Übung führt zu einer nicht nur anmutigen, sondern auch gesunden Gangart. Denn der Körper kann den schweren Druck auf den Kopf nur aushalten, wenn das Rückgrat sich senkrecht aufrichtet. Dabei tritt der Brustkorb hervor, und die Bauchmuskeln ziehen sich unwillkürlich zusammen. Der Krug soll dabei abwechselnd mit der linken und der rechten Hand gehalten werden, und zwar nicht vorn, sondern an der Seite des Gefäßes. Beim Tragen darf man auch nicht vergessen, die Sprungfesseln federnd zu bewegen. Das Körpergewicht soll immer auf den Außenrändern der Füße, nie auf der Innenfläche liegen, denn dann wird der Gang unattraktiv. Erst wenn das alles beherzigt worden ist, kann sich eine individuelle und unaufdringlich reizende Körperbewegung entwickeln, die die Männer verwirrt und anzieht.

Auch für die Pflege des Busens gibt Aspasia eine Menge nützliche Hinweise, die sich zu einem Teil bis in heutige Zeitschriften gerettet haben. »Sitzt der Busen hoch auf gewölbtem Brustkorb, so läßt sich die günstigste Prognose stellen«, heißt es in dem entsprechenden Lehrtext. »Selten wird es da noch einer Nachhilfe bedürfen. Auch verhältnismäßig kleine Busen wirken in dieser Lage schön und führen des Mannes Auge in Versuchung.« Sitzt der Busen dagegen auf einem flachen Brustkorb, muß er mit besonderer Aufmerksamkeit behandelt werden; vor allem muß man eine allzu üppige Entwicklung möglichst verhindern, was bei jungen Mädchen durch das Niederbinden der Brust während des Schlafes geschehen kann. Ist eher das Gegenteil anzunehmen, daß nämlich die Brust sehr klein bleibt, empfiehlt die Liebeskünstlerin das regelmäßige Auflegen von Senf- und Kantharidenpflastern, leichte Klopfmassagen oder das Schlagen der Brüste mit frischen Birkenruten, so man diese zur Hand hat.

Die angenehmste Weise, gute Effekte zu erreichen, ist natürlich das Reizen der Brustwarzen durch liebevolle Behandlung. Wenn es daran fehlt, weil kein Partner da ist, so kann sich die junge Hetäre auch damit helfen, daß sie die Brustwarze alle halbe Stunde mit einer Feder kitzelt. Wichtig für die Formerhaltung des »kostbaren Juwels eures Leibes«, wie Aspasia ihren Schülerinnen nachdrücklich ans Herz legt, ist vor allem aber, daß die jungen Hetären sich täglich nach dem lauwarmen Morgenbade ganz kaltes Wasser auf den Busen gießen.

Von Schminke hielt Aspasia offenkundig nicht viel. Sie empfahl nur ein leichtes Nachdunkeln von Brauen, Wimpern und Augenlidern. Schminke schädige auf die Dauer die Gesichtshaut und mache außerdem unsicher im Liebesspiel, weil eine Hetäre immer befürchten müsse, nach jeder intensiveren Liebkosung verfärbt und lächerlich anzusehen und damit weniger begehrenswert zu sein. Auch vor der Sonnenbräunung warnt Aspasia. Nur brünette Frauen dürften sich, und auch nur maßvoll, der Sonne aussetzen. Weißhäutige dagegen sollten die »schneeige Fülle, ihre besondere Liebesbegabung« nicht in Gefahr bringen.

Nach dem morgendlichen Bad rät Aspasia dazu, den ganzen Körper mit einem Schaber aus Bronze oder gefeilten Knochen abzuscheuern, um auf der Haut und in den Poren keine Fremdkörper zurückzulassen. Erst durch den Schaber oder Striegel bekommt die Haut die erwünschte seidige Glätte. Den letzten Polierschliff erhält sie dann mit sizilianischem Bimsstein. Anschließend wird der Körper mit leicht parfümiertem Olivenöl eingerieben und hinterher mit Wolltüchern abgetrocknet. Im übrigen dürfe man mit Waschungen nicht übertreiben. Denn ganz und gar geruchlos zu sein, beeinträchtige die Verführungskraft.

Hierzu berichtet Aspasia eine Geschichte, die sie mit ihrer älteren Schwester Hedürhine erlebt hatte:

Nach dem Tod der Eltern bewohnten beide Schwestern gemeinsam ein Vorstadthäuschen in Milet. Aspasia war Blumenverkäuferin, ihre ältere Schwester Färberin in einer Purpurmanufaktur. Hedürhine war damals schon seit längerer Zeit mit einem jungen Aristokraten befreundet, der ihr häufig Geschenke mitbrachte, die sie aber aus Stolz immer ablehnte. Nur ein Geschenk erbat sie sich endlich von ihm – seinen abgetragenen Filzhut. Der junge Mann war zwar irritiert über diesen Wunsch, aber schließlich ließ er ihr, als er auf eine Reise ging, das alte Stück zurück.

Aspasia war über den merkwürdigen Wunsch ihrer Schwester zunächst genauso verblüfft wie der Freund, bis sie eines Tages sah, daß sich Hedürhine den alten Hut vor ihr Gesicht hielt und dabei tief und wohlig einatmete. Auf Aspasias amüsierte Frage, was sie denn da treibe, antwortete die Schwester mit leuchtenden

Augen: »Ich trinke die Seele meines Liebsten!« Die junge Aspasia verstand diese Antwort nicht, bis ihr eines Tages deren Bedeutung aufging.

Hedürhines Freund war im Laufe der Zeit anscheinend etwas träge geworden. Immer, wenn er das Mädchen besuchte, machte er einen gelangweilten Eindruck und schlief oft nach einem guten Essen sofort ein, ohne sich weiter um seine Freundin zu kümmern.

Da kam Hedürhine auf eine glänzende Idee. Als der junge Mann es sich wieder einmal auf ihrem Lager bequem gemacht hatte und gerade dabei war, einzuschlafen, ging sie wortlos ins Nebenzimmer, zog dort das Hemd aus, das sie tagsüber getragen hatte, und legte es dann dem Geliebten über das Gesicht. Er möge nur ruhig etwas schlafen, sagte sie dazu, das Licht würde ihn nun nicht mehr blenden.

Der junge Mann rührte sich nicht, sondern schien tief eingeschlafen zu sein. Aber ganz plötzlich hörte Aspasia ihn laut nach ihrer Schwester rufen. Da wußte sie, daß es für sie an der Zeit war, das Paar allein zu lassen. Der Duft des Hemdes hatte seine Wirkung getan.

In ihrem zweiten und dritten Vortrag geht Aspasia auf die weiblichen und männlichen Geschlechtsorgane und auf verschiedene Stellungen beim Beischlaf ein. Diese Vorträge klingen in jeder Hinsicht so aufgeklärt, daß man meinen könnte, die griechische Liebesdame habe Unterricht bei modernen Sexualkundlern wie van de Velde oder Masters und Johnson genommen. Vor allem betont sie die »Kunst« in der Liebe und schärft ihren Schülerinnen ein, mit sensiblen Männern auch sensibel umzugehen: »Immer werden dem Mann taktische Fehler unterlaufen, und eure Aufgabe ist es, sie unauffällig, ohne seine Eigenliebe und seine Eitelkeit zu verletzen, wiedergutzumachen.« Im übrigen, so Aspasia, habe Liebeskunst nichts mit Akrobatenstellungen zu tun. Auch die folgenden beiden Vorträge, in denen von den »gesegneten Nebenumständen Aphrodites« und vom Versagen in der Liebestätigkeit die Rede ist, klingen zeitlos modern. Mit den »gesegneten Nebenumständen« sind Zärtlichkeiten gemeint, die nicht die sexuelle Vereinigung zum Ziel haben. Aspasia weiß, daß der Genußfähigkeit eines Mannes »nur durch seinen Geist und nicht durch die Stärke seines Phallos Grenzen gezogen« sind. Mangel an Selbstvertrauen kann auf einen Mann auch sexuell eine buchstäblich niederdrückende Wirkung haben. Mit Geduld müsse deshalb die Hetäre ihre ganze Kunst aufbringen, beim Mann kein Gefühl der Beschämung aufkommen zu lassen, sondern einen Schwächezustand als bloß vorübergehend zu behandeln. Denn das Unvermögen eines Mannes, den eine Hetäre in ihren Armen hält, beschäme in erster Linie nicht ihn, sondern die Hetäre selbst. Aspasia verweist auf einen Philosophen, der in diesem Zusammenhang einmal zu ihr gesagt habe: »Impotenz? Lächerlich! Es gibt keine impotenten Männer, es gibt nur ungeschickte Hetären!«

Mögen manche Sexualmediziner und Psychologen in diesem Punkt vielleicht anderer Auffassung sein – für den Beruf der Hetäre (die ja keine Kunden verlieren möchte) sind Aspasias Hinweise sicher von hohem praktischem Wert. So auch der siebte Vortrag, in dem die Liebeslehrerin ihren Zuhörerinnen Verhaltensregeln darüber gibt, wie eine Hetäre gutzahlende Freier gewinnt und auch erhält. Sich so teuer wie möglich zu verkaufen, ist einer der Ratschläge Aspasias, die im Schröpfen der Liebhaber gleichzeitig eine Leistung für den Staat erkennt: » Vom Geld, das der Geizige in seiner Truhe behält, hat der Staat keinen Vorteil«, erklärt sie volkswirtschaftlich zutreffend. »Erst wenn die Drachmen zu rollen beginnen, befruchten sie das wirtschaftliche Leben und heben sie das Gewerbe und die Kunst.«

Trotz und wegen ihrer ungewöhnlich bevorzugten Position war Aspasia häufig die Zielscheibe von Angriffen. Durch ihre unbezweifelbare Klugheit hatte sie sich eine zentrale Stellung geschaffen. Das mußte alle diejenigen Männer stören, die der – lange Zeit ja auch von Perikles vertretenen – Auffassung waren, daß eine Frau in politischen Dingen nicht mitzureden habe. Sowohl die Gegner Aspasias als auch die Gegner des Perikles versuchten ihr (und damit auch ihm) nach Kräften zu schaden.

Es waren nicht nur Komödiendichter, die ihre Witze über die »ionische Hure« machten, ihr unterstellten, sie führe ihrem illegitimen Gatten Perikles junge Mädchen aus einem von ihr geleiteten Bordell zu und habe Perikles sogar zu Kriegen angestachelt. Auch Männer, die es nicht ertrugen, daß eine Frau überhaupt irgendeinen entscheidenden Einfluß in der Öffentlichkeit hatte, statt unauffällig zu Hause zu bleiben, wurden Aspasias erklärte Feinde.

Ein gern benutzter Vorwand, um gegen unliebsame Personen einen gerichtlichen Prozeß zu erwirken, war der schwere Vorwurf der sogenannten »Asebie«, der als »Gottlosigkeit« übersetzt wird und zu einem sehr dehnbaren Begriff wurde. Als »gottlos« wurden an sich nur Handlungen wie Tempelraub oder Zauberei gerichtlich verfolgt. Aber mit der erweiterten Deutung dieses Begriffes konnte man unliebsame oder unangepaßte Personen in größte Schwierigkeiten bringen.

Asebie wurde auch Aspasia vorgeworfen. Als Ausländerin und angebliche Bordellbesitzerin, mit schädlichem Einfluß auf den höchsten Staatsmann, hätte sie leicht einem vernichtenden Richterspruch zum Opfer fallen können. Aber Perikles stellte sich vehement vor sie und soll, wie Augenzeugen berichteten, vor der großen Versammlung sogar in Tränen ausgebrochen sein. Mangels Beweises für ihre staatsschädigende Wirkung wurde Aspasia schließlich freigesprochen.

Phryne, die Kröte

Sich einen bedeutenden Namen zu machen, war in der Antike meist nur ein Männerwunsch gewesen. Eine Frau konnte bestenfalls davon *träumen*, auf irgendeinem Gebiet Ruhm einzuheimsen und sich dadurch unsterblich zu machen. Aber einigen wenigen Frauen des Altertums gelang das Kunststück doch, ihren Namen unauslöschlich in die Geschichte einzuschreiben. Zu diesen Ausnahmeerscheinungen gehörte eine Hetäre, die mit kühlem Kopf ihren schönen Körper einsetzte, um sich aus der vorgegebenen weiblichen Anonymität zu befreien.

Eigentlich hieß sie Mnesarete, aber bekannt wurde sie unter dem Namen Phryne. Sie stammte aus der kleinen boiotischen Stadt Thespiai, die schon lange für die Schönheit ihrer jungen Mädchen berühmt gewesen war. Doch während diese Mädchen allesamt unbekannt blieben, verstand es Phryne, sich in ganz Griechenland schon früh einen Namen zu machen. Dies gelang ihr dadurch, daß sie eine lebhafte Beziehung zu dem Bildhauer Praxiteles aufnahm, der sich so in sie verliebte, daß er sie zu seinem Lieblingsmodell machte.

Damit war Phrynes weitere Laufbahn als begehrte Hetäre gesichert. Phrynes Schönheit und ihre Liebeskünste brachten ihr schließlich so viel ein, daß sie sich in einer übermütigen Laune bereit erklärte, die von Alexander dem Großen zerstörten Stadtmauern von Theben auf ihre eigenen Kosten wiederaufbauen zu lassen. Allerdings stellte sie die Bedingung, daß die Stadt dafür eine Tafel aufstellen müsse, mit der Inschrift: »Zerstört von Alexander, wiedererrichtet von Phryne, der Hetäre.« Einen solchen Triumph wollten die Thebaner einem Freudenmädchen aber wohl doch nicht gönnen; so verzichteten sie auf das großzügige Angebot.

Die zu Reichtum und Ansehen gekommene Phryne war in ärmlichen Verhältnissen aufgewachsen. Um so zielstrebiger verfolgte sie ihre aufblühende Karriere. Dabei blieben manche einstmals guten Beziehungen auf der Strecke, wenn sie nicht mehr nützlich zu sein schienen. Ein ehemaliger Freund, der Phryne von früher Jugend an kannte und ihren Aufstieg zu einer der begehrtesten Hetären mitfinanziert hatte, beklagte ihre zunehmende Kaltherzigkeit in diesem Beruf:

> O ich Unglücklicher, der Phrynen liebte,
> Da sie noch Kapern sammelte
> Und nur ein armes Mädchen war.
> Jetzt werde ich – trotz des vielen an sie verschenkten Geldes –
> Von ihr zur Tür hinausgejagt.

Der Name Phryne bedeutet »Kröte«. Daß die schöne Hetäre wegen ihres gelegentlich giftigen Verhaltens so genannt wurde, ist aber ziemlich unwahrscheinlich. Dichter und Historiker meinen eher, daß Phryne ihren Namen wegen ihrer ungewöhnlich zarten Haut erhalten habe, die als eine Mischung von Lilien und Rosen besungen wurde. Phryne war sehr stolz darauf, niemals Schminke benutzen zu müssen, um ihre Haut rein und zart aussehen zu lassen. Und sie scheute sich auch nicht, andere Damen ihres Berufsstandes, die von der Natur weniger begünstigt waren, bloßzustellen, um selbst in schönstem Licht zu erscheinen.
Diesen nicht gerade liebenswerten Charakterzug deckt eine kleine Episode auf, ein überzeugendes, aber etwas boshaftes Experiment: Nach einem ausgiebigen Festmahl, zu dem sich alle bekannten Hetären von Athen eingefunden hatten, machte Phryne scheinbar beiläufig den Vorschlag, alle Anwesenden sollten sich die erhitzten Gesichter mit nassen Tüchern abwischen. Da alle Damen in bester Stimmung waren, gingen sie ganz arglos darauf ein. Als sie sich danach gegenseitig betrachteten, fanden sie sich, erwartungsgemäß, ein bißchen verändert, weil sie beim

Waschen ihre Schminke abgewischt hatten. Nur Phryne, so berichtet ein Beobachter, »glich auch weiterhin dem getönten Marmor oder dem Bauch einer Kröte, dessen Weiß ohne Fehl ist«.

In Phrynes Geburtsstadt Thespiai wurde von jeher der Liebesgott Eros besonders verehrt. Viele junge Mädchen versuchten, ihre Attraktivität in bare Münze umzusetzen. Phryne selbst hatte früh erkannt, daß ihr schöner Körper ihr wertvollstes Kapital war. Um so behutsamer ging sie damit um, so daß man allgemein von ihrer außergewöhnlichen Schamhaftigkeit sprach und entsprechend neugierig auf die seltenen Gelegenheiten wartete, diesen Körper einmal nackt zu sehen. Phryne verhüllte sorgsam ihre Reize, und es hieß, nicht einmal ihre Liebhaber durften sie anders als in verdunkelten Räumen umarmen.

Um so mehr stieg natürlich das Interesse der Männer für dieses angeblich so schamhafte Mädchen, das seine Anziehungskraft aber sehr zielsicher einsetzte: Nur bei religiösen Festlichkeiten, wenn die heilige Handlung es erforderte, entblößte sie sich. So ist zum Beispiel bezeugt, daß sie auf dem feierlichen Höhepunkt der Eleusinischen Mysterien wie eine Göttin unter dem Tempeltor erschien und ihre Kleidung Stück um Stück vor aller Augen fallen ließ; wenn sie sich anschließend in einen purpurnen Schleier hüllte, war dies das Zeichen für das Ende der Feier. Auch beim alljährlichen Poseidon-Fest entledigte sich die schöne Hetäre vor der versammelten Menge ihrer Gewänder, tauchte nackt ins Meer und entstieg dann, nur in ihr nasses schwarzes Haar gehüllt, wieder dem Wasser. Von den staunenden Griechen wurde sie als Inkarnation der Liebesgöttin Aphrodite angesehen, und Apelles, der berühmteste Maler des Altertums, malte die Szene, wie Phryne aus dem Wasser stieg. Auch Botticellis Venus, die in einer schwimmenden Muschel steht, soll die antike Schöne zum Vorbild gehabt haben.

Aber nicht nur Maler waren von Phrynes Schönheit begeistert.

Griechische Töpfer ließen sich von den hübschen Brüsten der Hetäre zu ihren »mastos« genannten Gefäßen inspirieren, und Dichter besangen unablässig Phrynes erotische Ausstrahlung.

Am meisten zu Phrynes Unsterblichkeit trug aber die Kunst des Bildhauers Praxiteles bei. Seine Aphrodite von Knidos, zu der ungezählte Bewunderer pilgerten, soll Phrynes Körper nachgebildet sein. Auch die vergoldete Phryne-Statue, die in Delphi zwischen den Standbildern des Königs Archidamos und des Philippos aufgestellt wurde, verbreitete dort Phrynes Ruhm, ebenso wie das Ansehen des Bildhauers. Praxiteles wurde einer der namhaftesten Liebhaber der begehrten Hetäre.

Der ehrgeizigen Phryne genügte es ganz offensichtlich nicht, sich die bloß zeitweilige Zuneigung wohlhabender Männer durch körperliche Hingabe zu erkaufen. Äußerliche Attraktivität war nicht von langer Dauer, damit mußte sie sich abfinden. Deshalb wollte sie wenigstens ihren Namen unsterblich machen, und diesen Wunsch erfüllten ihr Dichter und bildende Künstler. Um sich auch in ihrer Heimatstadt Thespiai unvergeßlich zu machen, wollte sie dem dortigen Tempelhain ein Werk des Praxiteles zukommen lassen. Sie wünschte sich dasjenige, das ihr Geliebter selbst für sein bestes hielt. Da der Bildhauer aber darüber nichts sagen wollte, versuchte die gewitzte Hetäre dies mit einer List aus ihm herauszubekommen.

Wie die Schriftsteller Athenaeus und Pausanias berichten, saßen Phryne und Praxiteles eines Abends beim Wein zusammen, als ein von Phryne angestifteter Sklave mit dem Schreckensruf: »Feuer! Feuer! Es brennt in der Werkstatt! Vieles ist schon zerstört!« zu dem Paar hereinstürzte. Entsetzt sprang Praxiteles auf und rief: »Wenn das Feuer meinen Satyros und meinen Eros vernichtet hat, dann will ich nicht mehr weiterleben!«

Phryne wußte nun, was sie wissen wollte, und beruhigte ihren Geliebten mit der Erklärung, daß es sich nur um einen Scherz gehandelt habe. Voller Erleichterung schenkte der Bildhauer ihr ein Werk ihrer Wahl. Phryne entschied sich für die Eros-Figur und vermachte das unschätzbar kostbare Standbild ihrer Heimatstadt. Die Thespier, die von Praxiteles bereits eine Aphrodite-Statue für ihren Tempelhain erworben hatten, waren Phryne so dankbar für ihr großzügiges Geschenk, daß sie den Bildhauer baten, nun auch noch eine Phryne-Statue zu schaffen. Der Bildhauer kam diesem Wunsch gern nach und veranlaßte, daß auch dieses Werk an prominentester Stelle zu bestaunen war.

Daß die selbstbewußte Hetäre über diese Ehrung hochzufrieden war, geht aus ihrem Dankesbrief an Praxiteles hervor:

»Du hast ein Werk geschaffen, wie es unter allen Werken menschlicher Hände noch niemand gesehen hat: das Bild deiner Geliebten, das du im Tempelhain aufgestellt hast. Ich stehe dort in der Mitte zwischen deiner Aphrodite und deinem Eros. Mißgönne mir diese Ehre nicht, denn alle, die mich ansehen, preisen den Praxiteles, und wegen deiner Kunst, die mich schuf, halten die Thespier mich für würdig, zwischen Göttern zu stehen. Nur eines fehlt noch, um dein Geschenk voll zu machen: Komm zu mir und laß uns im Hain zur Liebe beisammenliegen. Wir werden die Götter nicht entweihen, die wir selbst geschaffen haben.«

Ob Phryne tatsächlich das Modell für die vielbewunderte Aphrodite von Knidos war, von der sich eine römische Kopie in den Sammlungen des Vatikan befindet, ist nicht ganz sicher. Wie Athenaeus meint, ist die Aphrodite-Statue möglicherweise eine Kombination aus den Reizen verschiedener Hetären. Athenaeus erinnert sich an eine nächtliche Szene im Garten des Praxiteles, die als Inspiration gedient haben mag:

»Der Mond goß sein melancholisches Licht über die Landschaft. Die Mädchen wirkten wie eine Gruppe von Nymphen. Die eine lag lässig auf dem Rücken, eine andere tanzte, und der Nachtwind hob ihre neidische Hülle. Eine dritte war völlig nackt; in blendender Weiße glänzte sie wie eine Göttin aus dem Schattendunkel. Eine vierte war ganz verschleiert und ließ nichts sehen als die alabasternen Arme und Schultern. Eine fünfte wiederum hatte den Busen verhüllt, ließ aber durch die Öffnungen ihres Gewandes die aufregendsten Formen erkennen ...«

Freispruch für die Schönheit

Aber selbst wenn Phryne nicht allein das Modell für die Aphrodite von Knidos gewesen sein sollte, unsterblich ist sie durch Praxiteles auf jeden Fall geworden. Und wenn es noch eines Beweises für die Wirkung ihrer ungewöhnlichen Schönheit bedurft hätte, so wurde dieser durch einen aufsehenerregenden Prozeß erbracht, bei dem Phryne sich wegen des Vorwurfs der Gottlosigkeit verantworten mußte. Asebie, so lautete, wie bei Aspasia, die schwerwiegende Anklage gegen die schöne Hetäre. Den Prozeß hatte ein eifersüchtiger Liebhaber namens Euthias gegen sie angestrengt. Er behauptete, Phrynes Verhalten während der Eleusinischen Mysterien sei eine Beleidigung der Gottheit. Außerdem schädige die anspruchsvolle Hetäre den athenischen Staat durch ihre übertriebenen Honorarforderungen und durch die Ablenkung der Männer von den Staatsgeschäften. Nicht die Männer, die sich durch Phryne ablenken ließen, wurden also angeklagt, sondern die Frau, die ihnen durch »Liebeszauber« den Kopf verdreht habe.

Doch Phryne hatte einen guten Verteidiger an ihrer Seite, einen ihrer Geliebten, den berühmten Redner Hypereides, der schon viele Prozesse gewonnen hatte. In diesem Fall schien es allerdings zunächst so, daß die Geschworenen sich von den Worten des Hypereides nicht überzeugen lassen mochten. Schon konnte man meinen, Phryne habe den Prozeß verloren, da griff Hypereides zu

Triumph der Schönheit: *Phryne vor den Richtern.*
Gemälde von Léon Gérôme (Ausschnitt)

einem bis dahin noch nie benutzten Mittel: Mit einer schnellen
Handbewegung riß er seiner schönen Klientin das Gewand auf
und enthüllte vor den Augen der Richter ihren makellosen Körper.

Die Wirkung ihres nackten Busens, so berichtet Athenaios, war
überwältigend: »Die Richter ergriff heilige Scheu vor der Gottheit, so daß sie es nicht wagten, die Prophetin und Priesterin der
Aphrodite zu töten.« Und weiter erläutert der Chronist: »Es war
aber Phryne tatsächlich mehr an den Teilen schön, die man nicht
zu zeigen pflegt, und es war nicht leicht, sie nackt zu sehen, denn
sie pflegte einen enganliegenden Chiton zu tragen und benutzte
nicht die öffentlichen Bäder.« Der gezielte Überraschungseffekt
des geschickten Verteidigers hatte sich als wirksam erwiesen:
Phryne wurde freigesprochen.

Die Erleichterung bei Phrynes Kolleginnen war groß, nicht nur

aus Freundschaft, sondern auch deshalb, weil sich bei einem un-
günstigen Ausgang des Prozesses wahrscheinlich auch andere
Hetären gegen den Vorwurf der Gottlosigkeit hätten verteidigen
müssen. Bakchis, eine Freundin Phrynes, schrieb deshalb einen
Dankesbrief an den erfolgreichen Verteidiger Hypereides:

»Wir Hetären sagen Dir alle Dank, und zwar jede einzelne von
uns nicht weniger als Phryne. Denn der Prozeß, den der Erzschur-
ke Euthias angestrengt hatte, betraf zwar Phryne allein, bedeutete
aber Gefahr für uns alle. Wenn wir nämlich trotz unserer Bitten
von unseren Liebhabern kein Geld bekommen, oder wenn wir
dafür, daß wir nur denen gefällig sind, die uns etwas schenken,
schon wegen Gottlosigkeit belangt werden, dann ist es für uns
alle vernünftiger, unser Gewerbe an den Nagel zu hängen; so
haben weder wir selbst Scherereien, noch machen wir unseren
Freunden welche.

Jetzt aber werden wir über unseren Beruf nicht mehr klagen, weil
sich Euthias als schuftiger Liebhaber erwiesen hat, sondern wir
werden unser Gewerbe hochhalten, weil Hypereides sich als
rechtlich denkender Mann bewährt hat. Möge Dir nun Deine
Menschenfreundlichkeit viel Glück bringen!

Du hast Dir damit eine wertvolle Geliebte gesichert und uns Dir
an ihrer Stelle verpflichtet gemacht. Wenn Du nun auch noch
Deine Rede niederschriebest, würden wir Hetären Dir wahrhaft
ein goldenes Standbild setzen, wo immer in Hellas Du es
wünschst.«

An Phryne schrieb Bakchis ebenfalls einen Brief, aus dem deutlich hervorging, daß der Prozeß Phryne eher genutzt als geschadet
hatte:

»Meine Angst, o Teuerste, über die Gefahr, in der Du schwebtest,
war lange nicht so groß wie meine Freude darüber, daß Du nun
einen schuftigen Liebhaber los bist und in Hypereides einen anständigen Menschen gefunden hast. Die Anklage, so glaube ich,
war für Dich sogar ein großes Glück, denn Du bist nicht nur in

Athen berühmt geworden, sondern der Prozeß hat Dir in ganz Hellas einen Namen gemacht.«

Ihrem Zorn auf den Verleumder Euthias machte Phrynes Freundin in einem weiteren Brief Luft. An Myrrhine, die neue Geliebte des Euthias, schrieb sie wütend:

»Nie mehr möge Dich ein besserer Liebhaber beglücken, bei der allmächtigen Aphrodite, sondern mit Euthias, mit dem Du Dich jetzt abgibst, sollst Du bis zum Tode zusammenleben. Armes, einfältiges Frauenzimmer, das Du mit diesem Scheusal ruiniert bist!«

Das Schreiben der Bakchis an ihre Hetärenkollegin endet mit den vernichtenden Worten: »Merke Dir das eine: Von uns allen, die wir der menschenfreundlichen Aphrodite vor allem dienen, wirst Du deshalb verachtet.«

Phryne war also rehabilitiert und konnte sich ihres Berufslebens ungehindert erfreuen. Wenn es ihr auch im allgemeinen gelang, einen Mann, den sie wollte, für sich zu gewinnen, so mußte sie allerdings wenigstens ein einziges Mal ihre Liebesmühe aufgeben, bevor sie zum Erfolg gekommen war. Einige übermütige Jünglinge in Athen hatten nämlich, so erzählt Valerius Maximus, eine Wette darüber abgeschlossen, ob der berühmte Philosoph Xenokrates wohl, trotz seiner Sittenstrenge, den Reizen der Phryne unterliegen würde. Bei einem üppigen Gelage saß die schöne Hetäre dicht neben dem tugendhaften alten Herrn, der dem Wein schon reichlich zugesprochen hatte. Mit aufreizenden Reden und herausfordernden Bewegungen bemühte sich Phryne, Xenokrates zu verführen, aber vergebens. Der Philosoph blieb seinem Prinzip treu, und die Hetäre mußte sich sogar noch Spottreden darüber anhören, daß sie es nicht fertigbringe, einen alten, noch dazu halb betrunkenen Mann in ihren erotischen Bann zu ziehen.

Doch Phryne hatte, wie immer, das letzte Wort. Die Wette, so sagte sie, habe schließlich einem Menschen von Fleisch und Blut gegolten, nicht aber einer gefühllosen Bildsäule.

Italienische Kurtisanen
der Renaissance

Die ehrbaren Dirnen

»Am Abend veranstaltete der Herzog Valentino (Cesare Borgia) in seinem Gemach im Vatikan ein Gelage mit fünfzig ehrbaren Dirnen, Kurtisanen genannt, die nach dem Mahl mit den Dienern und den anderen Anwesenden tanzten, zuerst in ihren Kleidern, dann nackt. Nach dem Mahl wurden die Tischleuchter mit den brennenden Kerzen auf den Boden gestellt und Kastanien rings herum gestreut, die die nackten Dirnen auf Händen und Füßen zwischen den Leuchtern durchkriechend aufsammelten, wobei der Papst, Cesare und seine Schwester Lucrezia zuschauten. Schließlich wurden Preise ausgesetzt, seidene Überröcke, Schuhe, Barette und anderes für die, welche mit den Dirnen am öftesten den Akt vollziehen könnten. Das Schauspiel fand hier im Saal öffentlich statt, und nach dem Urteil der Anwesenden wurden an die Sieger Preise verteilt.«

Sachlich und ungerührt verzeichnet der päpstliche Zeremonienmeister Johannes Burcardus in seinem Tagebuch, unter dem Datum des 31. Oktober 1501, einen fröhlichen Abend im Vatikan. Solcherlei Vergnügungen waren beim Borgia-Papst Alexander VI. anscheinend nicht ungewöhnlich. Zu Kurtisanen hatte Alexander schon als Kardinal, damals noch unter dem Namen Rodrigo Borgia, intensive Beziehungen gehabt, die er auch keineswegs verheimlichte. Als er im August 1492 zum Papst gewählt wurde, hatte er bereits sechs Kinder von verschiedenen Geliebten, die damals noch nicht mit dem eleganten Namen »Kurtisanen« bezeichnet wurden. Dieser Ausdruck bürgerte sich erst unter Alexanders päpstlicher Herrschaft ein und bezeichnete Damen, die sich am Hofe (»corte«) eines geistlichen oder weltlichen Herrn aufhielten und dessen Gunst genossen. Das Wort ließ an »Hofdame« denken und klang natürlich wesentlich feiner als das deftige »Hure«.

Feiner zu sein als ein namenloses Straßenmädchen, darum bemühten sich vor allem die römischen Kurtisanen der Renaissance, und manchen gelang es auch wirklich, aus ihrem Gewerbe ein zumindest zeitweise lebenswertes Leben zu gewinnen. Eine Kurtisane, die etwas auf sich hielt, wollte ihren Liebhabern nicht nur körperliche Freuden bereiten, sondern sie auch mit großzügiger Gastfreundschaft, musikalischen Vorträgen und geistvollen Gesprächen an sich binden. Damit stieg ihr Ansehen ebenso wie ihr Honorar. Vor allem aber konnte sich eine Kurtisane durch Belesenheit und musikalische Bildung ein höheres Maß an Unabhängigkeit und Selbstachtung verschaffen. Sie blieb nicht länger nur das obskure Objekt männlicher Begierde, sondern man würdigte, respektierte und verehrte sie.

In Rom und Venedig blühte der Kurtisanenberuf am üppigsten, weil in diesen Städten das meiste Geld in Umlauf war und oft mit vollen Händen ausgegeben wurde. Nicht nur einheimische Lebemänner und gutbetuchte Touristen, sondern auch ranghohe Geistliche pflegten innigen Umgang mit namhaften Kurtisanen. Empörter als der päpstliche Zeremonienmeister Johannes Burcardus, berichtet der römische Chronist Infessura:

»Alexander VI. hat die schon von Papst Innozenz VIII. eingeführte Gewohnheit, seine weibliche Nachkommenschaft zu verheiraten, fortgesetzt und noch erweitert. Und so strengt sich jetzt der ganze Klerus an, und zwar mit Eifer, sich Nachkommenschaft zu zeugen, so daß vom höchsten Kleriker bis zum niedersten jeder, als wäre er verheiratet, sich eine Konkubine hält, und zwar ganz öffentlich.«

In Rom florierte das Kurtisanenwesen vom Ende des fünfzehnten Jahrhunderts bis zur Plünderung Roms durch die Söldnertruppen Kaiser Karls V. im Jahre 1527. Zwar gab es auch danach noch namhafte Kurtisanen in Rom, aber ihr Glanz verblich, als der erste der Reformpäpste, Paul IV., mit strengen Maßnahmen gegen das Dirnenwesen eine moralische Wende einläutete. Das war

1555, und während der folgenden Jahrzehnte war es die freie Stadt Venedig, die den Kurtisanen ermöglichte, ihrer freiberuflichen Tätigkeit weitgehend unbehelligt nachzugehen.

Wie ein junges Mädchen es anstellte, einen gut zahlenden Liebhaber zu ergattern, wußte niemand besser als der frivole Lebemann und Skandalchronist Pietro Aretino. Seine berühmt-berüchtigten Kurtisanengespräche, aus Aretinos eigener Erfahrung gespeist, spiegeln wie kein zweites Stück Literatur den lebhaften Umgang der Geschlechter zur Zeit der Renaissance. Dabei spielten Mütter gelegentlich, wie man an den Darstellungen Aretinos und anderer zeitgenössischer Autoren sieht, die Rolle der Kupplerin. Über die junge, lebenshungrige Nanna, die mit ihrer erfahrenen Mutter aus der toskanischen Provinz nach Rom kommt, um eine berühmte Kurtisane zu werden, berichtet Aretino genußvoll und detailgenau.

Nanna und ihre Mutter

An einem Sommernachmittag kam Nanna mit ihrer Mutter in Rom an. Die ganze Stadt schien auf den Beinen zu sein. Dichtes Gedränge herrschte vor allem am Ufer des Tiber und auf der Brücke, die zur Engelsburg führte. Nanna war mit ihrer Mutter in einem Gasthaus bei der Torre di Nona abgestiegen, auf dem der Engelsburg gegenüberliegenden Ufer, und das junge Mädchen vom Lande war ganz begeistert von der lebhaften Szenerie der großen Stadt.

Die Zimmerwirtin, die anscheinend ahnte, warum das ungewöhnlich hübsche Mädchen nach Rom gebracht worden war, verbreitete die Nachricht von ihrer Ankunft sofort im ganzen Stadtviertel. Wenig später war das Gasthaus von Scharen junger

Männer umringt, die zumindest einen Blick auf die junge Schönheit werfen wollten.

Doch Nannas Mutter verbot ihr, sich offen am Fenster zu zeigen. Das Töchterchen mußte hinter einem Fensterladen stehen, und wenn sie diesen ein bißchen anhob, um hinauszusehen, zog die Mutter ihn eilig wieder herunter. Aber gerade das tat draußen seine Wirkung. »Obwohl ich ohnedies schön war«, erzählte Nanna später ihrer Freundin Antonia, »so machte dieses Aufblitzen meiner Reize ein Wunder an Schönheit aus mir, und man sprach in ganz Rom bloß noch von der neuangekommenen Fremden. Die Neugierigen rückten sozusagen in Reih und Glied an, um mich zu sehen, und fortwährend wurde an die Tür geklopft. Meine kluge Frau Mutter aber, von der ich alles lernte, rief: ›Das verhüte Gott, daß meine Tochter zu Fall käme! Ich bin von adeligem Stand, und wenn wir auch augenblicklich im Unglück sind, so haben wir, Gott sei Dank, doch genug, um uns durchs Leben zu schlagen.‹«

Ähnlich beeindruckt wie die jungen Männer von ihr war Nanna hinter dem Fensterladen von ihren Verehrern. So viele gutaussehende Kavaliere hatte sie noch nie beisammen gesehen – mit Wämsern aus Samt und Atlas, mit einer Agraffe am Barett und goldenen Ketten um den Hals und auf Pferden, die wie Spiegel glänzten. Ganz langsam ritten sie immer wieder an Nannas Fenster vorbei, rezitierten schmachtende Liebesverse, riefen: »Küß die Hand, Euer Gnaden!« oder zogen mit einem verzweiflungsvollen »Gott im Himmel, wie seid Ihr grausam!« ab, um bald darauf einen neuen Annäherungsversuch zu unternehmen.

Ein paar Tage später, als Nannas lebenserfahrene Mutter sicher sein konnte, daß nun alle jungen Männer in der Stadt von der Anwesenheit ihrer hübschen Tochter Notiz genommen hatten, beschloß die umsichtige Frau, mit Nanna eine kleine öffentliche Vorstellung zu geben, die aber ganz wie der reine Zufall aussehen sollte. Sie zog ihrer Tochter ein schlichtes violettes Atlaskleid

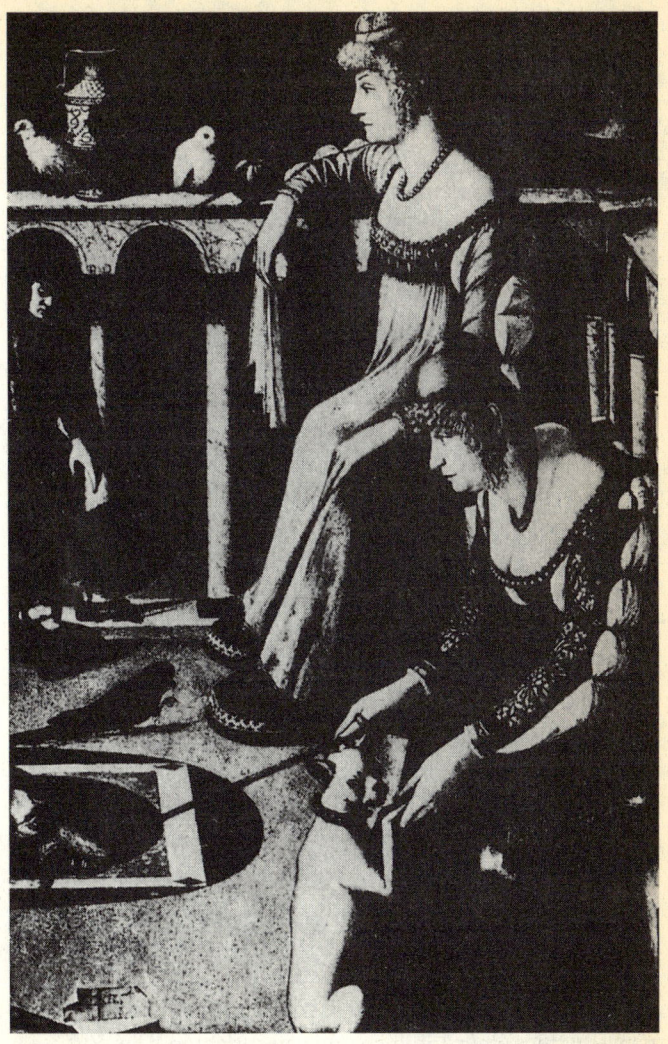

In geduldiger Erwartung: *Zwei venezianische Kurtisanen*. Gemälde von Vittore Carpaccio

ohne Ärmel an, damit das Schneeweiß ihrer Arme zur Geltung kam. Dann kämmte sie ihr das Haar zurück, das, wie Nanna sich später erinnerte, aussah »wie golddurchwirkte Seidensträhnen«. Denn blondes Haar war Mode in Rom, und da es in Nannas toskanischer Heimat nicht allzu häufig vorkam, mußte man mit allerlei Essenzen ein wenig nachhelfen, worauf sich Nannas Mutter gut verstand.

Nach dieser gründlichen Vorbereitung warteten beide Damen auf den günstigsten Auftrittsmoment. Als nachmittags ein besonders dichter Schwarm von jungen Männern am Haus vorbeiflanierte, trat Nanna auf einen Wink der Mutter unversehens an das offene Fenster. Der Effekt auf die promenierenden Herren war grandios. »Mein Anblick wirkte auf sie wie der Stern von Bethlehem auf die Weisen aus dem Morgenland«, berichtete Nanna ihrer atemlos zuhörenden Freundin Antonia. »Und was machtest du denn nun, während sie dich angafften?« fragte die. »Ich stellte mich schamhaft wie eine Nonne, sah sie fest und unbefangen an wie eine Ehefrau und benahm mich dabei wie eine Hure«, erklärte Nanna genießerisch.

Der Erfolg ließ nicht auf sich warten. Schon wenig später klopfte ein junger Mann an die Tür des Gasthauses und erkundigte sich, wer denn dieses wunderschöne junge Mädchen sei. Soviel sie wisse, antwortete die Wirtin, sei das Mädchen die Tochter einer Edeldame, deren Mann im Bürgerkrieg gefallen sei; beide hätten nun mit wenigen Habseligkeiten hier Zuflucht gesucht. Ob er das Mädchen sehen könnte, fragte der junge Mann. Aber die Wirtin beschied ihn, das sei nicht möglich, denn Nanna sei ein sehr zurückhaltendes, guterzogenes Mädchen, das keinen Kontakt mit Unbekannten wünsche. Diese Mitteilung machte den jungen Mann noch neugieriger, und er bat die Wirtin, der schönen Nanna wenigstens einen Gruß von ihm auszurichten. Die Wirtin zögerte, ließ sich aber durch ein großzügiges Geldgeschenk überreden; nachdem der Freier gegangen war, empfahl sie ihren beiden weiblichen Gästen, den jungen Kavalier in den nächsten Tagen getrost zu empfangen, denn er könne für Nanna eine Goldgrube werden.

Schon am folgenden Tag ließ Nannas Verehrer ein köstliches Diner aus einer erstklassigen Taverne in das Gasthaus schicken. Die Mutter erklärte sich nun mit einem Besuch des jungen Herrn einverstanden und ließ bei der anschließenden Unterhaltung diskret durchblicken, daß ihre Tochter noch völlig unschuldig sei.

Diese gezielte Information brachte den verliebten jungen Mann erst recht in Hitze. Ein noch üppigeres Galadiner wurde in die Herberge gebracht. Diesmal durfte das Paar erstmals zusammen essen und sich anschließend, ohne mütterliche Aufsicht, ins Schlafgemach zurückziehen. Aber noch kam es nicht zum Äußersten. So ungeduldig Nannas Verehrer auch war, er mußte seine Belagerung volle drei Tage lang aufrechterhalten, ehe er die ersehnte Festung stürmen durfte. Daß sie, trotz gegenteiliger Behauptung, schon mehrfach erobert worden war, merkte er nicht, dafür hatten Nanna und ihre erfahrene Mutter gesorgt.

Bis dahin hatten die beiden kunstfertigen Damen dem leichtgläubigen Verehrer schon etliche Golddukaten abgenommen und waren nun fest entschlossen, sich diesen ergiebigen Fang nicht so bald entgehen zu lassen. Hierfür hatte sich Nannas durchtriebene Mutter schon eine neue Strategie ausgedacht: Sie werde Rom wohl bald verlassen müssen, erklärte sie dem jungen Galan, denn sie könne sich das teure Leben im Gasthaus nicht mehr lange leisten.

Nanna protestierte, in Gegenwart ihres bestürzten Liebhabers, unter Tränen gegen diese angebliche Absicht. Eher würde sie sterben, als den Geliebten zu verlassen, schwor sie. Sie begreife den Kummer der Tochter, meinte die Mutter, aber in Rom bleiben könne man auf die Dauer nur, wenn man dort ein eigenes Haus besäße. Die erlogene Geschichte tat die gewünschte Wirkung: Noch am gleichen Tag suchte und fand der großzügige

Liebhaber ein passendes Haus für die beiden Frauen und ließ es auch gleich mit schönen Möbeln ausstatten.

Doch wenn der arglose junge Mann geglaubt hatte, die schöne Nanna sei nun für immer die seine, so täuschte er sich. Kaum saß Nanna in ihrem eigenen Haus, als sie auch schon nach neuen wohlhabenden Liebhabern Ausschau hielt, um ihren Lebensstil noch ein wenig zu heben. »In einem Monat lernte ich alle Hurenkünste«, erzählte Nanna ihrer Freundin vergnügt, »wie man den Männern einen Vogel in den Kopf setzt, wie man sich Freunde macht, ihnen das Geld aus dem Beutel lockt und sie zum besten hält. Meine Jungfräulichkeit verkaufte ich öfter als die Schelmenpfaffen ihre erste Messe.« Es gebe, so erläuterte sie, ein in Bordellen gebräuchliches Verfahren, das man mit einem Absud aus Alaun und Fichtenharz leicht bewerkstelligen könne.

So wurde aus der vierzehnjährigen Nanna bald eine stadtbekannte Liebesdame, die sich vor allem um das körperliche Wohlbefinden ausländischer Gäste kümmerte. Denn die fremden Reisenden, so fand sie schnell heraus, wollten nach der Betrachtung der Altertümer auch die Modernitäten näher kennenlernen. Dabei wurden die Unglücklichen oft nicht nur ihr Geld, sondern auch ihre gesamte Kleidung los: Frühmorgens kam eine Hausangestellte in Nannas Zimmer und holte die Kleider des Kunden ab, unter dem Vorwand, sie reinigen zu wollen. Statt dessen versteckte sie aber die Kleidungsstücke und schrie durch das Haus, alles wäre gestohlen worden. Wenn nun der Gast empört aus dem Bett sprang und lauthals nach seinen Sachen verlangte, rief Nanna ihre Leibwache, die mit blankem Degen ins Zimmer stürmte und den nackten Fremden bedrohte. Dieser konnte von Glück sagen, wenn Nanna ihm erlaubte, sich von einem Bekannten wenigstens eine Hose und einen Mantel zu leihen. »Aber was sagte denn dein Herz dazu?« fragte Antonia ihre Freundin nach dieser mitleidlos erzählten Geschichte.

»Nichts«, antwortete Nanna. »Denn es gibt keine Gemeinheit,

keine Verräterei und keine Halunkerei, vor denen eine Hure zurückschrecken würde.«

So kaltherzig beschreibt Pietro Aretino in seinen berühmt-berüchtigten *Kurtisanengesprächen*, wie eine junge Dirne es anstellte, einen gut zahlenden Liebhaber einzufangen. Kaum ein anderer Mann kannte sich im Bereich des horizontalen Gewerbes so gut aus wie der frivole Lebemann und Skandalchronist aus Arezzo.

Als junger Mann war Aretino nach Rom gegangen, um sich in den Häusern der Wohlhabenden als Unterhaltungskünstler zu verdingen. Unverschämt vital, witzig, frech und wortgewandt, war er bald bei den Reichen und Schönen ein gerngesehener Dauergast, der zwischen Seide und Halbseide keinen Unterschied machte. Aretino kannte alle und liebte viele. Nicht nur seine *Kurtisanengespräche*, auch seine Komödien und vor allem seine zahlreichen Briefe sind eine Fundgrube für jeden, der sich mit dem privaten Leben in der italienischen Renaissance beschäftigt. Und auch wenn Nanna und Pippa nur Aretinos Kopfgeburten zu sein scheinen, können beide Damen als ganz und gar real gelten, denn sie entstammen lebhaftester Erfahrung. Daß die Intimberichte Pietro Aretinos nicht aus der Luft gegriffen waren, bezeugen viele seiner Zeitgenossen ebenso wie spätere Renaissanceforscher, selbst wenn sie – wie zum Beispiel Jacob Burckhardt oder Ferdinand Gregorovius – den freizügigen Aretiner nur mit gesträubter Feder zitieren mochten.

Erfolg in der Kirche

Vielleicht, um auf dem Vorwege schon Abbitte für ihr sündiges Leben zu tun, eher aber wohl, um gesehen zu werden, waren viele

Kurtisanen eifrige Kirchgängerinnen. Sie bevorzugten dafür die beiden römischen Renaissancekirchen S. Maria della Pace und S. Agostino. Die Gotteshäuser entwickelten sich daraufhin sehr schnell zu Anziehungspunkten für humanistische Dichter und Gelehrte, die dem Kult der Schönheit huldigten, ob es sich nun um Kunst, Literatur oder Frauen handelte. Diese Männer waren zwar meist nicht wohlhabend – ein Umstand, der sich bis in die heutige Zeit erhalten hat –, aber ihre Verse waren Allgemeingut der gebildeten Kreise, und wenn eine Kurtisane der Gegenstand ihrer Dichtung wurde, trug das erheblich zu ihrem Ansehen bei. »Selbst wenn du sie nicht magst oder nicht verstehst«, läßt Aretino eine leiderfahrene Straßendirne ihre berufsunkundige Tochter ermahnen, »lächle, wenn du mit ihnen sprichst, und zeige ihnen, daß du sie schätzt. Bitte sie um ein Sonett oder ein Lied, und wenn sie es dir geben, küsse sie und tue so, als ob es dir lieber sei als Juwelen. Denn wenn du das nicht tust, könnte einer von ihnen ein Buch über dich schreiben und aller Welt die Niederträchtigkeiten erzählen, die Schriftsteller über Frauen sagen können. Und hüte dich, daß nicht einer von ihnen deine Lebensgeschichte veröffentlicht, wie ein nichtswürdiger Kerl es mir antat, als ob es nicht schlimmere Huren gäbe als mich.«

Daß Kurtisanen sich häufig in der Kirche zeigten und in deren Umfeld große Erfolge einheimsten, entsprang nicht etwa der zügellosen Phantasie des Pietro Aretino. Schon im Jahre 1497, als Aretino noch ein unschuldiger Fünfjähriger war, hatte Johannes Burcardus in seinem Tagebuch vermerkt, daß beispielsweise am Fest des Kirchenpatrons in der Kirche S. Agostino der ganze Raum zwischen dem Altar und den Plätzen der Kardinäle von Kurtisanen eingenommen wurde. Aber auch an jedem gewöhnlichen Tag nahmen viele Kurtisanen die Gelegenheit wahr, ihre prächtigen Kleider und ihre körperlichen Reize während der Messe zur Schau zu stellen. An den Kirchentüren standen anschließend die jungen Männer der Stadt Schlange, um sich diesen Anblick nicht entgehen zu lassen. Denn viele Kurtisanen waren nicht nur sehr anziehend, sondern auch sehr wohlhabend. Einer solchen Dame gingen gewöhnlich mehrere Pagen und Diener voraus. Dann folgte sie selbst, umgeben von ihren Verehrern, die Hand auf die Schulter ihres jeweiligen Favoriten gelegt, und eine weitere Gruppe von Dienern beschloß die Prozession.

Diesen gehobenen Status zu erreichen, gelang natürlich bei weitem nicht allen freiberuflich tätigen Damen. Ein wehmütiger Dialog zwischen der Hure Maddalena und ihrer Kollegin Giulia, der auch Aretino zugeschrieben wird, illustriert die Kluft zwischen den Straßenmädchen und den zur »ehrbaren Dirne« aufgestiegenen Kurtisanen. »Hast du La Tortoras herrliche Kleider gesehen, als sie S. Agostino betrat?« fragt Maddalena. »Ich kannte sie nicht, ich dachte, sie sei eine Edeldame. Zwei Diener und ein Page gingen vor ihr und vier weitere hinter ihr und neben ihr ein junger Mann, der mit ihr sprach und ganz in Samt gekleidet war. Und hast du gesehen, wie sie ihr Haar frisiert hatte? Es sah aus wie eine Masse goldener Locken über der anderen. Und dieses Kleid aus schwarzem Samt und Gold, mit goldenen Kordeln über dem Samt verschnürt und Samtkordeln über dem Gold! Allein die Arbeit muß ein Vermögen gekostet haben. Und ihre Ringe und Perlen und die Halskette und all die anderen schönen Dinge, die sie hatte?« – »Ja«, erwiderte Giulia, »das habe ich alles gesehen und gestaunt, denn ich erinnere mich an La Tortora in Venedig in einem alten Sack von Kleid, mit schmutzigen Händen und Füßen, und sie trug alte Hauspantoffeln ohne Absätze.«

Wie die erstaunliche Karriere von La Tortora (der »Turteltaube«) begann, daran erinnerte sich Giulia noch ganz genau. Zunächst war die ärmliche Dirne mit einem Mann namens Carlo aus Venedig weggegangen, zum Jahrmarkt in Foligno, wo viele Straßenmädchen ihr Gewerbe trieben. Dann gingen beide nach Rom, La Tortora in ein Bordell und Carlo, der anscheinend ein Zuhälter war, ins Gefängnis. Eine alte Kupplerin fand das Mädchen ansehnlich, nahm es bei sich auf und vermittelte es an einen päpstlichen Notargehilfen, der ihr zu einem sorgenfreien Lebensstil verhalf. Doch La Tortora wollte mehr. Sie drang in die oberen Etagen vor, wurde die Mätresse eines Bischofs und eines Kardinals und schließlich eine der bekanntesten Kurtisanen von Rom.

Um in diesem Beruf so erfolgreich zu werden wie La Tortora, mußte ein Mädchen nicht nur hübsch aussehen, sondern auch eine Reihe von Anstandsregeln beherzigen, die offenbar nicht überall selbstverständlich waren. Immer schön fröhlich sein, aber niemals laut lachen, war eine davon; geistreich über unterschiedliche Themen reden können, eine schon sehr viel schwierigere. Besonderer Wert wurde auf gute Tischmanieren gelegt. »Stürze dich nicht auf den Salat wie eine Kuh aufs Heu«, ermahnt die inzwischen erwachsene Nanna ihre Tochter Pippa, die auch einmal Kurtisane werden soll. »Nimm kleine Bissen und halte deine Finger sauber. Iß nicht mit offenem Mund und rede nicht zuviel. Hüte dich, zuviel Wein zu trinken, laß dein Glas niemals mehr als zur Hälfte füllen, und rülpse um Gottes willen nicht!« – »Und wenn mir doch ein Rülpser entschlüpft?« fragt Pippa. »Grauenvoll!« ruft Nanna aus. »Man wird dich abscheulich finden!« Abscheuliche Lebensäußerungen ließen sich mit einiger Übung sicherlich vermeiden, aber nicht jedem Mädchen aus einfachen Verhältnissen konnte es leichtfallen, unter Dichtern, Gelehrten und Kardinälen eine anregende Gesprächspartnerin zu sein. Doch eine intelligente Kurtisane mußte zumindest den Eindruck eines tieferen künstlerischen Interesses erwecken. Hierzu empfahl es sich, Musikinstrumente wie die Laute und das Klavichord spielen zu lernen. Und um literarische Kenntnis vorzuspiegeln, machte es sich gut, wenn die Dame auf ihrem Nachttisch die Werke des einen oder anderen berühmten Autors liegen hatte – die Sonette von Petrarca zum Beispiel oder Boccaccios *Decamerone*. Auch Ariosts ritterliches Heldengedicht *Der rasende Roland* durfte es sein. »Und wenn ich alles lerne, was du mir beibringst?« fragt Pippa ihre Mutter hoffnungsvoll. »Dann«, verspricht Mutter Nanna, »wirst du als die bezauberndste der Kurtisanen bekannt werden, und die Leute werden sagen: ›Ein paar alte Schuhe von Signora Pippa sind mehr wert als sämtliche Kurtisanen, wie elegant sie auch sein mögen.‹«

Die schöne Imperia

Eine Kurtisane aber gab es, die derlei Tricks niemals anzuwenden brauchte, weil sie allein durch ihre Schönheit und Leidenschaftlichkeit die Männer der Renaissance in ihren Bann zog: die »herrliche Imperia«. Wie herrlich sie war, weiß man nur aus Beschreibungen – trotz ihrer vielgerühmten Ausstrahlungskraft hat es erstaunlicherweise nie ein Porträt von ihr gegeben. Aber vielleicht stimmt das Gerücht, daß sie Raffael für seine »Galatea« oder seine »Sappho« Modell gesessen habe. Noch Jahrzehnte nach ihrem selbstgewählten Tod war ihr Ruhm in aller Munde. Was man von ihr wußte, genügte offenkundig, um eine legendäre Gestalt aus ihr zu machen. Am 3. August 1481 in Rom zur Welt gekommen, wurde sie auf den Namen Lucrezia getauft. Ihre Mutter, Diana Cognati, war ein kaum bekanntes Straßenmädchen, dessen Name nur in ein paar amtlichen Schriftstücken auftaucht. Über Imperias Vater weiß man so gut wie gar nichts.

Diana Cognati wohnte mit ihrer Tochter im Borgo Leonino, in einem Stadtviertel nahe der Peterskirche, dessen Bevölkerung zu etwa 10 Prozent aus Dirnen und ihren Angehörigen bestand. Noch bevor ihre Tochter achtzehn Jahre alt wurde, hielt Diana es wohl für ratsam, ihre eigene Existenz durch eine Eheschließung abzusichern. Vielleicht hatte sie auch einfach den richtigen Mann zum Heiraten gefunden. Zumindest in finanziellen Angelegenheiten hatte Paolo Trotti ein feines Gespür. Als Angestellter des päpstlichen Haushaltes hörte er rechtzeitig davon, daß im folgenden Jahr die neue Via Recta angelegt werden sollte, um Papst Alexander VI. einen besseren Zugang zum Petersdom zu ermöglichen. Zu diesem Zweck sollten mehrere Häuser abgerissen werden. Trotti packte die Gelegenheit beim Schopf, schloß einen unkündbaren Pachtvertrag für ein Stück Bauland ab, das an Dianas Haus grenzte, und bebaute im nächsten Jahr gleich noch ein weiteres Gelände.

Das Geld für diese Investition an einem günstig gelegenen Standort hatte Trotti nicht etwa aus seinem eigenen Angestelltengehalt oder den schmalen Erwerbnissen seiner Ehefrau ziehen können. Es war vielmehr sein Pflegekind Imperia, dessen schon beträchtliches Einkommen die Basis für diese Grundstückskäufe bildete. Imperia, damals gerade siebzehn Jahre alt und bereits Mutter einer Tochter, war unter anderem eine vertraute Gefährtin des Bankiers Agostino Chigi. Ob dieser wirklich der Vater ihrer Tochter war, die ebenfalls Lucrezia hieß, ist ungewiß. Gewiß ist aber, daß Chigi der Vater von Imperias Tochter Margherita war, die einige Jahre später geboren wurde.

Aber nicht nur zu dem berühmten Kunstmäzen Chigi unterhielt die junge Kurtisane enge Beziehungen. Auch in den Kreisen der hohen Geistlichkeit war Imperia ein oft und gern gesehener Gast. Diese intimen Bekanntschaften brachten sie zwar einmal in eine unangenehme Lage, verhalfen ihr aber wenig später auch wieder heraus.

Ein Venezianer namens Giacomo Stella war in Rom ermordet aufgefunden worden, und schnell verbreitete sich das Gerücht, daß der Täter im Vatikan zu suchen sei. Auch das Motiv war klar. »Dieser Mord«, schrieb ein Gesandter aus Mantua in einem Hofbericht, »hatte keinen anderen Grund als Eifersucht wegen einer Kurtisane namens Imperia.« Freilich glaube er nicht, daß der Papst deswegen allzu aufgebracht sein würde. Die Kurtisane würde sicher glimpflich davonkommen, »weil sie sehr bekannt ist dank der Gunst, deren sie sich bei gewissen Kardinälen erfreut, die nicht namentlich genannt werden können«. Tatsächlich fand der Heilige Vater keine Zeit, der umworbenen Dame zu grollen, weil er gerade intensiv damit beschäftigt war, die päpstlichen Truppen gegen die Stadt Perugia in Marsch zu setzen.

Wie feudal eine Kurtisane vom Range Imperias lebte, beschreibt der Dichter Matteo Bandello, ein ehemaliger Dominikanermönch, der später Bischof wurde. Bandello war nicht nur zutiefst beeindruckt von Imperias Schönheit, sondern fast ebenso sehr von ihrem Reichtum und ihrem Geschmack.

Nach der Zahl der Bediensteten und dem Luxus der Einrichtung ihres Hauses zu schließen, müsse man glauben, sie sei eine Prinzessin, berichtete Bandello nach einem Besuch bei Imperia. Der Salon, das Schlafzimmer und das Boudoir waren »so prächtig ausgestattet, daß man darinnen nichts als Samt und Brokat sah, und auf den Fußböden lagen die schönsten Teppiche« (was damals als Gipfel des Luxus galt). Im Boudoir, wohin sie sich zurückzog, wenn sie eine hochgestellte Persönlichkeit empfing, waren die Wände »mit Goldstoff behängt, überreich bestickt und in üppigen Falten fallend. Über den Behängen war ein Gesims mit Gold und Ultramarin verziert.« Auf dem Gesims standen kostbare Vasen aus Alabaster, Porphyr und Serpentin. An den Wänden reihten sich wertvolle Truhen und Kommoden aneinander, und in der Mitte des Raumes stand ein kleiner Tisch, »der schönste der Welt«, wie Bandello begeistert erzählt, mit einer Decke aus grünem Samt. Auf diesem Tischchen lag immer eine Laute oder eine Bratsche, dazu Bücher in prächtigen Einbänden. Denn Imperia, so versichert Bandello, hatte wirklich große Freude an Musik und Poesie, und nachdem sie von Niccolò Campana, einem beliebten Unterhaltungskünstler, unterrichtet worden war, verfaßte sie gelegentlich auch selbst »einige recht erfreuliche Sonette und Madrigale«.

Sparsame Spanier, spendable Italiener

In einer seiner Novellen erzählt Bandello, wie eines Tages der spanische Gesandte Enriques de Toledo der berühmten Dame einen Besuch abstattete, »weil er soviel von ihr gehört hatte, daß er sie zu sehen wünschte«. Imperia empfing den fremden Gast persönlich an der Tür und geleitete ihn durch die Zimmerflucht in ihr Boudoir. Der Gesandte, dem beim Anblick Imperias und ihrer kostbaren Umgebung anscheinend das Wasser im Munde zusammenlief, empfand plötzlich das Bedürfnis zu spucken. Er ließ einen seiner Bediensteten kommen, spuckte dem Mann ins Gesicht und erklärte entschuldigend: »Reg dich nicht auf, aber hier war nichts Häßlicheres als dein Gesicht.« Ein Kompliment für Imperia, ohne Zweifel.

So spendabel der spanische Gesandte in dieser Hinsicht war, so sparsam gab er sich, wenn es sich um den Liebeslohn für eine Kurtisane handelte. Als Toledo einmal von einem seiner italienischen Kollegen zwei große Melonen überbracht bekam, gab er seinem Diener, der die Gabe entgegengenommen hatte, ein Trinkgeld von fünfundzwanzig Dukaten. Nach einem intimen Besuch bei der begehrtesten Kurtisane Roms gab der Gesandte ihr den gleichen Betrag; mehr schien ihm die schöne Imperia nicht wert zu sein. Was Spendierfreudigkeit anging, so hatten alle Spanier bei den Kurtisanen einen schlechten Ruf. Das einzige, was man von einem spanischen Liebhaber an Lohn erwarten könne, sei ein Bericht über seine Heldentaten bei der Eroberung von Mailand, hieß es unter den verärgerten Liebesdamen.

Doch im allgemeinen konnte sich Imperia über mangelnde Freigebigkeit ihrer zahlreichen Liebhaber nicht beklagen. Vor allem der Bankier Agostino Chigi, mit einer Handelsflotte von dreihundert Schiffen und ebenso vielen Bankhäusern in Europa und Afrika einer der reichsten Männer seiner Zeit, verhalf der schönen Kurtisane zu ihrem glanzvollen Lebensstil, zumal er der Vater ihrer jüngsten Tochter war.

Über die Anfänge ihrer Liebesbeziehung wurde in Rom eine amüsante Anekdote erzählt: Tamisio, ein als Feinschmecker bekannter Römer, sah eines Tages auf dem Fischmarkt einen prächtigen Lachs. Da Fische von einer bestimmten Größe den städtischen Behörden vorbehalten blieben, wurde der Lachs zum Kapitol geschickt. In der Hoffnung, von den privilegierten Herren zu einem Bankett eingeladen zu werden, begab sich Tamisio gleichfalls zum Kapitol. Aber offenbar speisten die Herren an jenem Tag zu Hause, jedenfalls wurde der Fisch als Geschenk an Kardinal Riario weitergeleitet. Tamisio, der den Kardinal gut kannte, erwartete nun dort die ersehnte Einladung. Doch Kardinal Riario nahm die Gelegenheit wahr, sich bei einem höherstehenden Kollegen in ein gutes Licht zu setzen, und schickte den Fisch umgehend an Kardinal Sanseverino weiter. Dieser ließ das Geschenk mit besten Empfehlungen seinem Freund Agostino Chigi überbringen, der sich in seiner luxuriösen Villa in Trastevere aufhielt. Tamisio wartete geduldig vor der Villa auf eine Einladung zum Festmahl, als er zu seinem Mißvergnügen bemerkte, daß der Lachs abermals den Besitzer wechseln sollte. Diesmal lag der Fisch, bereits angerichtet und von Blumen umgeben, auf einer kostbaren Platte. Gespannt folgte Tamisio dem Leckerbissen ein weiteres Mal und stand plötzlich vor Imperias Tür: Hier hatte der Lachs seinen Bestimmungsort erreicht. Und auch der erschöpfte Feinschmecker gelangte endlich an sein Ziel. Eilig ließ er sich bei der verehrten Dame melden, wurde freundlich eingeladen und genoß den Fisch am Tisch der Kurtisane.

Im Jahre 1510, kurz vor ihrem dreißigsten Geburtstag, begann die schöne Imperia sich Gedanken über ihr Leben in späteren Zeiten zu machen, wenn sie nicht mehr die tonangebende Kurtisane von Rom sein und von reichen Männern begehrt und beschenkt werden würde. Obwohl sie aus ihrem Beruf zweifellos das Bestmögliche herausgeholt hatte, wollte sie doch auf jeden Fall verhindern, daß ihre Töchter die gleiche Laufbahn einschlügen wie ihre Mutter. Ihre ältere Tochter Lucrezia hatte sie vorsichtshalber bereits den Nonnen des Klosters S. Maria in Campo Marzio zur Obhut anvertraut, die sie zu einer »keuschen und bescheidenen Jungfrau« erzogen, wie es in einem klösterlichen Dokument heißt. Und für ihre Tochter Margherita, Agostino Chigis Kind, konnte sie Unterstützung von deren wohlhabendem Vater erwarten. Für sich selbst pachtete sie zunächst ein Grundstück, verkaufte aber dann den Pachtvertrag und ließ sich für das Geld ein kleines Haus bauen. Dann erfüllte sie sich auch den zweiten Traum jeder Kurtisane: Sie erwarb für wenig Geld ein kleines Stück Land an der alten Via Appia, um dort einen »Lustgarten« mit vielen Blumen und einer Zisterne einzurichten, wo sie mit Freunden sitzen, musizieren und sich amüsieren konnte.

Doch bevor die herrliche Imperia die Früchte ihrer körperlichen Arbeit entspannt genießen konnte, geschah etwas, das eigentlich keiner Kurtisane passieren sollte: Imperia verliebte sich. »Ich glaube, da viele von uns damals in Rom waren«, erzählte später Matteo Bandello bei einer Gesellschaft im Hause der Gräfin Barbara Gonzaga, »daß Ihr alle Imperia, die römische Kurtisane, persönlich kanntet oder von ihr gehört habt; wie schön sie war zu ihrer Zeit, und wie viele große und reiche Männer sie liebten. Aber der Mann, den sie unter allen am meisten geliebt hat, war Signor Angelo del Bufalo, ein wirklich sehr verdienstvoller Mann, menschlich, edel und sehr reich. Er hielt sie viele Jahre aus, und sie liebte ihn leidenschaftlich, wie ihr Ende gezeigt hat.«

Angelo del Bufalo entstammte einer wohlhabenden römischen Familie und war ein sehr lebenslustiger Mann. Obwohl er als glücklich verheiratet galt, scheint er häufig den Weg zu anderen Frauen gesucht und gefunden zu haben. Viel mehr weiß man nicht über ihn. Auch nicht, wie es zu dem von Bandello angedeuteten »Ende« der herrlichen Imperia hatte kommen können. Vielleicht hatte der wankelmütige Liebhaber eines Tages zu erkennen gegeben, daß Imperia nicht mehr die Königin seines Herzens sei – niemand weiß es. Sicher ist nur, daß die herrliche Imperia sich am 13. August des Jahres 1512, zehn Tage nach ihrem einunddreißigsten Geburtstag, in einem Anfall von Verzweiflung das Leben nahm. Bevor das Gift, das sie geschluckt hatte, seine tödliche Wirkung tat, erteilte ihr ein eilig herbeigerufener Priester, mit ausdrücklicher Genehmigung des Papstes, die Absolution. Zwei Tage später starb Imperia unter großen Schmerzen, während über Rom das heftigste Gewitter tobte, das die Stadt seit Jahren erlebt hatte – ein dramatischer Abschied, den einer von Imperias Verehrern, der Dichter Gian Francesco Vitale, in die Worte faßte:

Der Stadt Rom machten die Götter zwei große Geschenke:
Mars gab ihr das Imperium und Venus die Imperia.
Das Schicksal raubte ihr das Imperium
und der Tod Imperia.
Das Imperium war das Herzstück unserer Väter,
Doch an Imperia verloren *wir* unser Herz.

Ihrem Wunsch entsprechend, wurde Imperia in der Kirche S. Gregorio auf dem Mons Caelius beigesetzt, in einem Grab, das Agostino Chigi für sie hatte errichten lassen und das von Zeitgenossen als »einer Königin würdig« beschrieben wurde.
Es dauerte Jahre, bis sich die römische Männerwelt von diesem Verlust erholte. Inzwischen versuchten andere Kurtisanen in Rom von sich reden zu machen, zum Beispiel die elegante Alessandra Fiorentina, die feurige Camilla Pisana oder die schöne Beatrice Spagnola aus Ferrara (die wahrscheinlich Raffael als Modell für sein Porträt der »Fornarina« gedient hat). Aber Beatrice starb qualvoll an der Syphilis, und Alessandra und Camilla

hatten offenbar doch nicht die Ausstrahlung, die die Dichter beflügelte und für den Ruhm auch nach dem Tode sorgte.

Tullia, die intellektuelle Kurtisane

Erst nach dem verheerenden »sacco di Roma«, der Verwüstung Roms durch die Söldnertruppen Kaiser Karls V. im Jahre 1527, und nach der großen Pestepidemie, die ungezählte Menschenleben forderte, wurde in Rom allmählich immer öfter der Name einer Kurtisane genannt, die auch in späteren Jahrhunderten noch ein Begriff blieb: Tullia d'Aragona.

Tullia war ein anderer Typ als der bis dahin bevorzugte. Sie war nicht so einladend üppig wie die meisten ihrer bekanntgewordenen Vorgängerinnen, sondern eher schlank und ziemlich groß. Besonders anziehend waren, nach dem Urteil ihrer Verehrer, ihre ausdrucksvollen Augen, wenn auch, wie kritische Stimmen meinten, ihre Nase etwas zu lang war. Einig waren sich alle Männer, die ihre persönliche Bekanntschaft gemacht hatten, darin, daß Tullia außerordentlich musikalisch war, eine bezaubernde Stimme hatte und vorzüglich Laute spielte. Und noch eins kam hinzu, was sie von den meisten ihrer Kolleginnen unterschied: Tullia hatte es allem Anschein nach nicht nötig, kostbar gebundene Bücher als Beweis angeblicher Bildung auf ihrem Nachttisch zu deponieren – sie war tatsächlich ungewöhnlich belesen. Dieser Umstand mochte dazu geführt haben, daß sie nicht bei allen Männern Roms gleichermaßen beliebt war. Manche Männer sahen in ihr eine berechnende Frau ohne Herz, eine »kalte Hure des Geistes«.

Als kühl und geschäftstüchtig hatte schon Tullias Mutter Giulia gegolten, die jahrelang die Geliebte eines Kardinals gewesen war.

Tullia d'Aragona als *Salome*. Gemälde von Moretto da Brescia

Auch selbstbewußt und schlagfertig scheint Giulia gewesen zu sein. Als sie eines Tages über die Via del Popolo spazierte, die gerade auf Kosten der Prostituierten (denen man dafür eine Sondersteuer auferlegt hatte) neu gepflastert worden war, stieß sie versehentlich mit einer ihr bekannten Edeldame zusammen, die sich wütend umdrehte und Giulia mit derben Ausdrücken beleidigte. Giulia reagierte mit Grandezza: »Entschuldigen Sie, gnädige Frau«, sagte sie in höflichstem Ton, »ich weiß sehr wohl, daß Sie mehr Recht haben als ich, auf dieser Straße zu gehen.«

Als Tullia alt genug war, um die Karriere ihrer Mutter einzuschlagen, mietete Giulia für sich und ihre Tochter ein Haus im eleganten Stadtviertel Torre Sanguigna und stellte, in der berechtigten Hoffnung, damit wohlhabende Kunden anzulocken, nicht weniger als sechs Bediente ein. Bald war Tullia eine vielbesuchte Kurtisane, die nicht nur reiche Lebemänner, sondern auch »bartlose Jünglinge« und »gelehrte Männer reifen Alters« in ihr Haus zog, wie einer ihrer Liebhaber berichtete. Allerdings zeigte Tullia bei aller Verführungskunst gelegentlich eine eigentümliche Art von Humor, die nicht jedem ihrer Besucher gefallen mochte. Ein enttäuschter Verehrer, Giovanni Battista Giraldi, beschwerte sich darüber, daß Tullia sich oft ein Vergnügen daraus mache, ältere Herren und würdige Intellektuelle um den Liebesdienst zu betrügen: Tullia versprach den erwartungsfrohen Kunden alles, was sie wollten, unter der Bedingung, daß die Herren zunächst ein Weilchen für sie tanzen müßten. Dazu spielte Tullia ihre Laute und ließ die ächzenden Gäste bis zur Erschöpfung wilde Tänze vollführen, um sich anschließend den ermüdeten Verehrern lachend zu entziehen.

Doch die wenigsten Männer schienen sich an Tullias respektlosem Verhalten zu stören, und das Haus der »intellektuellen Kurtisane« wurde zu einem vielbesuchten literarischen Salon. Der größte Fisch, der Tullia dabei ins Netz ging, war der Florentiner Bankier Filippo Strozzi, der fünfzehn Jahre vorher der Liebhaber von Camilla Pisana gewesen war. Strozzi, mit damals dreiundvierzig Jahren einer der reichsten und elegantesten Männer seiner Zeit, war vom Medici-Papst Clemens VII. im Februar 1531 wegen finanzieller und politischer Unterredungen nach Rom gebeten worden. Offenbar nahmen diese Verhandlungen den lebenslustigen Strozzi nicht so in Anspruch, daß ihm die Zeit zu Amüsements gefehlt hätte. Seine Beziehung zu Tullia scheint vielmehr in kurzer Zeit so intensiv geworden zu sein, daß der Bankier die Kurtisane sogar in seine beruflichen Geheimnisse einweihte. Ein befreundeter Diplomat, Francesco Vettori, der dies anscheinend erfahren hatte, äußerte sich darüber verärgert in einem Brief an Strozzi:

»Warum schreibst Du mir, wenn Tullia neben Dir sitzt? Und ich möchte auch nicht, daß Du meine Briefe liest, wenn sie dabei ist. Denn da Du sie liebst, wegen ihres Geistes, denn ihre Schönheit allein würde es nicht rechtfertigen, möchte ich nicht, daß Du mich in eine Lage bringst, in der sie mir bei den von mir erwähnten Leuten schaden kann.«

Ob Strozzi sich nach dieser freundschaftlichen Kritik gerichtet hat, ist nicht gewiß. Sicher ist aber, daß es Vettori gelang, seinem nicht mehr ganz jungen Freund auszureden, sich wegen Tullia zum Duell fordern zu lassen.

»Ich habe ein Gerücht gehört«, schrieb Vettori beunruhigt an Strozzi, »daß gewisse Herausforderungen gemacht werden, die mich bestürzen, wenn ich daran denke, daß jemand wie Du, ein Mann von 43 Jahren, um eine Frau kämpfen will. Und obwohl ich glaube, daß Du mit Waffen ebensogut umgehen kannst wie mit der Feder und in der Tat alles erreichst, was Du Dir vornimmst, wäre es mir doch lieber, Du würdest Dich nicht der Gefahr aussetzen, für eine so unwichtige Sache zu kämpfen.«

Vettoris Besorgnis war nicht unbegründet. Denn die glühendsten unter Tullias zahlreichen Verehrern, alle erheblich jünger als Strozzi, hatten sich in ritterlicher Manier dazu verpflichtet, mit jedermann auf der Welt zu kämpfen, um »zu verfechten, daß ihre Herrin und Gönnerin, die erlauchteste Signora Tullia d'Aragona ... nicht ihresgleichen hat in der Vergangenheit und in zukünftigen Jahrhunderten nicht haben wird.« Strozzi scheint die Bedenken seines Freundes Vettori eingesehen zu haben. Denn als diese »Herausforderung« veröffentlicht wurde, unterzeichnet von sechs jungen Männern, befand sich Strozzis Name nicht darunter.

Literarische Talente

Obgleich Tullias vereinzelte Kritiker mit Vorliebe darauf hinwiesen, daß die begehrte Kurtisane keine auffallende Schönheit war – sie sei zu groß, ihr Mund zu schmal, ihre Nase zu lang –, gelang es Tullia, ständig weitere und vor allem junge Männer in sich verliebt zu machen. Abergläubische Naturen, die sich diese Faszination nicht erklären konnten oder auch ein Unbehagen gegenüber intellektuellen Frauen empfanden, argwöhnten, daß Tullia sich der Schwarzen Magie bediene.

Derartige Anwürfe prallten an Tullias geistiger Überlegenheit ab. Aber ein einziges Mal überspannte sie offenbar den Bogen ihrer Souveränität und zog sich sogar bei Freunden den Vorwurf der Arroganz zu. Es ging dabei um einen Kunden, der als »schmutziger und widerwärtiger, aber sehr reicher Deutscher« beschrieben wurde. Mit diesem war Tullia darüber handelseinig geworden, daß er eine Woche lang jede Nacht mit ihr verbringen dürfe, für jede Nacht aber ein Vielfaches des normalen Preises zahlen müsse. Ob der deutsche Vertragspartner bei seinen Liebeswünschen über die gewöhnliche Praxis hinausging oder aus anderen Gründen der selbstbewußten Tullia nicht zusagte – jedenfalls blies sie schon nach der ersten gemeinsamen Nacht das weitere Geschäft ab. Kein Wunder, daß der geprellte Deutsche tobte. Aber auch Tullias einheimische Verehrer distanzierten sich von ihr, als sie erfuhren, daß Königin des erotisch-literarischen Salons, die die jungen römischen Aristokraten nach ihrer Pfeife tanzen ließ, sich aus Geldgier mit einem ekelhaften ausländischen Kunden eingelassen hatte. Der berühmten Kurtisane blieb nichts anderes übrig, als Rom für eine längere Zeit zu verlassen und sich in Venedig, Ferrara und Florenz neue Betätigungsfelder zu erschließen.

Diese erzwungenen Reisen hatten für Tullia allerdings einen positiven Effekt: Traurig über die Abwesenheit von Rom und melancholisch bei dem Gedanken an das herannahende Alter, entdeckte die musikalische Lebedame, die sich gern mit jungen Dichtern umgab, nun auch in sich selbst literarische Talente. Die inzwischen knapp Dreißigjährige begann Gedichte zu verfassen, die, im Stil Francesco Petrarcas, die reine, ideale Liebe priesen. In Venedig hatte sie damit allerdings noch keinen Erfolg. Pietro Aretino, in jeder Hinsicht ein Freund des Handfesten, ließ seine Nanna dazu sagen, die venezianischen Männer bevorzugten »ein Hinterteil, Brüste und einen Körper, die fest und weich sind, etwa fünfzehn bis sechzehn Jahre alt oder zumindest nicht über zwanzig, und keinen affektierten Petrarca-Quatsch«. Auch der berühmte Pietro Bembo, Dichter und Kardinal, ignorierte ein Sonett, das Tullia ihm zur Begutachtung geschickt hatte.

Aber Tullia schrieb nicht nur unbeirrt weiter, sondern ließ, mit Unterstützung von Dichterfreunden, 1547 ihren ersten Gedichtband veröffentlichen, den sie Eleonora, der Herzogin von Florenz, und ihrem Gatten Cosimo widmete. Daran tat sie gut, denn ihr neues Berufsverständnis ersparte es ihr, als Gesetzbrecherin ins Gefängnis zu kommen. Da Tullia auch in Florenz eine stadtbekannte Persönlichkeit geworden war, fiel es den Behörden auf, daß sie sich nicht nach den strengen Kleidervorschriften richtete, die für alle Kurtisanen galten. Dazu gehörte, daß sie in der Öffentlichkeit weder Schmuck noch seidene Gewänder tragen durfte, sondern – der Gipfel der Schmach für eine Frau ihres Formates – einen Schleier oder ein Tuch mit einem breiten gelben Rand um den Kopf binden mußte, um schon von weitem als Prostituierte erkennbar zu sein. Um dieser Demütigung zu entgehen, wandte sich Tullia direkt an die Herzogin.

Tullias bescheiden formuliertes Gesuch ist heute noch im Florentiner Staatsarchiv zu besichtigen. Es heißt darin, sie verlasse kaum je ihr Haus und bitte darum, die wenigen Kleider tragen zu dürfen, die sie noch besitze. Vor allem aber möge der Herzog die Güte haben, sie von der Pflicht zu entbinden, »das Gesetz über den gelben Schleier einzuhalten«.

Wahrscheinlich hat die Herzogin bei ihrem sittenstrengen Gatten ein gutes Wort für die dichtende Kurtisane eingelegt. Denn an den Rand des Gesuches schrieb Cosimo eigenhändig: »Ja, laßt sie laufen, als Dichterin.«

Daß Tullia zu dieser Zeit nur noch wenige Kleider besaß, wie sie in ihrem Schreiben angibt, läßt ahnen, daß ihr Erfolg als Kurtisane sich dem Ende zuneigte. Anscheinend hatte sie nicht so viel Vermögen angehäuft, um in Gemütsruhe davon leben zu können. Trotz der Begnadigung durch Cosimo blieb sie nicht mehr lange in Florenz. Mit ihrer kleinen Tochter Penelope ging sie 1548 nach Rom zurück – nicht als Dichterin, sondern in ihr altes Gewerbe, denn sie brauchte Geld. Acht Jahre lebte sie noch, ein eher karges Leben, wenn auch umgeben von einigen guten Freunden. Im März 1556 starb Tullia, arm und fromm geworden, im Alter von achtundvierzig Jahren. Sie wurde in der Kirche San Agostino beigesetzt, einer Stätte ihrer früheren Triumphe. In ihrem Testament hatte sie verfügt, daß bei der Beerdigung niemand anwesend sein solle außer den Augustinermönchen und Mitgliedern »der Gesellschaft vom Kruzifix, der ich angehöre«.

Veronica, »Königin der Kurtisanen«

Bei seinem Amtsantritt im Jahre 1555 leitete Papst Paul IV., der erste der Reformpäpste, mit strengen Maßnahmen gegen das Dirnenwesen in Rom eine moralische Wende ein. Fluchtartig verließen die meisten der etwa siebzehntausend Dirnen und Kurtisanen die Stadt, um anderswo ihr Auskommen zu suchen. Aber nur in der freien Seefahrerstadt Venedig war es für eine Kurtisane noch möglich, ihren Beruf relativ ungehindert und finanziell ergiebig auszuüben. Und Venedig, die »Königin der Meere«, brachte schließlich die Königin der Kurtisanen hervor.

»Am Montag, dem 7. November, sandte die Signora Veronica Franco, ein junges venezianisches Frauenzimmer, dem Herrn von Montaigne während des Abendessens eine kleine Sammlung von Briefen, die sie selbst verfaßt hatte; er ließ dem Überbringer zwei *écus* geben.« Diese Notiz, aufgezeichnet vom Diener des Philosophen Michel de Montaigne in Venedig, klingt wie der Beginn einer wunderbaren Freundschaft.

Doch der anspruchsvolle französische Edelmann nahm keinen Kontakt zu Venedigs geistvollster Kurtisane auf und äußerte sich mit keinem Wort zu ihren kunstreich formulierten Briefen. Auch ihren Gedichtband *Terze Rime*, mit dem sie sich fünf Jahre zuvor, 1575, als Dichterin einen Namen gemacht hatte, ließ er in seinem italienischen Tagebuch unerwähnt. Manche Historiker sehen den Grund für Montaignes Zurückhaltung darin, daß Veronica Franco damals vierunddreißig Jahre alt und damit womöglich »zu reif« für den kritischen Franzosen gewesen sei. Aber vielleicht liegt die Ursache dafür auch einfach in der Unpäßlichkeit des Herrn von Montaigne: Der Verfasser der berühmten *Essais* litt derzeit an Blasensteinen. »Am Dienstag bekam er nach Tisch einen Anfall seiner Kolik, der zwei bis drei Stunden anhielt«, heißt es im Reisetagebuch über Montaignes schmerzhaftes Leiden, »und vor dem Abendessen schied er zwei dicke Steine nacheinander aus.«

Aus welchen Gründen auch immer Montaigne es unterließ, Veronica Franco einen Besuch abzustatten, sicher ist, daß er wirklich etwas versäumt hat. Denn die ebenso schöne wie kluge Frau hätte das Urteil Montaignes, die venezianischen Kurtisanen seien nicht so attraktiv wie die römischen, zweifellos korrigiert. Beeindruckt war Montaigne in Venedig lediglich von den reich ausgestatteten Wohnungen und der prächtigen Kleidung vieler Kurtisanen. Dieser Wohlstand beruhte darauf, daß die betreffenden Damen sich meist frühzeitig um gute Beziehungen zu venezianischen Adligen gekümmert hatten, von denen sie sich aushalten ließen, ohne dabei immer nur einem einzigen »treu« zu sein. In einer seiner Novellen erklärt Matteo Bandello, wie dieses System funktionierte: Eine Kurtisane hatte gewöhnlich mehrere Liebhaber, denen sie abwechselnd eine Nacht reservierte; für diese Liebesdienste erhielt die Dame ein festes monatliches Honorar. Tagsüber konnte sie auch andere Gäste empfangen. Wenn aber einer von diesen auch die Nacht mit ihr verbringen wollte, mußte zuerst der zahlende Dauerkunde um Erlaubnis gefragt werden.

Dieses lukrative System mußte eine Kurtisane allerdings streng einhalten, wenn sie nicht mit einem ihrer Stammgäste in ernsthaften Konflikt geraten wollte. Es konnte ihr sonst passieren, dem gefürchteten »trentuno« (»einunddreißig«) ausgeliefert zu werden: Zur Strafe für einen »Betrug« wurde die unglückliche Frau von einunddreißig Männern vergewaltigt.

Ein warnendes Beispiel für bestraften Freiheitsdrang gibt Lorenzo Venieros Gedicht »Il trentuno di Angela Zaffetta«.

Angela Zaffetta, eine bekannte venezianische Kurtisane, hatte einmal einen ihrer Liebhaber, der eigentlich an der Reihe gewesen wäre, einfach ausgesperrt und war mit einem anderen ins Bett gegangen. Der Betrogene wollte sich rächen, ließ aber, um sich

Veronica Franco – Frontispiz für ihren Gedichtband *Terze Rime*

seine Wut nicht anmerken zu lassen, über den Vorfall kein Wort verlauten. Sehr freundlich lud er Zaffetta einige Tage später zu einem üppigen Essen auf eine kleine Insel in der Lagune ein. Mit großem Appetit verdrückte die Kurtisane ein ganzes gebratenes Rebhuhn und trank beträchtliche Mengen Malvasierwein. Arglos ließ die leicht Angetrunkene sich von ihrem Liebhaber dazu überreden, am gleichen Abend noch nach Chioggia zu fahren und dort die Nacht mit ihm zu verbringen. Doch ihr Liebhaber blieb in dieser Nacht nicht der einzige Mann, mit dem sie das Lager teilte – er stillte seine Rache auf grausame Weise mit einem sogenannten »trentuno reale«, einer Vergewaltigung durch neunundsiebzig Männer, an der sich die gesamte männliche Bevölkerung des kleinen Ortes beteiligte.

Für lange Zeit verließ die geschundene und gedemütigte Kurtisane ihr Haus nicht mehr, aber ihren Beruf gab sie dennoch nicht auf. Daß sie den »trentuno reale« überstanden hatte, bewies ihre körperliche und seelische Robustheit, und die benötigte sie, denn weiter hatte sie nichts gelernt. Statt bloß eine verachtete Hure zu werden, wie ihr rachsüchtiger Liebhaber gehofft hatte, wurde sie ihm zum Trotz während der nächsten Jahre eine sehr begehrte Kurtisane, die selbst in Adelshäusern hochwillkommen war. Auch Pietro Aretino gehörte zu ihren Verehrern. In einer Einladung zum Abendessen, die er an seine Freunde Tizian und Sansovino verschickte, kündigte er seinen Gästen an, er habe »zwei Fasane und Signora Angela Zaffetta« zu bieten. Angelas Erfolgsgeheimnis bestand, wie Aretino später erklärte, darin, daß sie es »besser als jede andere verstand, das Gesicht der Lüsternheit unter einer Maske von Schicklichkeit zu verbergen«.

Aber die berühmteste aller venezianischen Kurtisanen und die letzte große Lebedame der italienischen Renaissance war Veronica Franco. Ihr lagen alle zu Füßen: Reiche Junggesellen und ehemüde oder lustlos verheiratete Männer, adelige Jünglinge, reifere Herren, schwärmerische Künstler. In Veronica Franco verbanden sich offenbar sämtliche Anziehungskräfte, die andere Kurtisanen nur vereinzelt aufzuweisen hatten – Schönheit, Sinnlichkeit, Klugheit, Großzügigkeit und Warmherzigkeit.

Poesie und Liebeskünste

Da sich der Beruf der Kurtisane deutlich von der Tätigkeit der Straßendirnen unterschied und »Kurtisane« zeitweise fast zum Ehrentitel avancierte, kam es, zumindest in Venedig, nicht selten vor, daß auch Mädchen aus verarmten, aber gutbürgerlichen Familien eine Zeitlang Liebesdienste taten, um zu den Lebenskosten beizutragen.

Aus einer solchen Familie, die sogar ein Wappen führte, stammte Veronica Franco. Sie wurde 1546 in Venedig geboren.

Von Veronicas Familie weiß man nicht allzuviel, außer daß sie drei Brüder hatte und ihre Mutter Paola auch schon als Kurtisane tätig gewesen war. Welchen Beruf ihr Vater Francesco hatte und warum er nicht allein für den Unterhalt seiner großen Familie sorgen konnte, ist unbekannt geblieben. Jedenfalls betätigte sich Veronicas Mutter später als Kupplerin für ihre schöne Tochter. Sehr jung wurde Veronica mit einem Arzt namens Paolo Paniza verheiratet. Aber diese Ehe, von der sich Veronicas Familie sicherlich mehr erwartet hatte, scheiterte schon nach kurzer Zeit, und mit achtzehn Jahren bekam die junge Kurtisane Veronica ihr erstes Kind, einen Sohn, nicht von ihrem Ehegatten, sondern von ihrem derzeitigen Liebhaber Iacopo Baballi.

Am 10. August 1564, kurz vor ihrer Niederkunft, machte Veronica vorsichtshalber ihr Testament, falls sie die Geburt nicht überleben sollte. Zu Baballi scheint sie mehr Vertrauen gehabt zu haben als zu ihrem Mann. Sie vermachte ihrem Geliebten einen

Ring zum Andenken, übertrug ihm die Erziehung ihres ungeborenen Kindes und machte ihn zum Verwalter ihrer Habseligkeiten, die sie ihrem Kind hinterlassen würde. Ihrer Mutter empfahl sie, den Ehemann zu bewegen, Veronicas Mitgift wieder zurückzugeben – vermutlich hatte Paolo Paniza seine junge Frau nicht allzugut behandelt.

Ungefähr um die Zeit, als Veronica ihr erstes Kind bekam, erschien in Venedig eine gedruckte Liste »aller wichtigen und höchst ehrbaren Kurtisanen von Venedig mit Namen und denen ihrer Kupplerinnen (in einigen Fällen ihre Mütter), ihrem Wohnsitz, dem Stadtteil, in dem er sich befindet, und unter Angabe des Geldbetrages, den Herren bezahlen müssen, die ihre Gunst zu erlangen wünschen«. Diese Liste war der damaligen »Fürstin unter allen Kurtisanen Venedigs«, Livia Azalina, gewidmet, deren Honorar fünfundzwanzig Scudi betrug. Die meisten venezianischen Kurtisanen verlangten dagegen höchstens zehn Scudi.

Auch Veronica und ihre Mutter Paola waren in dieser Liste aufgeführt. Sie wohnten damals in der Nähe der Kirche Santa Maria Formosa. Wie aus der Aufstellung hervorging, berechneten beide Frauen nur zwei Scudi als Honorar; das niedrigste Entgelt betrug einen Scudo. Paola war in der Liste als Kupplerin ihrer Tochter genannt. Aus dem sehr niedrigen Honorar darf man wohl den Schluß ziehen, daß Veronicas Mutter zu jener Zeit den Höhepunkt ihrer Laufbahn überschritten hatte, während Veronica selbst noch am Anfang ihrer Karriere stand. Denn einige Zeit später galt Veronica unter ihren Verehrern bereits als »teurer Brocken«, bei der schon ein Kuß nicht weniger als fünf bis sechs Scudi kostete. Für die »négociation entière«, das ganze Geschäft, wie Montaigne es sachlich nannte, berechnete Veronica in ihrer Blütezeit den stattlichen Preis von fünfzig Scudi.

»Wenn man dir erzählt, die und die Kurtisane sei unsterblich in den und den Mann verliebt, dann ist das ganz bestimmt nicht wahr«, belehrt Aretinos Nanna ihre Freundin Antonia. »Es ist unmöglich, daß eine, der alle Welt auf dem Bauch liegt, für irgendeinen Mann wirkliche Liebe empfindet.« – »Das weiß ich aus meiner eigenen Erfahrung«, bestätigt Antonia. Doch in diesem Punkt unterschied sich Veronica Franco offensichtlich von ihren Kolleginnen. Sie konnte leidenschaftlich lieben und auch sehr eifersüchtig sein. In einem ihrer Gedichte beschreibt sie, glaubhaft und offenherzig, ihren zeitweisen Liebeskummer und die Hoffnung, den Geliebten wieder in ihre Arme schließen zu können:

Bald wirst du gewiß erkennen,
wie undankbar und treulos du warst
und welches Unrecht du mir angetan hast mit deinem Betrug.
Und wenn meine große Liebe nicht die Oberhand
über meinen Zorn gewinnt,
dann werde ich dir mit diesen meinen Händen
das lebendige Herz aus der Brust reißen …

Jetzt sehe ich mein Bett vor mir,
auf dem ich dich in meinem Schoß empfing und das noch
die Spuren unserer Körper, Brust an Brust liegend, trägt.
Ohne dich macht es mir keine Freude, dort zu schlafen;
statt dessen weine ich, Tag und Nacht,
und verwandle mich dabei in einen Tränenstrom.

Veronicas Gedichte und Briefe geben einen anschaulichen Eindruck von ihrem Beruf, ihrem Wesen und von der Art, wie sie mit ihren Kunden umging. Meist war sie sehr zuvorkommend, wenn sie merkte, daß es sich bei dem Bewerber um einen ehrenhaften, gebildeten Mann handelte. Als ihr einmal zu Ohren kam, daß ein bestimmter Edelmann sich bei einer zufälligen Begegnung unsterblich in sie verliebt hatte, erklärte sie sich in einem freundlichen Briefchen bereit, ihm »in jeder ihr möglichen Art jedes Zeichen freundlicher Übereinstimmung zu geben«, und schickte ihm dazu eine Abschrift ihrer gesammelten Sonette.

Bei einem anderen Adeligen entschuldigte sie sich schriftlich, seinem Verlangen nicht nachgeben zu können, weil sie momentan nicht »Herrin ihres eigenen Willens« sei. Einen dritten, von dem sie den Eindruck hatte, er wolle »ihr Herz vergewaltigen«, wies sie höflich, aber entschieden zurück. Einmal verließ sie sogar Venedig mitten im Winter, weil einer ihrer Verehrer sie allzusehr bestürmte.

Ihre zahlreichen Freundschaften pflegte Veronica mündlich wie schriftlich. Sie schrieb nicht nur Liebesbriefe, sondern gab, wenn es erwartet wurde, auch brieflichen Rat oder Trost in Herzensangelegenheiten. Das gleiche erwartete sie auch von ihren Freunden und Freundinnen, von denen etliche aus vornehmen Familien stammten. Zu Veronicas Gönnern gehörten zum Beispiel Guglielmo, der Herzog von Mantua, und Kardinal Luigi d'Este. Ihr Gedichtbuch *Terze Rime* widmete sie dem Herzog von Mantua. Die Widmung ist, der Zeit entsprechend, in demütigem Ton verfaßt. Sie habe sich nicht zurückhalten können, dem Herzog ihre Verse zu schicken, um seinem Urteil einen kleinen Geschmack von ihrer »niederen Muse« zu geben und damit zugleich ihre »allergrößte Ergebenheit« und »demutsvollste Dienstbereitschaft« zu zeigen, durch die sie stets und unauflöslich an ihn gebunden sei. Das Buch schicke sie durch einen ihrer noch knabenhaften Söhne, der in seiner Haltung und Ehrfurcht die gleiche »herzliche Gesinnung in der erlauchtesten Gegenwart« ausdrücken solle.

Zu Veronicas besonders verehrten Literaten-Freunden gehörte Domenico Veniero, der damals als unübertroffen geistreich und kultiviert galt. Er konnte seit Jugendzeiten wegen einer Lähmung nicht gehen und fand seinen einzigen Trost in der Dichtkunst und im Umgang mit Künstlern und Gelehrten. Alle geistig bedeutenden Männer Venedigs und oft auch aus anderen Städten kamen in seinen Palast. Veronica war häufig bei ihm eingeladen und schickte ihm, »zum Dank für den großen Genuß«, eigene Gedichte zur wohlwollenden Begutachtung.

Aber Veronica liebte nicht nur gelehrte Männer, sie hatte offenkundig auch ein Herz für Kinder. Sechsmal wurde sie Mutter. Im Gegensatz zu den meisten ihrer Kolleginnen, die Nachwuchs unerwünscht fanden, behielt Veronica ihre Kinder und zog sie bei sich auf. Allerdings scheint sie nicht immer ganz genau gewußt zu haben, wer jeweils der Vater war. Einen Sohn, das war sicher, hatte sie von Andrea Tron bekommen, der aus einer reichen Patrizierfamilie stammte; einen zweiten von Guido Antonio Pizzomano, einem verheirateten Mann, der als Wüstling galt. Als er 1572 von der Inquisition verhört wurde, gab er nicht nur zu, daß er von Veronica Franco ein Kind habe, sondern gestand auch das schwere Vergehen ein, die entlaufene Nonne Camilla Rota als Mätresse in sein Haus aufgenommen zu haben – mit Einwilligung seiner Ehefrau, wie er behauptete.

Der Vater von Veronicas viertem Kind hieß Lodovico Ramberti. Er war ein Sohn von Stefano Ramberti, dem die Apotheke am Rialto gehörte und der aus einer der angesehensten Kaufmannsfamilien von Venedig stammte. Lodovico galt zwar als ein ziemlich zügelloser Mensch, scheint aber Veronica wirklich geliebt zu haben und war auch später noch eng mit ihr befreundet. In Venedig wurde er vor allem dadurch bekannt, daß er seinem Bruder Pietro ein schmachvolles Ende ersparte. Pietro, offenbar ein ziemlich hitziger Mann, hatte seine Tante umgebracht und war deswegen zum Tode verurteilt worden. Als Lodovico seinem Bruder den Abschiedskuß gab, gelang es ihm, Pietro eine kleine Nuß in den Mund zu schieben, die ein tödliches Gift enthielt. Pietro schluckte sie und starb auf der Stelle.

Veronica selbst blieb von Skandalen fast unbehelligt. Allerdings mußte sie sich einmal vor dem venezianischen Inquisitionsge-

richt verantworten – der Hauslehrer ihrer Kinder hatte sie wegen
»Hexerei« angezeigt, um zu vertuschen, daß er Veronica bestohlen hatte. Doch die kluge Kurtisane war wortgewandt genug, um sich gegen diesen absurden Vorwurf zu verteidigen. Ihre Freundschaft mit bedeutenden Persönlichkeiten tat ein übriges, um die Anklage niederzuschlagen und Veronicas Ruf, der inzwischen über die Landesgrenzen hinausgedrungen war, unangetastet zu lassen.

Wie klangvoll ihr Name tatsächlich war, sollte Veronica im Sommer des Jahres 1574 erfahren.

Am 18. Juli jenes Jahres empfing Venedig mit großem Pomp den zweiundzwanzigjährigen Heinrich von Valois, seit drei Monaten König von Polen und gerade auf dem Heimweg nach Paris, um sich dort zum König von Frankreich krönen zu lassen. Während seines Venedig-Besuches residierte der junge Herr im prächtigen Palazzo Foscari am Canal Grande. Die aufwendigen Festveranstaltungen zu seinen Ehren umfaßten eine Ruderregatta auf dem Kanal, eine Messe in der Markuskirche, ein großes Feuerwerk und ein Bankett für dreitausend Gäste im Dogenpalast.

Am folgenden Tag wurde dem französischen Gast ein königlicher Imbiß mit Konfekt und kandierten Früchten bereitet, bei dem sogar (»etwas noch nie Dagewesenes«, wie ein zeitgenössischer Chronist begeistert vermerkte) das Tischtuch und sämtliches Besteck zum Verzehr geeignet waren – sie bestanden aus geliertem Zucker. Abends folgte dann der gesellschaftliche Höhepunkt im Dogenpalast: Ein glanzvoller Ball, zu dem zweihundert der schönsten Mädchen von Venedig erschienen, alle in Weiß gekleidet und reich mit Perlen und Juwelen geschmückt.

Königlicher Privatbesuch

Doch obgleich eine Festlichkeit die andere ablöste und der junge König zweifellos genügend Auswahl an attraktiven Mädchen gehabt hätte, nahm Heinrich sich Zeit für einen privaten Besuch bei einer Dame, die in der Nähe des Rialto wohnte. Der Besuch fand incognito statt. Aber am nächsten Tag wußte ganz Venedig, wo der König die Nacht verbracht hatte: Die Kurtisane Veronica Franco hatte ihm Gedichte vorgelesen. Soviel zumindest war sicher. Denn in einem Brief an Heinrich schrieb Veronica enthusiastisch, kein Dank von ihr könne »jemals auch nur annähernd die unendliche Freundlichkeit Eurer wohlwollenden und gnädigen Äußerungen über das Buch aufwiegen, das ich Euch zu widmen gedenke«. Ausdrücklich dankte Veronica dem jungen König für die hohe Ehre, die er ihr mit seinem überraschenden Besuch »unter ihrem bescheidenen Dach« gewährt habe. Alles Weitere ist Spekulation. Aber da Heinrichs Besuch bei der Kurtisane sich über eine längere Zeit hingezogen hatte, war man in Venedig sicher, daß der hohe Gast auch praktisch mit dem Inhalt eines Gedichtes vertraut gemacht wurde, in dem sich Veronica über ihre Hingabefreudigkeit äußert:

> So süß und begehrenswert werde ich,
> wenn ich mit dem im Bett bin,
> der mich liebt und ersehnt,
> daß meine Lust alle Wonnen übersteigt.

Doch obgleich Veronica ihr Leben allem Anschein nach so sehr genoß wie kaum eine andere Kurtisane, hatte sie innerlich offenbar eine große Distanz zu ihrem Beruf. In ihren Briefen, die sie 1580, im Alter von vierunddreißig Jahren, veröffentlichte, schildert sie lebhaft die Freuden des Kurtisanenlebens – sommerliche

Landaufenthalte in fürstlichen Gärten, musikalische Gondelfahrten auf dem Canal Grande, Liebesnächte mit sehr guten Freunden –, läßt aber auch durchblicken, daß sie den Kurtisanenberuf im Grunde verachte, weil er die Frauen in eine völlige Abhängigkeit von Geld und Männern bringt. Als eine Kollegin ihr erzählte, sie wolle auch ihre Tochter Kurtisane werden lassen, brach Veronica ihre Beziehung zu beiden ab. »Es gibt nichts Schlimmeres im Leben«, resümierte die berühmteste Liebesdame von Venedig in einem Brief, »als den Körper in solche Knechtschaft zu zwingen, und schon der Gedanke daran ist erschreckend, daß man sich so vielen ausliefert und Gefahr läuft, ausgeplündert, beraubt oder umgebracht zu werden. Alles, was man im Laufe der Jahre erworben hat, kann man an einem Tag verlieren, und man ist ständig in Gefahr, sich mit Krankheiten anzustecken. Mit dem Mund eines anderen essen, unter den Augen von anderen schlafen, tun, was ein anderer wünscht, und es darauf ankommen lassen, daß die eigenen Fähigkeiten verkümmern und das eigene Leben zerstört wird – welches Schicksal könnte schlimmer sein?«

Anders als Angela Zaffetta, die den »trentuno reale« über sich ergehen lassen mußte, oder Antea Sfregiata, der ein abgewiesener Verehrer mit einem Messer das Gesicht aufgeschlitzt hatte, war Veronica wenigstens mit heiler Haut davongekommen. Aber dieses Glück hatte nicht jede Kurtisane, und ein ungeschütztes Straßenmädchen erst recht nicht immer. Noch niemals vor Veronica hatte sich eine Kurtisane über die leibliche Gefahr und die möglichen seelischen Konsequenzen des bezahlten Liebeslebens derart offen und negativ geäußert.

Im Jahre 1853 wurden in Venedig zwei anonyme Schriftstücke bekannt, die im 16. Jahrhundert verfaßt worden waren. Zwar wußte man nicht, wer der Verfasser dieser Dokumente war, aber die Handschrift und einige biografische Angaben lassen kaum Zweifel daran, daß sie von Veronica Franco stammen. In einem der beiden Schriftstücke wird darauf hingewiesen, daß viele Mädchen aus Armut oder unzureichender Erziehung und Ausbildung ein unmoralisches Leben führten, das sie gern aufgeben würden. Diese Dirnen einfach in ein Heim für unverheiratete Mädchen oder gar in ein Kloster zu stecken, sei wenig sinnvoll, wenn sie nicht gleichzeitig eine vernünftige Beschäftigung erlernten, mit der sie ihr eigenes Geld verdienen konnten.

Das zweite Schriftstück enthält genaue Angaben darüber, wie sich ein Wohnheimprojekt ohne staatliche Hilfe finanzieren ließe: Das Geld könne aufgebracht werden, indem man das Vermögen aller venezianischen Kurtisanen einziehe, die stürben, ohne eigene Kinder zu hinterlassen.

Ob diese Vorschläge jemals einer staatlichen Behörde vor Augen gekommen sind, ist nicht belegt. Wohl aber wurde im Jahre 1580 ein Mädchenwohnheim dieser Art in Venedig gegründet – von jemandem, der anonym bleiben wollte, wie es hieß. Im folgenden Jahr wurde in vielen Kirchen Venedigs für dieses Projekt gesammelt, und zehn Jahre später konnte die Hilfsorganisation »Casa del soccorso« auf den Fondamenta Carmini ihr eigenes Krankenhaus bauen, das am 16. März 1591 eröffnet wurde.

Vier Monate später, am 22. Juli 1591, starb die schöne und kluge Veronica Franco, im Alter von dreiundvierzig Jahren.

Englische
Mätressen

König Charles II. und seine Liebschaften

Unter der Regierung von Charles II. in England (1660–1685) wurden nicht nur verschiedene Sportarten, wie Pferderennen, Jagen, Tennis, Fußball und Hahnenkämpfe, als gesellschaftliche Beschäftigung besonders gepflegt. Auch ein anderer Betätigungszweig verscheuchte die höfische Langeweile und zwar in einem kaum je wieder erreichten Ausmaß: das sogenannte Mätressenwesen. Es war von Charles, der als ausgesprochener Lüstling galt, über Italien und Frankreich nach England »importiert« worden. Die sexuellen Exzesse dieser Zeit sind später als Reaktion auf den vorhergehenden extremen Puritanismus unter dem Militärmonarchen Oliver Cromwell gesehen worden. Die puritanischen Fanatiker hatten die Moral geradezu in Verruf gebracht, und die Wiedereinsetzung des Königs brachte nun eine wüste Konsequenz. So jedenfalls sah es der französische Historiker Hippolyte Taine, der in seiner berühmten Geschichte der englischen Literatur bildreich schrieb: »Gleich einem abgedämmten, angeschwollenen Strom stürzte sich der Volksgeist mit furchtbarer Naturgewalt brausend und schäumend in das Bett, das man ihm lange verschlossen hatte, und die Macht der tosenden Flut riß alle Dämme ein. Die leidenschaftliche Rückkehr zur Sinnlichkeit ertränkte die Moral. Tugend galt für puritanisch; sittlicher Ernst und Fanatismus wurden vermengt und fielen der Verachtung anheim. Durch diese gewaltige Gegenströmung wurden Frömmigkeit und Sittlichkeit zugleich hinweggespült, zurück blieb nur Verwüstung und Schlamm. Die edleren Anlagen der menschlichen Natur verschwanden, es blieb nur das Tierische im Menschen, zügel- und führerlos, sich in seinen Begierden über Gerechtigkeit und Scham hinwegsetzend.«

Der französische Geschichtsschreiber sah in den Ausschweifungen der Engländer sehr viel mehr Roheit am Werk als bei seinen französischen Landsleuten jener Zeit. »Bei einem Franzosen«, so unterschied Taine, »ist die Ausschweifung nur zur Hälfte anstößig; wenn bei ihm das Bestialische im Menschen entfesselt wird, so geschieht es nicht im schrankenlosen Exzeß; er ist im Grund nicht roh und gewalttätig wie der Engländer. Man kann die schimmernde, über ihn gebreitete Eisdecke durchbrechen, ohne die reißende, trübschlammige Flut zu entfesseln, die unter seinem Nachbarn braust und tost ...«

Dies war nicht etwa das Vorurteil eines englandfeindlichen Franzosen. Auch von englischen Historikern wurde mißfällig registriert, daß die sexuelle Zügellosigkeit, als Folge einer vorher übermäßigen Sittenstrenge, damals alle Grenzen überschritten habe. Damit sei eine »sittliche und geistige Erniedrigung des weiblichen Geschlechts« verbunden gewesen, schreibt Thomas Macaulay in seiner *Geschichte Englands*. »Es gehörte zum guten Ton, der körperlichen Schönheit der Frauen eine rohe und unverschämte Huldigung zu bringen; aber die Bewunderung und das Verlangen, welche sie einflößte, war selten verbunden mit Achtung, mit wahrer Zuneigung oder mit irgendeinem ritterlichen Gefühl.«

Kaum ein englischer König war so populär wie Charles II. Nach seiner Rückkehr aus der Verbannung hatte das Volk ihn als den großen Befreier aus den Fesseln des Puritanismus begrüßt und erhoffte von ihm, wie sich herausstellte, mit Recht, das Vorbild eines neuen, freieren, heiteren Lebens. Charles kam dieser Erwartung unter anderem dadurch entgegen, daß er jedem Gentleman den Zutritt zu seinem Palast gestattete. So kamen, außer den Hofleuten, auch andere Personen in den Genuß, einen König beim Mittag- und Abendessen, beim Tanzen und beim Kartenspielen zu beobachten und ihn Geschichten erzählen zu hören.

Diese Leutseligkeit entsprang, wie manche Historiker meinen, aber weniger einer bestimmten Absicht als vielmehr einer ausgeprägten Lässigkeit in Charles' Charakter: Er ließ alles geschehen, ohne allzuviel einzugreifen. Auf solche Weise wird auch sein Umgang mit seinen zahlreichen Mätressen erklärt: Er war eher faul als wollüstig und ließ sich mehr zu Ausschweifungen verleiten, als daß er selbst sie suchte. Charles sei »ein Liebhaber des Müßiggangs und leichtfertiger Vergnügungen gewesen«, schreibt Macaulay, »unfähig, sich zu beherrschen und sich anzustrengen, ohne Glauben an menschliche Tugend und menschliche Zuneigung, ohne Begierde nach Ruhm und ohne Empfindung für Tadel … dabei über alles Maß dem Sinnesgenuß ergeben«.

Für diesen Genuß gab es allerdings, wenn man die Schilderungen von Malern und Schriftstellern der damaligen Zeit liest, auch durchaus gute Gründe. Die typische Engländerin wurde beschrieben als ätherisches Wesen mit leuchtenden Sternenaugen, kleinen Ohren und kleiner Nase, einem ovalen Gesicht, durchsichtigem Teint, ein wenig blaß, von einem flüchtigen Rot durchleuchtet. Der Mund sei im allgemeinen so zierlich, daß man »ihn kaum küssen kann«, wie ein Autor bedauernd vermerkte. Der ganze Körper sei wie aus Seide, und nichts sei graziöser als »die aufsteigende Linie der delikaten und provozierenden Schenkelkurven«.

Allerdings scheint nicht jeder Zeuge jener Zeit die Frauen mit so freundlichen Augen betrachtet zu haben. Ein anderer Autor beschreibt manche Damen, die er aber wohl nur von Bildern her kennt, als »gefährliche, zudringlich-herausfordernde Buhlerinnen mit gemeinen, widrigderben Zügen, jeglichen Schamgefühls und jeder Reue bar. Ihre fleischigen, vollen, weichen Hände tändeln mit ihren Grübchenfingern; eine schwere Lockenfülle wallt über ihre vollentblößten Schultern; sinnliche Augen schmachten in verlockender Glut, ein mattes Lächeln umgibt ihre wollustatmenden Lippen. Die eine bindet die Wellen üppigen Haares auf, das ungefesselt auf den rosigen, fein gewölbten Busen herabwallt; die andere öffnet in schmachtender Selbstvergessenheit und nachlässiger Haltung einen Ärmel, dessen weiche, tiefe Falten uns einen schneeweißen Arm enthüllen. Fast alle sind nur halb angekleidet, manche scheinen eben erst das Bett verlassen zu haben; das zerknitterte Nachtgewand umschließt eng den Hals und scheint zerstört und beschmutzt durch eine wilde nächtliche Orgie; der zerdrückte Unterrock gleitet über die Hüften, und ihre Füßchen zerknittern die schillernde, glänzende Seide …«

Die ausführliche Schilderung, vor allem aber die sorgfältige Wortwahl deuten an, daß der angeblich moralischen Erregung sehr gründliche Blicke vorausgegangen sind; sie lassen deshalb wohl eher auf puritanische Verklemmtheit und heimlichen Genuß als auf ehrliche Empörung schließen.

Charles II. war von Skrupeln jedenfalls allem Anschein nach unbehelligt. Unter seinen zahlreichen Mätressen befanden sich gleichermaßen »ätherische« Engelsgestalten wie »gefährlich-zudringliche Buhlerinnen«. Die drei berühmtesten unter ihnen sind wohl die Lady Barbara Castlemaine, die Herzogin von Portsmouth und Nell Gwynn.

Lady Castlemaine

Barbara Villiers, die spätere Gräfin von Castlemaine, war schon als Fünfzehnjährige von zahlreichen Verehrern umlagert. Mit achtzehn Jahren heiratete sie Roger Palmer, den künftigen Earl von Castlemaine. Die lebenslustige Barbara Palmer, wie sie damals noch hieß, fühlte sich offenbar nicht übermäßig stark an das Ehegelöbnis gebunden, denn die vielen Kinder, die sie bekam, stammten alle nicht von ihrem Gatten. Für ihren ersten Sprößling, eine Tochter, sah sich beispielsweise König Charles verantwortlich, der sich sofort nach seiner Rückkunft aus dem Exil in die attraktive Mrs. Palmer verliebt hatte. So erkannte er denn auch die kleine Anna Palmer ohne Umstände als sein Kind an, obwohl das Mädchen eine auffällige Ähnlichkeit mit einem anderen Herrn, dem Earl of Chesterfield, hatte.

Charles selbst heiratete Catarina von Berganza, blieb aber Lady Castlemaine, wie der Name seiner Geliebten inzwischen lautete, weiterhin sehr gewogen. Als seine Gemahlin im Mai 1662 aus Italien in London ankam, befand sich der König gerade wieder bei der schönen Gräfin. Vor ihrem Haus in Whitehall sei aber kein Licht gewesen, schreibt Samuel Pepys in seinen berühmten Tagebüchern. Das habe großes Aufsehen erregt. Der König und die Lady hätten an diesem Abend einen Diener beauftragt, eine Waage für sie zu holen. Sie hätten sich beide gewogen, und Lady Castlemaine sei schwerer gewesen als der König – sie war, zum zweiten Mal, guter Hoffnung. Auch dieses Kind, das auf den Namen Charles getauft wurde, erkannte der König als seines an.

Die Gräfin Castlemaine machte nie ein Hehl aus ihrer intimen Beziehung zu Charles, auch nicht gegenüber der neuen Königin Catarina, die die Seitensprünge ihres Gatten wohl oder übel hinnehmen mußte. Eines Tages sagte Catarina im Beisein ihrer Hofdamen zu Lady Castlemaine, sie fürchte, der König würde sich erkälten, wenn er bis tief in die Nacht bei ihr bleibe. Lady Castlemaine antwortete darauf recht kühl, der König verlasse sie immer ziemlich früh, also bringe er die Nacht wohl noch anderswo zu. Während dieses kurzen Gesprächs der beiden Damen trat der König ein und hörte noch Lady Castlemaines schnippische Bemerkung. Er flüsterte ihr zu, sie sei ein impertinentes Weib und solle sofort den Hof verlassen. Das tat die Lady denn auch und zog für einige Tage in eine Mietwohnung in die Pall Mall. Dann ließ sie den König fragen, ob sie ihre Sachen holen lassen dürfe. Charles, der sie inzwischen vermißt hatte, ließ ihr ausrichten, sie möge vorher zu ihm kommen. Damit war die kurzfristige Trennung beendet, und die Lady so anmaßend wie zuvor.

Samuel Pepys, der über den Hofklatsch immer genauestens informiert war, notierte in sein Tagebuch: »Wenn auch der König und Lady Castlemaine wieder versöhnt sind, so wohnt sie doch nicht in Whitehall, sondern bei Sir D. Harris, wo der Fürst sie besucht. Er sagt, sie verlange, er solle sie auf den Knien um Verzeihung bitten und ihr versprechen, sie nie wieder so zu beleidigen. Sie drohte wirklich, ihm seine natürlichen Kinder vor die Tür zu schicken, und so hat sie ihn fast um den Verstand gebracht. In ihrer Wut rief sie, sie wolle quitt mit dem König sein und alle seine Briefe an sie drucken lassen.«

Der willensschwache König gab seiner Geliebten in allem nach, und so gelang es der Lady auch, sich dem Hofstaat der Königin zuteilen zu lassen, obgleich sich diese dagegen zu verwahren versuchte. Nachdem Lady Castlemaine dem König ihr zweites Kind geboren hatte, begann sie siegessicher auch mit anderen Männern Liebschaften zu pflegen. Trotzdem besuchte sie der König immer noch an vier Abenden der Woche, indem er, wie die Schildwachen bemerkten, ganz allein und heimlich durch den Privatgarten kam und ging.

Im September des folgenden Jahres bekam Lady Castlemaine wieder einen Sohn. Der König erkannte das Kind zwar nicht als seines an, überhäufte seine untreue Geliebte aber dennoch mit kostbaren Geschenken zum Anlaß der Geburt. In den folgenden beiden Jahren kamen zwei weitere Kinder der Lady zur Welt, und die anspruchsvolle Dame bezog nun mit großzügiger Unterstützung des Königs ein luxuriöses Haus in Hampton Court.

Es sollte noch acht Jahre dauern, bis Charles von den Capricen seiner Geliebten genug hatte. Er hing an ihr, obwohl er sich oft auch mit anderen Damen vergnügte. Die ähnlich unersättliche Lady Castlemaine tröstete sich meistens schnell. Ihre nächsten Lustobjekte waren der damals bekannte Seiltänzer Jacob Hall und John Churchill, der später so berühmt gewordene Herzog von Marlborough. Über den athletisch gebauten Jahrmarktskünstler, der »durch Kraft und Gewandtheit bei öffentlichen

Vorstellungen entzückte«, wie ein Zeitgenosse bewundernd anmerkte, schrieb Anthony Graf von Hamilton in *Grammonts Memoiren:* »Der Springer täuschte die Erwartungen der Lady Castlemaine nicht; so wenigstens behauptete manches Gerücht im Publikum und so verkündeten es zahlreiche Spottgedichte, allerdings mehr zu Ehren des Tänzers als der Gräfin. Sie aber setzte sich über alles Geschwätz hinweg, und ihre Schönheit leuchtete desto glänzender.«

John Churchill hatte eine Cousine im Haushalt der Gräfin und besuchte sie gelegentlich. Als Lady Castlemaine ihn zum ersten Mal sah, verliebte sie sich sofort in ihn und ließ ihn eines späten Abends zu sich kommen. Sehr geehrt kam der noch unerfahrene junge Mann dieser unerwarteten Einladung nach und fand sich wenig später im Bett der zielbewußten Gräfin wieder. Die Lady war die erste einer Reihe von Damen, die dem attraktiven jungen Mann nicht widerstehen mochten.

Über John Churchill liest man in *Grammonts Memoiren*, er habe »Anmut in höchstem Maße besessen, die Grazien in sich gehabt und dadurch mehr gewonnen als je ein Mensch erlangte. Er war ohne alle literarische Bildung und handhabte die Muttersprache schlecht; auch seine Orthografie war ganz mangelhaft. Er besaß kein besonderes Talent und war ebensowenig ein glänzendes Genie. Unzweifelhaft hatte er aber gesunden Menschenverstand und Urteilskraft im höchsten Grade. Seine Gestalt war schön, seine Manieren, Frauen wie Männern gegenüber, unwiderstehlich. Durch das einnehmendste Wesen gelang es ihm, die ganze Zeit des Krieges hindurch die uneinigen Mächte der großen Allianz zusammenzuhalten …«

Seine Erlebnisse mit der liebeserfahrenen Lady Castlemaine machten den jungen Churchill bald auch auf andere Damen neugierig, und er verliebte sich in Sarah Jennings, die später seine Frau wurde. Um Lady Castlemaine mit guten Gründen loszuwerden, dachte sich der inzwischen gewitzte Jüngling einen frivolen

Scherz aus, der ihn aus den Fängen der Lady befreien sollte. Churchill überredete einen Freund, statt seiner zu einem Rendezvous mit der Gräfin zu kommen, ohne daß die Gräfin dies vorher wüßte. So geschah es denn auch: Als Lady Castlemaine sich am folgenden Tag voller Vorfreude mit Churchill treffen wollte und von einem seiner Diener in ein kleines Kabinett gebeten wurde, sah sie dort auf einem Bett einen fast unbekleideten Mann liegen, dessen Gesicht verdeckt war. In der Annahme, daß es sich um ihren jungen Liebhaber handele, machte die Gräfin keine Umstände, sich des liegenden Mannes zärtlich anzunehmen. Als sie ihren Irrtum bemerkte, war es bereits zu spät – mit einigem Recht konnte John Churchill nun sagen, daß seine Geliebte ihn betrogen habe.

Unverdrossen schenkte Lady Castlemaine in den folgenden Jahren zwei weiteren Kindern von verschiedenen Vätern das Leben. Später, als Charles sich schließlich von ihr getrennt hatte und auch ihr Gatte gestorben war, heiratete die mittlerweile vierundsechzig Jahre alte Witwe den jungen Robert Fielding, einen der schönsten Männer seiner Zeit, der aber sehr unsanft mit der lebhaften Dame umging und sie häufig verprügelte. Die von Lady Castlemaine eingereichte Scheidung ließ sich leicht durchsetzen: Ihr junger Ehemann war noch mit einer anderen Frau verheiratet. Die Gräfin, die ihr Leben bis zur Neige ausgekostet hatte, starb wenige Jahre nach diesem letzten Skandal an der Wassersucht. Sie sei »die schönste und wollüstigste der königlichen Konkubinen« gewesen, hieß es in einem Nachruf. Sie hatte ein zierliches, rundes Gesicht mit kindlichem Ausdruck, rotbraunes Haar und sehr schöne dunkelblaue Augen gehabt, wie auf zahlreichen Gemälden zu sehen ist. Das Bild, das der Historiker Macaulay mit kurzen Strichen von ihr entwirft, ist freilich weniger schmeichelhaft: Sie sei »das verschwenderischste, herrschsüchtigste und schamloseste unter den gesunkenen Weibern« gewesen.

Für kindlich wirkende Frauengesichter schien Charles II. ein besonderes Faible zu haben. Neben der Gräfin Castlemaine gehörte die katholische Herzogin von Portsmouth und Aubigny, Louise Renée de Kérouaille, zu seinen namhaftesten Geliebten. Die Herzogin war eine anziehende Frau, die aber, nach dem Urteil mancher Kritiker, ein »kindliches, einfältiges Babygesicht« hatte. Im Oktober 1671 wurde die Herzogin zur offiziellen Mätresse des Königs erhoben, wozu ihr Ludwig XIV. von Frankreich seine Glückwünsche sandte. Neun Monate später gebar sie dem König einen Sohn, der später Herzog von Richmond wurde.

Nell Gwynn, das »Theaterliebchen«

Obwohl die Herzogin allgemein als schöne und außerordentlich geschmackssichere Frau galt, war sie als Französin und Katholikin beim englischen Volk sehr unbeliebt. Viel leichter hatte es da ihre größte Konkurrentin beim König, die populäre Nell Gwynn, die aus einfachsten Verhältnissen gekommen war und bis heute nicht vergessen ist – englische Marmeladenfabrikanten setzten die ehemalige Orangenverkäuferin auf ihre Etiketten.
Zwischen der Herzogin von Portsmouth und Nell kam es häufig zu lautstarken Auseinandersetzungen, manchmal sogar in aller Öffentlichkeit. Dabei waren die Sympathien der englischen Zuhörer immer auf Nells Seite. Als Nell einmal hinter verhangenen Scheiben in der königlichen Kutsche durch London fuhr, wurde sie vom Straßenpöbel belästigt, weil man sie für die Herzogin hielt. Da öffnete Nell die Kutschentür, steckte ihren Kopf hinaus und rief: »Beruhigt Euch, liebe Leute, ich bin's doch, die protestantische Hure!« Seitdem kannte ihre Popularität keine Grenzen mehr.

»Laßt meine Nelly nicht darben!« Nell Gwynn und Charles II.

Nell Gwynn war eines der »Theaterliebchen« des Königs. Geboren war sie, im Februar 1650, als Tochter einer Fischhändlerin in London. Bis zu ihrem dreizehnten Lebensjahr verkaufte sie Orangen in der Nähe des königlichen Theaters. Irgendwann nahm ein umherziehender Gaukler sie in seine Truppe auf und ließ sie in den Wirtshäusern singen. Da Nell ein hübsches Gesicht hatte, wurde sie wenig später von der berüchtigten Kupplerin »Mother Ross« in deren Freudenhaus aufgenommen und dort, unter anderem, auch im Schreiben und Rechnen unterrichtet.

Einer von Nells frühen Liebhabern war der Schauspieler Charles Hart, der das Talent des jungen Mädchens für das Theater erkannte und sie in Gesang und Tanz ausbildete. Ihr anziehendes Äußeres und ihre natürliche Anmut machten sie beim Publikum schnell sehr beliebt. Samuel Pepys erwähnte sie oft lobend in seinen Tagebüchern und nannte sie begeistert »pretty witty Nell«, die ein »mächtig hübsches Geschöpf« sei.

Auch der königliche Theaterbesucher Charles war sehr angetan von der jungen Schönheit. Er sah sie als Einundzwanzigjährige in einem Stück des Dichters John Dryden. »Tyrannische Liebe« hieß das kleine Werk, und Nell sprach den eigens für sie geschriebenen Epilog. Solche Schlußreden, die den Inhalt eines Theaterstücks noch einmal zusammenfaßten und kommentierten, waren damals oft sehr derb und enthielten recht frivole Verse. Man ließ sie, weil das vom Publikum immer besonders beifällig aufgenommen wurde, gern von Mädchen oder jungen Frauen sprechen. Nell, die bei dieser Aufführung einen ungewöhnlich großen Hut trug, was ihre niedliche Figur anscheinend noch attraktiver machte, erntete mit ihrem frechen Epilog riesigen Beifall. Der König nahm sie ohne Umstände mit und machte sie sofort zu seiner Mätresse. Allerdings trat Nell nebenamtlich auch weiter im Theater auf und war, nach der majestätischen Gunstbezeugung, nun erst recht der Liebling des Publikums.

Das Verhältnis zwischen Nell und ihrer Rivalin, der Herzogin von Portsmouth, wurde nicht nur in England, sondern auch in Frankreich amüsiert beobachtet. In einem Brief über die beiden Königsmätressen schreibt die berühmte Madame de Sévigné: »Die Herzogin sah nicht voraus, daß eine Schauspielerin ihr einmal im Wege stehen würde. Die Actrice ist so hochmütig wie Mademoiselle selbst. Sie beleidigt sie, schneidet ihr Gesichter, raubt ihr häufig den Fürsten und rühmt sich jedesmal, wenn dieser ihr den Vorzug gibt. Sie ist jung, indiskret, wild und von fröhlicher Gemütsart. Sie singt, tanzt und spielt ihre Rolle mit besonderer Anmut. Sie hat vom König einen Sohn und hofft, ihn anerkannt zu sehen. Von der Herzogin sagt sie: ›Diese Person behauptet, sie sei eine Frau von Stande und mit den ersten Familien in Frankreich verwandt. Wenn das so ist, warum erniedrigt sie sich dann zur Kurtisane? Sie sollte vor Scham vergehen. Was mich betrifft, so ist es mein Beruf; ich will nichts Besseres sein. Ich habe einen Sohn vom König, den er anerkennen sollte, und er wird es auch tun, denn er liebt mich ebensosehr wie diese Dame.‹«

Nell gebar dem König zwei Söhne, von denen einer später den Titel eines Herzogs von Saint-Albans erhielt. Charles hatte Nell anscheinend wirklich geliebt, bis zu seinem Tode. Seine letzten Worte, an den Herzog von York gerichtet, sollen gewesen sein: »Laßt meine arme Nell nicht darben!«

Nell Gwynn sollte ihren königlichen Geliebten allerdings nicht lange überleben. Sie starb, erst siebenunddreißig Jahre alt, am 13. November 1687 an einem Schlaganfall.

Vorläufig aber erfreute sich Charles II. neben seinen bevorzugten Mätressen noch weiterer Damen, die um seine Zuwendung wetteiferten. Eine von ihnen war Miss Stewart, die spätere Frau des Herzogs von Richmond. Sie sei die größte Schönheit, die er jemals gesehen habe, notierte Samuel Pepys genießerisch; wenn irgendeine Frau es mit der Gräfin Castlemaine aufnehmen könne, dann nur Miss Stewart.

Tatsächlich versuchte die schöne und dabei äußerst freizügige Dame, Charles' langjährige Favoritin aus der Gunst des Königs zu verdrängen. Aber Lady Castlemaine schien sich damals ihrer Position derart gewiß zu sein, daß sie nicht nur keine Eifersucht gegenüber Miss Stewart zeigte, sondern sie sogar noch zu gemeinsamen Soupers mit dem König einlud, offenkundig deshalb, um ihre eigene Überlegenheit über die Konkurrentin ständig neu zu genießen. Die selbstbewußte Lady ging sogar so weit, die junge Dame gelegentlich zum Schlafen bei sich zu behalten. Wenn der König Lady Castlemaine frühmorgens besuchte, fand er dann auch Miss Stewart im Bett seiner Mätresse, was diese immer sehr zu amüsieren schien.

Das Gefühl der Überlegenheit, das Lady Castlemaine demonstrierte, beruhte vermutlich auf dem sicheren Gespür, daß ihre Gegnerin zwar sehr schön, aber nicht klug genug war, um sie in Gefahr zu bringen. Miss Stewart war körperlich sehr attraktiv, hatte Geschmack, tanzte gut und bewegte sich anmutig, aber ihr Verstand schien bei all diesen äußeren Gaben auf der Strecke geblieben zu sein. Sie lachte unentwegt und über alles. Gehässige Kritiker verglichen ihre Intelligenz mit der eines zwölfjährigen Kindes. Wenn andere Damen sich mit Musik oder Literatur beschäftigten, wollte sie lieber Blindekuh spielen, und wenn geistreiche Gespräche geführt wurden, zog sie es vor, Kartenhäuser aufzubauen und wieder zum Einsturz zu bringen. Daß sie dennoch gute Chancen hatte, Lady Castlemaine beim König auszustechen, lag daran, daß sie noch um ein gutes Stück freizügiger mit ihren Reizen umging als die auch nicht gerade zimperliche Lady. Vor allem beim Tanz und beim Reiten nahm die frivol-naive Miss Stewart jede Gelegenheit wahr, den versammelten Männern intime Einblicke zu gewähren. Man brauchte, wie einer ihrer kritischen Bewunderer meinte, nur eine andere Dame am Hof wegen ihrer schönen Beine oder Arme zu loben, um Miss Stewart zu einer augenblicklichen Demonstration ihrer eigenen Reize herauszufordern: »Ja, mit einiger Geschicklichkeit, glaube ich, würde es nicht allzu schwierig sein, sie, ohne daß sie dabei etwas ahnte, zu völliger Nacktheit zu treiben.«

Zur Erfüllung dieser Vermutung kam es am königlichen Hof dann aber doch nicht mehr, weil Miss Stewart im Jahre 1667 den Herzog von Richmond heiratete und den Hof verließ. Zu diesem Abschied war es allerdings nicht ohne Zutun der schlauen Lady Castlemaine gekommen.

Diese hatte dem König hinterbracht, daß Miss Stewart beabsichtige, sich eines Nachts heimlich mit dem Herzog von Richmond zu treffen. Der eifersüchtige König, der Miss Stewart am selben Abend noch bei sich gehabt hatte, nahm sich vor, seine Mätresse wenn möglich auf frischer Tat zu ertappen. Als sie nach dem Essen vorschützte, müde und erschöpft zu sein und sich zurückziehen zu wollen, ließ Charles sie zwar gehen, folgte ihr aber nach einiger Zeit. Es war inzwischen Mitternacht geworden, und als der König die Kammerfrauen seiner Geliebten antraf, verbeugten sich diese ehrfurchtsvoll und flüsterten ihm zu, daß Miss Stewart sich nach dem Abendessen unwohl gefühlt habe, jetzt aber zum Glück friedlich eingeschlummert sei. Mit diesen Worten wollten die Bediensteten den König vom Schlafzimmer fernhalten. Charles durchschaute aber diese Absicht sofort, stieß die Frauen beiseite und ging in das Schlafgemach. Dort sah er Miss Stewart in ihrem Bett liegen, aber nicht allein, sondern mit dem Herzog von Richmond und noch keineswegs schlummernd.

Das war das Ende der Hofkarriere von Miss Stewart, und Charles wandte sich nun seinen anderen Mätressen zu: Der reizenden jungen Miss Hamilton mit der kleinen Nase und der mädchenhaften Figur; den attraktiven Schwestern Frances und Sarah Jennings; der gefallsüchtigen und etwas albernen Miss Temple; der hübsch gewachsenen, aber ziemlich langweiligen Miss Warmestrée; und den zahlreichen anderen, deren Namen keiner mehr nennt.

Bei all diesen leichtfertigen Damen, die miteinander um die Gunst des Königs wetteiferten, kam es fast ständig zu Eifersüchteleien und manchmal auch zu lautstarken Streitigkeiten. Der König hielt sich aus diesen Auseinandersetzungen meist heraus, konnte aber gelegentlich doch nicht umhin, eine Entscheidung zugunsten der einen oder der anderen Favoritin zu treffen.

Eine solche Entscheidung stand an, als Charles von einem Herzog eine prachtvolle Karosse mit Glasfenstern zum Geschenk erhielt. Die Königin glaubte, daß dieses prächtige Gefährt ihr Glück bringen würde, und wollte sich deshalb mit der Herzogin von York zuerst darin zeigen. Lady Castlemaine, die die beiden fahren sah, wollte unbedingt auch in dieser Kutsche glänzen und bat den König, ihr den Wagen zu einer Spazierfahrt im Hyde-Park zur Verfügung zu stellen. Miss Stewart aber hatte den gleichen Wunsch für den gleichen Tag, weil die Sonne schien und viele Spaziergänger sie bei der Fahrt bewundern könnten.

Die beiden Mätressen, deren frühere Freundschaft sich im Laufe der Zeit ins Gegenteil verkehrt hatte, waren zu keinem Kompromiß zu bewegen und brachten den König dadurch in beträchtliche Verlegenheit. Lady Castlemaine war damals wieder einmal guter Hoffnung und drohte, vor der Zeit niederzukommen, falls ihre Rivalin den Vorrang erhielte. Miss Stewart ihrerseits beeindruckte Charles mit der Warnung, sie werde niemals ein Kind von ihm haben wollen, wenn er ihr bei der Kutschfahrt nicht den Vortritt ließe.

Diese letzte Drohung schien dem König die unangenehmere zu sein, und Miss Stewart bekam die Karosse als erste. Darüber war Lady Castlemaine so wütend, daß es fast wirklich zu einer Frühgeburt gekommen wäre.

Schwangerschaften und Niederkünfte waren in dieser lebhaften Atmosphäre nichts Ungewöhnliches; ungewöhnlich wäre eher das Gegenteil gewesen. Allerdings waren nicht alle Königskinder erwünscht, und eine schwangere Hofdame, die nicht eine besondere Favoritin des Königs war, tat gut daran, rechtzeitig vor der Geburt für eine Weile zu verschwinden. Sehr kritisch vermerkt wurde beispielsweise, daß die etwas hochnäsige Miss Warmestrée sich einmal »offenbar in der Zeitrechnung getäuscht und sich die Freiheit genommen hatte, mitten am Hofe niederzukommen«. Eher beiläufig schildert ein damaliger Zeitgenosse ein Vorkommnis, das heute Abscheu und Empörung hervorrufen würde, in jener Zeit und Gesellschaft aber keine solchen Reaktionen auszulösen schien. Während eines Tanzabends hatte eine Hofdame eine Frühgeburt gehabt. »Vor ungefähr einem Monat hat eine Dame bei einem Hofballe während des Tanzes ein Kind fallen lassen«, berichtete ein Zeuge jener Szene. »Man trug es in einem Taschentuch weg. Der König behielt es ungefähr eine Woche in seinem Kabinett und sezierte es unter groben Späßen und Witzen.« Hier kam nun wirklich ganz erschreckend »das Tierische im Menschen« zum Vorschein, von dem der französische Historiker Hippolyte Taine geschrieben hatte.

Die »kleine Vorsichtshülle«

Schon seit alters her war auch in England bekannt, daß bestimmte Nahrungsmittel die sexuelle Lust anreizen, daß diese Lust aber zusätzlich durch andere Mittel, die sogenannten Aphrodisiaka, stimuliert werden kann. Andererseits kannte man auch die Möglichkeiten, die Folgen solcher Lust – wie zum Beispiel unerwünschte Schwangerschaft oder Geschlechtskrankheiten – zu verhindern, auch wenn dies nicht immer gelang.

In England wurde, wie es in alten Volksliedern heißt, schon immer kräftig gegessen und getrunken. »Wie ungesund und stinkend die Engländer bei ihrem haufenweisen Fleischfressen sind, ist bekannt«, schrieb der deutsche Arzt Johann Joachim Becher im 17. Jahrhundert naserümpfend in seiner *Psychosophia oder Seelen-Weisheit*. Auch französische England-Besucher machten sich über den enormen Fleisch- und Alkoholkonsum der Engländer lustig. Und der englische Historiker Macaulay kritisierte in seiner *Geschichte von England* den ungeheuren Bierkonsum der unteren und mittleren wie den ebenso großen Rotweinverbrauch der oberen Gesellschaftsschichten. Häufig lagen nicht nur Männer, sondern auch Frauen nach einer üppigen Mahlzeit völlig berauscht unter dem Tisch.

Sehr beliebt für solche gastronomischen Ausschweifungen waren Bordelle und die von Prostituierten besuchten Tavernen. Bordelle besaßen meist auch die Konzession zum Ausschank von alkoholischen Getränken und nutzten diese fleißig. Im Reisebericht eines deutschen England-Besuchers heißt es: »In den Tavernen soupiert man nach Gefallen in Zimmern, wo sich große oder kleine Gesellschaft befindet, mit und ohne Frauenzimmer … Der Aufwand in allen diesen Häusern ist so groß, daß er das Bonmot des berühmten Beaumarchais gewissermaßen rechtfertigt, der, so bekannt er auch mit den Schwelgereien von Paris war, dennoch über die Londoner Wollüste erstaunte.« Ein anderer Besucher Londons war nicht wenig verblüfft darüber, daß nach beendeter Mahlzeit und »sobald die Damen sich entfernt hatten«, den Herren zur gefälligen Bedienung ein Nachttopf gebracht wurde.

Daß das ausschweifende Eß- und Trinkverhalten auch Hemmungslosigkeit im Sexuellen im Gefolge hat, kann schwerlich bezweifelt werden. Ob nach einem allzu üppigen Gelage in der Liebesfähigkeit alles nach Wunsch geht, ist eine andere Frage. Zur Unterstützung in dieser Hinsicht empfahl man im England des achtzehnten und neunzehnten Jahrhunderts vor allem »das Gelbe im Ei, die Samen-Eier des Hahnes, die jungen Böcklein, Krebse, Rindermark, süßer starker Wein, Milch und andere Dinge, welche viel Nahrung geben«.

Als weitere Nahrungsmittel, die den Geschlechtstrieb anreizen sollten, galten Fische, Schildkröten, Austern, Hummer, Artischocken, Pilze, Sellerie, Kakao, Zwiebeln, Ingwer, Pfeffer, Aprikosen, Erdbeeren, Pfirsiche und Trüffeln.

Diese letzteren wurden von König George IV., »dieser Koryphäe aller Wollüstlinge«, wie man ihn nannte, so sehr geschätzt, daß seine Gesandten an den italienischen Königshöfen den speziellen Auftrag erhielten, der königlichen Küche durch einen Kurier besonders große, delikate Trüffeln zu liefern.

Unter den medikamentösen Liebesmitteln galt das Kantharidin, das aus spanischen Fliegen, einer Gattung der Weichkäfer, gewonnen wird, als außerordentlich potenzfördernd, aber auch als sehr giftig. Über die Gefährlichkeit dieses Stoffes berichtete ein Autor des achtzehnten Jahrhunderts: »Wenn man nur zwei oder drei Gran davon nimmt, empfindet man eine solche Hitze und ein solches Brennen, daß man ganz krank davon wird, wie es im vergangenen Jahr einem meiner Freunde passiert ist. Er hatte die Geliebte seines Freundes geheiratet, und dieser hatte sich dafür gerächt, indem er ihm am Hochzeitsabend eine mit Kantharidin durchsetzte Birnentorte gebracht hatte. Als die Nacht kam, wohnte der junge Ehemann seiner Braut dermaßen bei, daß es ihr schließlich zuviel wurde. Das Vergnügen verkehrte sich aber bald in Traurigkeit, als der Mann um Mitternacht eine starke Entzündung bei sich feststellte und nur unter großen Schmerzen Urin lassen konnte. Dabei sah er, daß Blut aus der Harnröhre kam. Vor Schreck und Schmerz wurde er ohnmächtig, und es dauerte lange, ehe man ihn mit großer Mühe heilen konnte.«

Eine außergewöhnlich bedeutsame Erfindung wird einem englischen Arzt namens Conton zugeschrieben, der im siebzehnten Jahrhundert, während der Regierungszeit von Charles II., in London praktizierte: das Condom – eine »kleine Vorsichtshülle, welche die Engländer erfunden haben, um das schöne Geschlecht gegen Besorgnis zu sichern«, wie Giacomo Casanova in seinen

Memoiren schreibt. Diese Hülle bestand aus den Blinddärmen von Lämmern, aus Fischblasen oder aus Kautschuk und anderen dehnbaren Materialien.

Präservativähnliche Verhütungsmittel hatte es zwar schon bei den Römern gegeben, aber über das dabei verwendete Material war nichts Genaues in Erfahrung zu bringen. Im sechzehnten Jahrhundert hatte der italienische Arzt Gabriele Falloppio für das männliche Glied Schutzhüllen aus Leinen empfohlen, die den Samen aufnehmen und gleichzeitig vor ansteckenden Krankheiten schützen sollten. Im achtzehnten Jahrhundert waren Kondome in Europa schon allgemein verbreitet. Als spezielle englische Variante galten solche mit den Porträts von Politikern oder anderen hochgestellten Persönlichkeiten.

»Leider greift die Wissenschaft, wie man einer ungebetenen Fruchtbarkeit zuvorkommt oder sie verhindert, auf eine schreckliche Weise um sich«, schrieb damals ein konservativer Autor bekümmert. »Es gibt schon keine junge Miß mehr, die nicht den Namen, den Gebrauch und die Quantität dieses abscheulichen Mittels kennt.«

In dieser Zeit wurde in England auch schon mit Zeitungs-Anzeigen für Abtreibungen geworben, obwohl das Herbeiführen des künstlichen Abortes eigentlich verboten war. Es gab sehr viel mehr solcher Praxen, als die gerichtlich verfolgten Fälle vermuten ließen, berichtet ein Mediziner, der eine junge Frau kannte, die sich mehrmals zu einem seiner Kollegen begab. Dort traf sie jedes Mal mehrere andere Frauen, die ebenfalls eine Abtreibung machen lassen wollten. Es seien meistens »Ballett-Mädchen oder andere, mit dem Theater in Verbindung stehende Frauen« gewesen. Das beträchtliche Honorar von fünf Pfund mußte im voraus entrichtet werden.

Auch innere Abortivmittel wurden angewandt, darunter vor allem Eisensulfat, Eisenchlorid und Eibennadeln-Extrakt. Unter der Bezeichnung »maiden-pills« waren auch andere Mittel in

Umlauf, über deren Wirksamkeit aber kaum etwas bekannt wurde.

Als vorbeugende Maßnahme waren Pessare in unterschiedlicher Ausführung in Gebrauch. Eine Ausgabe des *New York Medical Journal* aus dem Jahre 1864 verzeichnet nicht weniger als 123 verschiedene Formen von Pessaren, von einem »einfachen Pfropf bis zu einer Patentdreschmaschine«, die allerdings nur unter einer ungewöhnlich großen Krinoline getragen werden konnte und wie ein Turbinenwasserrad aussah, wie Dr. W. D. Buck dazu sarkastisch mitteilte. Manche werdenden Mütter, bei denen dennoch eine unerwünschte Schwangerschaft eingetreten sei, versuchten, so der Arzt, sich mit Hilfe einer Stricknadel des kommenden Kindes zu entledigen.

Für Mädchen oder junge Frauen, die ein so grausiges Mittel nicht anwenden mochten und sich eine kostspielige Abtreibung nicht leisten konnten oder wollten, gab es die Möglichkeit einer heimlichen Entbindung in Privathäusern, deren Eigentümer von diesem Geschäft recht gut leben konnten. In London gab es viele solcher Häuser, deren Lage teils in Zeitungen, teils durch gedruckte Zettel bekanntgemacht wurde, die Straßenjungen verteilten. In diesen Privathäusern wurden die Frauen nicht nur entbunden und versorgt, sondern konnten auch sicher sein, unerkannt zu bleiben. Denn weder die Hebamme und anderes Hilfspersonal noch der Hausherr selber erfuhren den Namen der betreffenden Mutter.

Blumenkopf und Busenringe

Wie in anderen Ländern, so spielte auch bei den Damen in England, wenn von »Schönheit« die Rede war, das Haar schon früh eine bedeutende Rolle; bereits in der angelsächsischen Zeit, also im vierten und fünften Jahrhundert, wird davon berichtet. Seit der Mitte des achtzehnten Jahrhunderts nahm dann der Haarkult in Großbritannien buchstäblich überdimensionale Ausmaße an. Nach zeitgenössischen Schilderungen war es damals kaum noch möglich, alle Variationen des weiblichen Kopfputzes aufzuzählen; es gab einfach zu viele. Bei den Frisuren kamen neben den allgemein gebräuchlichen Hilfsmitteln wie Kämmen, Lockenwicklern und Haarnadeln noch so unterschiedliche Materialien wie Bänder, Spitzen, Wolle, Straußenfedern, Pomaden, Pasten und natürlich auch falsche Haare zum Tragen. Der gesamte Aufbau einer »kunstvollen« Frisur machte häufig etwa ein Drittel der Körpergröße aus.

Den Gipfel dieser Baukunst bildete ein kompletter Blumen- oder Obstgarten, den die Trägerin auf ihrem Kopf auszubalancieren hatte. Häufig kam es vor, daß Damen bei einem abendlichen Souper über starke Kopf- und Rückenschmerzen klagten, wenn sie während der Kutschenfahrt zu der Gesellschaft ihren Kopf für längere Zeit auf die Knie legen und mit beiden Händen die Frisur stützen mußten, weil diese zu hoch für das Kutschendach war.

Der bekannte Schauspieler David Garrick machte diese mühselige Mode lächerlich, indem er eines Abends auf der Bühne als Frau verkleidet erschien und dabei einen Kopfputz trug, der aus lauter Gemüse bestand, wobei die roten Wurzeln besonders auffällig herausstachen. Auf einer weiteren Etage dieser Frisur befanden sich kleine Kutschen, Schiffe und Tiere; das Gesamtkunstwerk war, wie bei vielen Damen in Wirklichkeit auch, mehr als einen halben Meter hoch.

Da diese aufwendigen Frisuren sehr viel Zeit und Geld kosteten, wurden sie von manchen ihrer Trägerinnen nur selten erneuert und nach Möglichkeit auch nachts beim Schlafen als Turm belassen. Es läßt sich unschwer vorstellen, daß die verwendeten Pasten und Pomaden mit der Zeit ranzig wurden und keinen sehr angenehmen Geruch verbreiteten, ganz abgesehen davon, daß sich in dem wochenlang nicht gekämmten Haar gern auch Ungeziefer ansiedelte. Dies dürfte einer der Gründe gewesen sein, daß sich diese Haarmode auf die Dauer nicht so recht durchsetzte. Relativ kurzlebig war auch die merkwürdige Mode der künstlichen Bäuche, der sogenannten »paddies«, bei englischen Damen. Diese Unförmigkeit, die an den Zustand der Schwangerschaft erinnerte, galt allem Anschein nach eine Zeitlang als attraktiv. Bei den »pads«, den größeren, und den »paddies«, den kleineren Bauchimitationen, handelte es sich um entsprechend gewölbtes Zinn, woher diese Apparaturen auch den Namen »Zinnschürzen« hatten. Diese Mode in England, im Februar 1793, hielt sich dort aber nur einen Frühling lang und wanderte dann für kurze Zeit nach Irland, wo sie aber auch nicht überlebte, und anschließend nach Deutschland, wo ihr eine noch kürzere Lebensdauer beschieden war.

Ein starker Mode-Akzent wurde zeitweise auch auf das weibliche Hinterteil gelenkt, indem man die Hüft- und Gesäßgegend durch Reifrock und Turnüre besonders hervorhob. »Wie können doch die delikaten Weiber den Anblick jenes Teils der tierischen Ökonomie, die so sehr ekelhaft ist, dem Auge gleichsam aufdrängen?« entrüstete sich Mary Wollstonecraft-Shelley, die Autorin des *Frankenstein*, in einer Schrift über die »Rettung der Rechte des Weibes«. Die emanzipierte Frau wußte sicherlich, daß die Betonung der unteren Körperpartien auf viele Männer eine große Anziehungskraft ausübte und die Frauen dadurch zum Objekt der männlichen Begierde machte.

Im Jahre 1794 kam in England die, ebenfalls nicht langlebige,

»Nacktmode« auf, die kaum noch männliche Wünsche offen-
ließ. Damen, die sich trauten, und das waren nicht wenige, trugen
Kleider, die den Busen und die Beine freiließen. Wenig später
führte Lady Charlotte Campbell eine noch weiter enthüllende
Mode ein, die bereits in Frankreich Furore gemacht hatte. Bei
dieser Tracht bildete eine dünne, durchsichtige Hülle aus Mus-
selin die einzige Bekleidung.

Daß sich hübsche Frauen in dieser Mode gern bewundern ließen,
war einleuchtend. Aber auch weniger anziehende Damen ergriffen, wie ein Beobachter mitteilt, diese Gelegenheit zur Darstellung ihrer sonst verborgenen Reize, selbst wenn dies bei den englischen Klimaverhältnissen unter Umständen mit Lebensgefahr
verbunden war: »... sie glauben, daß sie, um für Grazien gehalten
zu werden und die allgemeine Bewunderung auf sich zu ziehen,
nur ihre dichteren Kleider mit einem Musselinnebel vertauschen
dürfen, und in wenigen Tagen sind die modischen Spaziergänge,
Newbondstreet, Pall Mall, der Hydepark, Kensington Garden
etc. mit Scharen von halbnackten Figuren erfüllt. Zwar weht ein
schneidender Nordostwind; Erkältung, Krankheit und Tod
dringt mit der scharfen Luft auf den dünnbekleideten Körper ein;
die Schönen zittern vor Kälte; aber die Mode will es nun einmal
nicht anders haben, und Doktor und Apotheker und Totengräber
können auf eine reiche Ernte rechnen.«

Hauptanziehungspunkt für männliche Blicke war aber im gewöhnlichen Alltag, wenn keine durchschimmernden Reize zu er-
spähen waren, der Busen, der denn auch durch alle möglichen
Kunstkniffe attraktiv gemacht wurde. Die immer noch geltende
Tradition der »Schnürbrust«, also des Korsetts, wurde ergänzt
durch die in London erfundenen, aus Wachs geformten künstlichen Busen, die sich im England des ausgehenden achtzehnten
Jahrhunderts großer Beliebtheit erfreuten.

Daß solche vielversprechenden Ersatzteile bei näherem Hinse-
hen zu einer herben Enttäuschung führen, mußte, wie in einem

englischen Buch aus dem neunzehnten Jahrhundert über *Die Schule der Mode* zu lesen war, ein junger Mann erfahren, der unmittelbar vor seiner Hochzeit mit einer Dame aus gutem Hause stand. Das Paar hielt sich in einer größeren Gesellschaft auf, als die junge Dame plötzlich, wahrscheinlich wegen der stickigen Luft im Raum, ohnmächtig auf den Boden sank. Sofort eilten einige ihrer Bekannten herbei und öffneten, um ihr mehr Luft zu verschaffen, ihr Kleid in der Höhe ihres Busens, als auf einmal, zur Verblüffung der umstehenden Herren und der heimlichen Schadenfreude mancher Damen, zwei zierliche Halbkugeln aus Wachs unter dem Busentuch hervor auf die Erde fielen. Der Bräutigam war über diese peinliche Szene und den ästhetischen Betrug seiner Verlobten so außer sich, daß er das junge Mädchen, das inzwischen wieder zu Bewußtsein gekommen war, auf der Stelle verließ. Der Spott, den die Arme zu ertragen hatte, machte ihr für lange Zeit das Liebesleben schwer.

Gegenüber einer so harmlosen optischen Täuschung wirkt eine andere Form der Busenverzierung wie eine brutale Modeverirrung. Als könne der Anblick eines tief ausgeschnittenen Dekolletés nicht genügend männliche Begeisterung auslösen, wurde gegen Ende des achtzehnten Jahrhundert aus Frankreich die Mode der »Busenringe« nach England importiert. Diese Unsitte bestand darin, daß die Brustwarzen der hierzu bereiten Damen durchbohrt und durch die Löcher goldene, mit Brillanten besetzte Ringe gezogen wurden.

Eine modebewußte Dame, die sich in einer Zeitschrift zu dieser Prozedur äußerte, gab auf die Frage nach dem Sinn solcher Peinigung eine Antwort, die anscheinend von vielen anderen geteilt wurde. »Längere Zeit wollte es mir nicht einleuchten«, erklärte sie in einem Brief, »warum ich mich einer doch immerhin schmerzhaften Operation ohne hinreichenden Grund unterziehen sollte. Bald kam ich auf die Ursache, der zuliebe viele Damen den vorübergehenden Schmerz ertrugen: Ich fand, daß die Büsten der Ringe tragenden Damen ohne Ausnahme runder und voller entwickelt waren als diejenigen, denen dieser Schmuck fehlte. Nun war auch mein Zögern zu Ende. Obgleich ich von Natur nicht gerade dürftig ausgestattet bin, hatte ich mir eine recht volle, üppige Büste bei schlanker Taille stets lebhaft gewünscht, einmal weil sie mir an sich ausnehmend gut gefällt und zweitens, weil sie gerade in meinem Beruf von großem Vorteil ist. So ließ ich mir denn bald darauf die Brustwarzen durchbohren und, nachdem die Wundränder verheilt waren, Ringe durchziehen. Selbstverständlich sind es keine besonders kostbaren oder gar brillantengeschmückte, aber ich bin auch schon mit meinen glatten goldenen ganz zufrieden. – In Bezug auf die Empfindung beim Tragen derartiger Ringe kann ich nur sagen, daß sie nicht im mindesten unangenehm oder gar schmerzhaft ist. Das leichte Reiben und Gleiten der Ringe verursacht vielmehr ein äußerst angenehmes, kitzelndes Gefühl, und alle Kolleginnen, mit denen ich darüber sprach, haben meine Wahrnehmungen bestätigt.«

Das Tragen von Busenringen soll bereits im alten Ägypten, in Tunesien und im griechischen Archipel bekannt gewesen sein. In frühen italienischen Novellen wird ebenfalls davon berichtet, während in Spanien solche Ringe während der Inquisitionszeit als Folterinstrumente benutzt wurden. Von abessinischen Frauen hieß es in Schilderungen des letzten Jahrhunderts, daß sie, um ihre Brüste zu vergrößern, diese von Bienen stechen ließen, bis sie auf das Drei- bis Vierfache ihres sonstigen Umfangs angeschwollen waren. Ob dies der Wahrheit entsprach, ist nicht mehr zu prüfen. Kein Gerücht war jedenfalls, daß eine Schauspielerin des Londoner Gaiety-Theaters lange Zeit eine von einer Brust zur anderen reichende Kette mit kleinen Perlen auf ihrem Busen befestigt hatte; an den beiden Enden der Schnur war, zum besseren Halt, eine Schleife befestigt.

Amy Lyon, Emma Harte und Lady Hamilton

Sie war »die Verkörperung gesunder animalischer Schönheit«, eine Circe, eine Waldnymphe, eine Bacchantin. Sie galt als Idealtyp der »wunderbaren englischen Frauenschönheit« des achtzehnten Jahrhunderts. Sie wurde geliebt, begehrt, gemalt. Und einer ihrer glühendsten Verehrer reimte hingerissen:

> »Wär's Raserei, o Emma, Dich zu lieben,
> Wer strebte jemals weise dann zu sein?«

Die begeisterte Rede ist von Amy Lyon, die später Emma Harte hieß und sich noch später Lady Hamilton nennen durfte. 1761 in der Grafschaft Chester als Kind armer Leute geboren, kam sie mit zwölf Jahren als Kindermädchen in die Familie eines Arztes, bei dem sie vier Jahre blieb. Als Sechzehnjährige trat sie eine Stelle bei einem Krämer in London an, und kurz darauf wurde sie Zofe bei einer sehr wohlhabenden Dame, bei der sie ihre große Leselust befriedigen konnte, auch wenn nicht alle Romane, die sie dort fand, gehobene literarische Ansprüche erfüllten. Es hieß vielmehr in späteren Berichten, die junge Emma habe so viele schlechte Bücher durcheinander gelesen, daß sich ihre Phantasie frühzeitig verwirrte und erhitzte.

Ob diese Verwirrung und Erhitzung zu der ungewöhnlich starken Ausstrahlung des jungen Mädchens beitrugen, bleibt der Spekulation offen. Emma wurde jedenfalls eine der begehrtesten Frauen ihrer Zeit. Ein enthusiastischer Bericht schildert ihre äußere Erscheinung:

»Mit dem anmutsvollen Wuchse verband sie eine vollkommen regelmäßige Gesichtsbildung und etwas unbeschreiblich Liebliches und Anziehendes im Ausdruck ihrer Gesichtszüge und Mienen. Ihre zephyrartige Gestalt lieh jeder ihrer Bewegungen eine seltene Grazie. Leicht und tändelnd hatte ihre Regsamkeit nichts Ungestümes, und die Heiterkeit, die sie umschwebte, war weit entfernt von dem Ausdruck anlockenden Leichtsinns. Ihre Silberstimme, ihr ausdrucksvoller, durch das richtigste Gehör geleiteter, natürlicher Gesang fing schon an, im häuslichen Kreise zu bezaubern, und bald wurde sie als tätige Teilnehmerin an den dramatischen Spielen des Hauses ein Gegenstand allgemeiner Bewunderung und einstimmigen Lobes. Schon begann sie, jene Kühnheit und Sicherheit in ihrer Haltung und in ihrem ganzen Wesen zu zeigen, welche ihr vorwaltender Charakterzug blieb.«

Daß ein solches Geschöpf sich vor begehrlichen Männern nicht lange schützen konnte, wurde bald klar. Als einer ihrer Verwandten nach damaligem Brauch zum Matrosen gepreßt worden war, ging die schöne Emma zum Kapitän des Schiffes und bat um die Freilassung des jungen Mannes. Der Kapitän ließ sich erweichen, aber nur um den Preis, daß Emma seine Geliebte würde. So geschah es, und damit war Emmas künftiger Weg vorgezeichnet.

Ihr nächster Liebhaber war der sehr wohlhabende und angesehene Edelmann Sir Henry Featherston, auf dessen Landsitz in Sussex Emma einen Frühling und Sommer lang genußvoll lebte. Im Herbst brachte Sir Henry sie nach London und ließ sie dort aus ungeklärten Gründen im Stich. Emma war wieder so arm wie zuvor und mußte sich schleunigst eine Stellung suchen. Die fand sie, mit Hilfe ihres attraktiven Äußeren, bei dem berüchtigten Scharlatan Dr. James Graham, dem Erfinder eines »himmlischen Bettes« und eines »Tempels der Gesundheit«. Der Kurpfuscher, dem zu dieser Zeit gerade die Mehrzahl seiner Kunden wegzulaufen drohte, sah in der schönen Emma die blendende Gelegenheit, sein unseriöses Geschäft zu retten.

Graham, in Schottland geboren, zum Doktor promoviert und einige Zeit in Amerika als Arzt tätig gewesen, war ein gutaussehender Mann, höflich und sehr unterhaltsam, so daß es ihm nicht schwerfiel, in die höchsten schottischen Gesellschaftskreise zu gelangen und dort einen Klientenstamm aufzubauen. Aber sei es, daß seine ärztliche Kunst nicht immer hielt, was sie versprach, oder sei es, daß er durch seine zeitweisen Erfolge übermütig geworden war – jedenfalls zog Graham nach London und gründete dort im Mai 1779 eines der extravagantesten Institute, von denen man bis dahin gehört hatte: einen »Tempel der Gesundheit«, mit einem dort aufgebauten und sehr kostspieligen »himmlischen Bett«.

Der Zweck dieser außergewöhnlichen Unternehmung war, wie Dr. Graham verkündete, »die Hervorbringung einer weit stärkeren, schöneren, energischeren, gesünderen, klügeren und tugendhafteren menschlichen Rasse als die gegenwärtigen unbedeutenden, närrischen, mürrischen, lasterhaften und verstandesarmen Vertreter derselben sind, welche sich streiten, fechten, beißen, einander den Hals abschneiden, ohne daß sie wissen warum«.

Im Vorhof zu diesem »Tempel« brannte »künstlich gemachtes elektrisches Feuer«, das einen bogenartigen Schimmer warf. Durchsichtige, vielfarbige Gläser und kostbare Vasen mit duftenden Essenzen sorgten dafür, daß der Besucher des Vorhofs höchst neugierig auf das Innere des Tempels wurde, den er aber vorläufig noch nicht zu sehen bekam. Zunächst mußte er eine Guinee nur die gedruckten Lebensregeln des Dr. Graham zahlen; diese bezogen sich vor allem auf weibliche Unfruchtbarkeit und männliche Impotenz, denen der Arzt durch seine Kunst wirksam zu begegnen versprach. Eine weitere Guinee kostete der von Graham zubereitete »göttliche Balsam«, der den Effekt der Lebensregeln ergänzen sollte. Wenn aber diese beiden Angebote wider Erwarten nicht die erwünschte Wirkung hatten, so blieb als letzte Hoffnung noch das »himmlische Bett«, das Dr. Graham »magnetoelectric« nannte und von dessen Benutzung – zum Preis von fünfzig Pfund Sterling – er seinen Kunden einen unerhörten sinnlichen Genuß versprach.

Dieses Wunderbett stand auf sechs massiven, transparenten Säulen. Die Bettücher, aus Purpur und blauem Atlas, lagen auf Matratzen, die mit arabischen Parfums besprüht waren. Von einem Nebenzimmer aus wurden anregende orientalische Düfte durch Glasröhren in das Bett-Kabinett geleitet. Das Bett selbst war, wie Dr. Graham versicherte, mit elektrischer und magnetischer Energie geladen, und die dort Liegenden hörten, zur Stärkung ihrer Nervenkräfte, mächtige Orgel- und sanfte Flötentöne. Niemals zuvor habe man, so erklärte der Wunderdoktor, »an ein ähnliches Mittel gedacht, um die Unfruchtbarkeit der Weiber aufzuheben, sie zu Müttern zu machen, und dem bejahrten Mann seine ursprüngliche Kraft wiederzugeben«.

Sicherlich hätte das himmlische Bett des Dr. Graham weniger zahlende Neugierige angezogen, wenn nicht eine ganz besondere Attraktion ihm dabei geholfen hätte: »Vestina, die rosige Göttin der Gesundheit« – in Gestalt der nackten Amy auf einem »himmlischen Thron«. Der Andrang der Schaulustigen war so groß, daß Graham aus seinen kleinen Vortragssälen in das Schomburg House in der Pall Mall umzog und die Eintrittspreise erhöhte.

Die reizende Amy sorgte nicht nur für den raschen Wohlstand ihres medizinischen Partners, sondern zog auch zahlreiche Maler und Bildhauer an, die in ihr das ideale Modell für die Darstellung von Nymphen und Göttinnen sahen. Amy besaß ein natürliches Geschick für anmutige Stellungen und Bewegungen, durch die sie die Künstler zu Begeisterungsausbrüchen hinriß, was wiederum dazu führte, daß die junge Schönheit eine Liebesaffäre nach der anderen hatte.

Zu Amys Kunst-Liebhabern gehörte auch der bekannte, exzentrische Maler George Romney, der sein Modell in schwungvoll-sinnlicher Manier als antike Göttin, als büßende Magdalena und als heilige Cäcilie darstellte. Nicht nur Romneys Bilder fanden das größte Interesse, auch Amy selbst war, in historischen Kostümen oder als mythologisch verbrämte Nackte, bald in ganz England bekannt. Der gefürchtete Karikaturist Thomas Rowlandson ließ es sich allerdings nicht nehmen, das berühmteste Londoner Aktmodell in einer Farblithografie zur Zielscheibe seines Spottes zu machen.[*]

Aber Amys Anziehungskraft blieb davon unberührt; vielleicht erhöhte sie sich sogar noch durch Rowlandsons bildnerische Attacke. Jedenfalls erhob sie sich nun aus den Niederungen des Jahrmarkts und der Boheme. Ihr nächster Liebhaber war Sir Charles Greville, auf dessen Familie kurz zuvor der Titel des Grafen von Warwick übergegangen war. Sir Charles, ein kunstverständiger Mann, bildete Amys mimische und musikalische Talente weiter aus und machte sie zum gefeierten Mittelpunkt seines großen Freundeskreises. Amy nahm ihre Mutter zu sich, nannte sich von nun an Emma Harte und gebar ihrem Geliebten drei Kinder, ein Mädchen und zwei Jungen, als deren Tante sie galt.

Sir Charles Greville war ein Neffe des bekannten Diplomaten und Kunstkenners Sir William Hamilton, des britischen Gesandten am Hof von Neapel, den Goethe als großzügigen Gönner aller Italienfahrer lobte. Hamilton gehörte zu der Gruppe von wohlhabenden und gebildeten Engländern, die sich seit der Mitte des achtzehnten Jahrhunderts im sonnigen Italien niedergelassen hatten, um dort, inmitten von Kunstschätzen und gelehrten Freunden, ein genießerisches Leben zu führen. Er beschäftigte sich mit Philosophie, Dichtung und Altertumskunde, liebte die

---

[*] Rowlandsons Karikatur, als ›Lady H******* Attitudes‹ bezeichnet, stellt das Innere eines Malerateliers dar. Ein alter Mann zieht dort einen Vorhang zurück und deutet auf ein nacktes Mädchen, das einem jungen Mann Modell steht. Der junge Maler sitzt vor einer Staffelei, zeichnet mit der einen Hand und hält mit der anderen ein Glas vor seine Augen. Rechts im Hintergrund umarmen sich zwei Gestalten, links vorn auf dem Boden küssen sich zwei.

Jagd, die Frauen und die Knaben. Noch als Siebzigjähriger zog er in den Bergwäldern umher, jagte Wild und fing Fische mit einem Wurfpfeil. Auch in noch höherem Alter war seine Vitalität ungebrochen. Zur Feier des Sieges von Lord Nelson vor Kopenhagen, im April 1801, tanzte Hamilton mit seiner Gattin so lange Tarantella, bis die vierzig Jahre jüngere Frau erschöpft aufgeben mußte, wie Augenzeugen berichteten.

Sir William Hamilton kam im Jahre 1789 nur kurze Zeit nach London, und er kam gerade zur rechten Zeit, um seinem Neffen, Charles Greville, aus einer finanziellen Patsche zu helfen. Denn Sir Charles hatte sich, um die kostspieligen Wünsche seiner geliebten Emma zu erfüllen, in Schulden gestürzt. Sein großherziger Onkel beglich sie umgehend, allerdings nicht ohne Gegengabe: Die schöne Emma, von Goethe in frommem Enthusiasmus als »das Meisterstück des großen Künstlers« gepriesen, wurde Hamiltons Geliebte und ging mit ihm nach Neapel.

Die »plastischen Attitüden«

In seiner »Italienischen Reise«, die ihn auch nach Neapel und zu Hamilton führte, beschreibt Goethe, stark beeindruckt, die Beziehung zwischen seinem Gastgeber und der jungen Emma: »Hamilton hat nun, nach so langer Kunstliebhaberei, nach so langem Naturstudium, den Gipfel aller Natur- und Kunstfreude in einem schönen Mädchen gefunden. Er hat sie bei sich, eine Engländerin von etwa zwanzig Jahren. Sie ist sehr schön und wohlgebaut. Er hat ihr ein griechisch Gewand machen lassen, das sie trefflich kleidet, dazu löst sie ihre Haare auf, nimmt ein paar Schals und macht eine Abwechslung von Stellungen, Gebärden, Mienen usw., daß man zuletzt wirklich meint, man träume. Man schaut, was so viele tausend Künstler gerne geleistet hätten, hier ganz fertig, in Bewegung und überraschender Abwechslung. Stehend, sitzend, kniend, liegend, ernst, traurig, neckisch, ausschweifend, bußfertig, lockend, drohend, ängstlich usw., eins folgt aufs andere und aus dem anderen … Sie weiß zu jedem Ausdruck die Falten des Schleiers zu wählen, zu wechseln, und macht sich hundert Arten von Kopfputz mit denselben Tüchern. Der alte Ritter hält das Licht dazu und hat mit ganzer Seele sich diesem Gegenstand ergeben …«

Der »alte Ritter« heiratete Emma ein Jahr nach ihrer Ankunft in Neapel, und damit hatte die schöne Lady Zutritt zum Königshof. Sehr bald wurde Emma die intime Freundin der als ausschweifend bekannten Königin Carolina, die, wenn sie von Männern für eine Weile genug hatte, sich in die Arme der attraktiven Engländerin warf. Der Marquis de Sade schildert in *Justine et Juliette* auf seine Weise diese lebhafte Bekanntschaft.

In Neapel lernte die englische Lady aber nicht nur die erweiterten Aspekte der sinnlichen Lust kennen, sondern begegnete auch der folgenreichsten Liebe ihres Lebens: Horatio Nelson. Der gefeierte britische Admiral kam im Jahre 1798 nach Neapel, wo Lord und Lady Hamilton dem einäugigen und einarmigen Sieger von Aboukir zu Ehren ein rauschendes Fest gaben, an dem eintausendachthundert Personen teilnahmen. Während der langen Ballnacht kamen die Lady und der Admiral einander deutlich näher. Bald streiften die beiden in Verkleidung durch Neapels nächtliche Straßen und besuchten zweifelhafte Lokale.

Im Jahre 1800 wurde der Admiral nach London zurückbeordert. Das Ehepaar Hamilton begleitete ihn, und gemeinsam bezogen sie eine Wohnung in Piccadilly. Dort gebar Emma ihrem Geliebten einen Sohn, den sie auf den Namen des Vaters, Horatio Nelson, taufen ließ. »Sie brauchen kein Weib in der Welt zu fürchten, denn alle außer Ihnen bedeuten mir nichts«, schrieb Nelson von einer kriegerischen Expedition an sein »Engelsgesicht«:

Plastische Attitüden: *Lady Hamilton*. Stich von Jean Suntach, nach einer
Zeichnung von de Non

»Ich kenne nur eine. Denn wer kann wie meine Emma sein? –
Sie sind unvergleichlich. Nein, keine ist es wert, Ihnen die Schuhe zu putzen.«

Am 6. September 1802 starb Sir William Hamilton. Durch den
Tod ihres Gatten war Emma gezwungen, das Haus in Piccadilly
zu verlassen. Nelson setzte ihr, nachdem sie ihm noch ein Kind,
ein Mädchen, geboren hatte, eine Pension von 1200 Pfund aus.
Als jedoch der Held von Trafalgar am 21. Oktober 1805 bei der
berühmten Seeschlacht sein Leben verlor, war Emmas große Mätressen-Karriere mit einem Schlag beendet. Zwar hatte Nelson
kurz vor seinem Tod noch die historischen Worte ausgerufen:
»Ich scheide, es wird bald mit mir vorbei sein. Gebt meiner lieben
Lady Hamilton mein Haar und alles, was mir sonst gehört!« und
auch seinen Arzt noch dringend ermahnt, für »die liebe, arme
Lady Hamilton« zu sorgen. Aber die Witwe Hamilton blieb allein, ergab sich dem Alkohol, stürzte sich in Schulden und kam
deswegen 1813 ins Gefängnis. Zwei Jahre später starb die einst so
gefeierte Schönheit in Calais, an einem Leberleiden.

Aber vergessen ist Emma Hamilton nicht. Die berühmteste aller
englischen Kurtisanen lebt weiter. Nicht nur in den Bildern der
zeitgenössischen Maler, die in ihr alle wünschbaren Mythenfiguren sahen. Lady Hamilton ist auch, wie Goethe es miterlebte, die
Erfinderin und erste vollendete Darstellerin der sogenannten
»plastischen Attitüden«, der »lebenden Statuen« und »lebenden Bilder«, die mehr als hundert Jahre lang als besondere Attraktion in Varietés vorgeführt wurden und eine enge Beziehung
zur Pantomimenkunst haben.

»Ich frühstückte mit Lady Hamilton«, erinnert sich eine Dame,
die Emma im Jahre 1800 während einer Reise in Deutschland
kennengelernt hatte, »und sah sie nacheinander die schönsten
Statuen und Gemälde darstellen. Sie nimmt Stellung, Ausdruck
und Draperie mit großer Leichtigkeit, Schnelligkeit und Genauigkeit an. Einige indische Shawls, ein Stuhl, einige antike Vasen,

ein Kranz von Rosen, ein Tamburin und einige Kinder bilden ihren ganzen Apparat. Sie steht an dem einen Ende des Zimmers, mit einem hellen Licht zur Linken, während die Fenster alle geschlossen sind. Ihr Haar ist kurz, nach antiker Art frisiert … Hauptsächlich ahmt sie die Antike nach. Jede Vorstellung dauert zehn Minuten. Es ist eine herrliche Darbietung, amüsant für den Kenner und im höchsten Grade interessant für den Kunstliebhaber.«

Die »plastischen Attitüden« der Lady Hamilton fanden in anderen europäischen Ländern bald Nachahmung, zum Teil auch recht frivole. In Deutschland dagegen beschäftigten sich namhafte Schauspielerinnen sehr ernsthaft mit dieser Darstellungsart. Vor allem Johanna Rosine Händel-Schütz, die durch die vierundzwanzig Lady-Hamilton-Kupferstiche des preußischen Historienmalers Friedrich Rehberg zur Attitüdenkunst animiert worden war, hatte damit großen Erfolg und reiste jahrelang quer durch Europa.

Der Maler Wilhelm von Kügelgen schildert in seinen *Jugenderinnerungen eines alten Mannes* sehr dramatisch eine solche Vorstellung der deutschen Schauspielerin:

»Als die herrliche Gestalt das Podium bestieg, war alles Auge, und nun begannen die wunderbaren so berühmt gewordenen Gewandwandlungen, an denen mein Vater sich aufrichtig ergötzte … Ich hing mit trunkenem Blick an der götterartigen Erscheinung … Als Sibylle imitierte die Künstlerin ein bekanntes Bild meines Vaters. Dann streckte sie sich nieder auf die Estrade, und unter ihren weiten Schleiern schienen die mächtigen Glieder einer Löwin zu schwellen; sie stellte eine Sphinx dar. Die Sphinx aber ward zur Jammergestalt einer büßenden Magdalena mit langem, aufgelöstem Haar, und diese erhob sich dann als Mater dolorosa, um sich endlich in eine heitere, strahlend schöne Himmelskönigin zu verklären. Ein Zuck und Ruck in den Gewändern, und die Verwandlung war stets vollständig vollbracht.

Nun aber geschah das Überraschendste. Die Züge der Aktrice verdunkelten sich, ihr Auge stierte, ihr Haar geriet in Unordnung, die schweren Gewänder fielen ihr vom Leibe und in wüstem liederlichem Aufzug schien sie einen heißen Gewissenskampf zu kämpfen. Sie kniete nieder, wollte beten, aber der Himmel war verschlossen, die Hölle siegte. Da plötzlich schoß sie wie ein Lämmergeier herab auf meine kleine Schwester, packte sie, riß sie mit festem Griff vom Schoß meiner Mutter und sprang zurück mit ihrem Raube. In ihrem Gesicht malte sich Wahnsinn und Verzweiflung, ein Dolch blitzte auf, und das vor Schrecken halbtote Kind hing den Kopf zuunterst über dem nackten, fleischigen Arm der Kindesmörderin. Das Alles war das Werk von ein paar Augenblicken, und diese Darstellung vielleicht die glänzendste und beste; aber meiner Mutter war's doch außer allem Spaße. Erschrocken sprang sie auf und nahm ihr Kind sanft aus den Händen der Furie zurück. Mit solchem Knalleffekte war die Schaustellung beendet.«

Diese drastische Form deutschen Pantomimentheaters hatte mit der statuenhaften »Attitüde« der Lady Hamilton, der sie entlehnt war, nichts mehr gemein. Der spätere Stummfilm eignete sich aus der Attitüden-Dramatik manches an; aber die schöne Emma Hamilton spricht mindestens genauso intensiv aus den Bildern der Maler, die sie bewunderten.

Liebeskünste
in Frankreich

Cora Pearl, die verwegene Reiterin

Ein ziemlich großes, rothaariges Mädchen mit einem eckigen Clownsgesicht, nicht häßlich, aber auch nicht besonders ansehnlich – so beschrieb ein Kenner der Pariser Halbwelt eine der bekanntesten Lebedamen des neunzehnten Jahrhunderts: Cora Pearl.

Was ihr an Attraktivität auf den ersten Blick fehlen mochte, glich Cora Pearl auf den zweiten aus: Es war ihr Körper, der von allen, die es wußten, und auch von denen, die es nicht so genau wußten, als außergewöhnlich anziehend beschrieben wurde. Man erzählte sich, daß sie auf Empfängen, die sie in ihrem Hause gab, ihre Gäste gern schon an der Tür im Evakostüm empfing, um von ihren weniger attraktiven Gesichtszügen abzulenken. Ihre »klassische Vollkommenheit« erlaubte es ihr, so schildert einer ihrer Bewunderer, »sich hin und her zu wenden, zu sitzen oder zu stehen, ohne jemals Gefahr zu laufen, sich in einem weniger schmeichelhaften Licht zu zeigen«. Ein anderer Verehrer hatte seinen Salon mit einer speziellen Kostbarkeit geschmückt: Einem Onyxpokal, der nach dem Abdruck von Cora Pearls Brüsten hergestellt worden war. Auf einer Reproduktion ihrer Hand ruhte eine ihrer umgekehrten Brüste, während die andere als Deckel diente. Als ein »wahres Wunder« wurden diese realistische Darstellung und ihr Modell gepriesen. Ein intimer Kenner der Verhältnisse berichtete begeistert, Coras Haut sei »lilienweiß, ihr Fleisch fest und kühl«. Aber ihre Füße, bemängelte ein anderer, seien ein bißchen zu groß. Das, so beschwichtigte ein weiterer, sei nun einmal eine Eigenheit mancher englischer Damen.

Nicht nur ihre naturgegebenen Reize spielte Cora Pearl strategisch aus. Auch ihre Schminkkünste wurden allgemein bestaunt. Sie schien es, im Gegensatz zu anderen Frauen, nicht darauf anzulegen, kosmetische Tricks möglichst zu verbergen und durch dezentes Schminken den Anschein von Natürlichkeit zu wahren. Cora Pearl sah vielmehr im Schminken eine zusätzliche Verführungsmöglichkeit, deren Absicht durchschaubar sein durfte oder sogar sollte. »Ihre Augenlider«, beschreibt einer ihrer Verehrer, »waren mit einem Schleier von himmelblauem Schmelz bedeckt. Ihre festen Lippen wurden durch einen ziegelroten Farbton hervorgehoben. Mit dem Wangenrot, das die aufblühende Kupferfarbe, ein Erbteil ihrer Rasse, verbarg, gab sie sich das Aussehen einer Puppe. Ihr leuchtendes Haar war wie mit unmerklichem Stahlstaub bedeckt.«

Cora Pearl, die im Frankreich des neunzehnten Jahrhunderts als Kurtisane berühmt wurde, stammte aus England. Als Eliza Emma Crouch war die Tochter eines Musiklehrers 1835 in Plymouth zur Welt gekommen. Ihr Vater konnte offenbar mit Geld nicht gut umgehen; da er weit mehr ausgab als er verdiente, verließ er zunächst seine Familie und wenig später, auf der Flucht vor Gläubigern, auch das heimatliche Plymouth. Er ging nach Amerika, und seine Frau, die sich sehr bald von dieser Trennung erholte, nahm sich einen Liebhaber und erklärte ihren vier Kindern, daß der Vater gestorben sei. Eliza wurde, da sie sich mit dem neuen »Vater« nicht anfreunden konnte, auf eine Klosterschule nach Boulogne geschickt. Sie blieb dort acht Jahre lang.

Zurück in England, wollte Eliza nicht wieder bei ihrer Mutter und dem ungeliebten Stiefvater leben und zog zu ihrer Großmutter, einer sehr frommen Frau, nach London. Regelmäßige Kirchgänge und allabendliche Bibellektüre waren für das lebhafte zwanzigjährige Mädchen allerdings nach der langen Klosterschulzeit auf die Dauer nur noch schwer erträglich, und so nahm Eliza die erste Gelegenheit wahr, auch die anderen Seiten des Lebens kennenzulernen. In einem unbeobachteten Moment entwischte sie ihrer Großmutter mit einem ältlichen Diamantenhändler, der sie, wie sie in ihren Memoiren berichtet, zunächst in eine Kneipe und anschließend mit zu sich nach Hause schleppte. Als sie morgens mit alkoholschwerem Kopf aufgewacht sei, habe sie sich ganz unverhofft im Bett des ihr noch kaum bekannten Herrn befunden.

Dieses offenbar abschreckende Erlebnis entschied über Elizas weitere Zukunft, vor allem aber über ihre Beziehung zu Männern. »Ich darf sagen«, schreibt sie, »daß ich nie einen bevorzugten Liebhaber hatte. Der Grund dafür ist darin zu sehen, daß ich vor Männern stets Abscheu empfand. Nicht, daß ich weniger empfindsam wäre als andere Frauen, oder daß mich Rücksichtnahme, Aufmerksamkeit und gutes Betragen kalt ließen. Ich habe um der Freundschaft willen oft genug meine eigenen Interessen geopfert. Was aber die sogenannte blinde Leidenschaft betrifft, das fatale Verfallensein – bei mir nicht! Zum Glück für meinen Seelenfrieden habe ich derartiges nie kennengelernt. Der bevorzugte Liebhaber ist für mich nie etwas anderes gewesen als eine hohle Phrase.«

Da Eliza wenig Neigung verspürte, wieder zu ihrer Großmutter zurückzukehren, und da ihr die Sexualität, wie sie sie kennengelernt hatte, nichts zu bedeuten schien, außer, daß man damit seinen Lebensunterhalt verdienen konnte, nahm sich Eliza ein Zimmer in der Nähe von Covent Garden und wurde die Geliebte eines Mannes, der ein berüchtigtes Vergnügungslokal besaß. Eine Reise nach Paris weckte in ihr den Gedanken, in Frankreich zu bleiben, und dort, da sie gut Französisch sprach und sich ihrer Wirkung auf Männer bewußt geworden war, ihr Glück zu versuchen. Sie ließ also ihren Liebhaber allein nach England zurückfahren, legte sich den Namen »Cora Pearl« zu, der besser klang als »Eliza Emma Crouch«, und begann in Paris eine Karriere als freischaffende Liebesdame.

Nach bescheidenen Anfängen mit nicht sehr wohlhabenden Freiern fing Cora an, ihre Laufbahn systematisch zu planen. Victor Masséna, der dritte Duc de Rivoli, wurde ihr erster reicher und vornehmer Liebhaber, der Cora mit allem ausstattete, was sie sich wünschte: schöne Kleider, teurer Schmuck und mehrere Dienstboten. Außerdem ließ Masséna großmütig zu, daß Cora in Baden-Baden und bei Pferderennen riesige Summen einsetzte, die sie meist verspielte.

Aber trotz seiner Großzügigkeit und Anhänglichkeit gewann der Duc de Rivoli nicht das Herz seiner Mätresse. Es gelang ihm nicht einmal, wenigstens für eine begrenzte Zeit ihr einziger Liebhaber zu sein. »Er war der Erbe eines berühmten Namens aus dem ersten Kaiserreich«, schreibt Cora in ihren Erinnerungen. »Er hatte tadellose Manieren, war der aufmerksamste und liebenswürdigste Mensch – und zugleich der, dem das am wenigsten nützte, wie ich zu meinem Bedauern gestehen muß. Es ist schlimm, aber man kann das eben nicht erkaufen. Er war furchtbar eifersüchtig auf Adrien Marut, der mich mit der ganzen Glut seiner siebzehn Jahre anschwärmte.«

Coras Herz war also sicher nicht aus Stein, aber es schlug nie für einen Mann allein. »Adrien Marut«, von dem in ihrem Tagebuch die Rede ist, war der Prinz Achille Murat, der zwar nicht so reich wie Masséna, dafür aber elf Jahre jünger war und Coras Launen und Wünschen noch williger entgegenkam als sein älterer Konkurrent. Der Prinz schenkte Cora ihr erstes Pferd, und sehr bald erzählte man sich in Paris, die anspruchsvolle Mätresse behandle das Tier zärtlicher als ihre Liebhaber.

Inzwischen hatte sich Cora ein schönes Haus gekauft und erweiterte ständig ihren Reitstall. Im Laufe weniger Jahre wurde sie stolze Besitzerin von mehr als sechzig Kutsch- und Reitpferden, stellte, weil es die Mode so wollte, englische Reitknechte ein, die eine gelbe Livree trugen, und ließ sich in ihrer himmelblau gepolsterten Kalesche durch die Straßen von Paris fahren – sehr zum Ärger vieler adeliger Damen, die sich durch das selbstbewußte Auftreten der rothaarigen Engländerin düpiert fühlten. Andererseits gab es auch Anerkennung von weiblicher Seite. Eine Konkurrentin Coras, die ebenfalls ein recht wohlhaben-

Verwegene Reiterin: Cora Pearl

des Leben führte, mischte in ihrem Urteil Kritik mit Lob: Cora verkörpere den Typ der englischen Kurtisane, reite wie ein Jockey und knalle protzig mit der Peitsche, aber ihr Busen sei »perfekt und wert, daß ein alter Meister ihn in Stein gehauen hätte«.

Die »englische Phryne«

Wegen ihres schönen Körpers wurde Cora Pearl, in Erinnerung an die berühmte griechische Hetäre, oft als die »englische Phryne« bezeichnet. Fünfundzwanzig Jahre lang, also eine sehr beträchtliche Zeit, galt sie in Frankreich als Prototyp der modernen Kurtisane. Nicht nur ihre Kolleginnen bemühten sich nach Kräften, es ihr in der erfolgreichen Jagd auf spendable Liebhaber gleichzutun. Zumindest im äußeren Auftreten, in Kleidung, Frisur und selbstbewußter Zurschaustellung ihrer Reize wetteiferten sogar die Damen des Hofes mit ihr und nahmen sie als Vorbild für die Kunst, Männer in ihren Bann zu ziehen.

Obwohl Cora Pearls Gesicht auf Fotos keineswegs häßlich aussieht, gab es doch Männer, die Coras Attraktivität allein auf ihren Körper reduzierten. Der Schriftsteller Alphonse Daudet, Autor des berühmten Buches *Briefe aus meiner Mühle*, äußerte sich besonders kritisch. Cora habe »ein Gesicht wie ein Clown, einen Mund wie eine Kloake und dazu einen lächerlichen englischen Akzent«, meinte er abfällig. »Ein häßlicher Kopf, aber«, so gestand er dann doch zu, »ein geschmeidiger junger Körper.«

Die meisten Männer aber fanden Coras Gesichtszüge anscheinend durchaus nicht unattraktiv. Man beschrieb sie als »pikant wie ein Engel«, »frisch wie eine Waldrose«, und einer ihrer adeligen Verehrer meinte hingerissen, sie sei das äußerste an Luxus,

144

und er würde notfalls sogar versuchen, die Sonne vom Himmel zu stehlen, um Coras Wünsche zu befriedigen.

Was war nun das Geheimnis der Cora Pearl, was unterschied sie von anderen anziehenden Frauen ihrer Zeit, was machte sie so unvergleichlich erfolgreich?

In jenen Zeiten war es für viele Damen üblich, bei jeder passenden Gelegenheit in Ohnmacht zu fallen, »Nervenkrisen« zu bekommen, die Zerbrechliche zu spielen und sich auf Schritt und Tritt wie ein verzogenes Kind verwöhnen zu lassen. Ganz anders Cora. Sie liebte das Reiten, bewegte sich gern in frischer Luft, wusch sich mit kaltem Wasser und gab sich sportlich-burschikos. Sie hatte eine rauhe Stimme, keine höfischen, sondern eher derbe Manieren, unterhielt sich mit Männern oft »im Jargon eines Stallburschen«, wie manche kritisierten, und dennoch gelang es ihr, viele ihrer Verehrer so verliebt in sie zu machen, daß sich manche dabei finanziell fast ruinierten.

Sehr wahrscheinlich war es gerade der krasse Gegensatz zum verzogenen »Weibchen«, der Cora für viele Männer so herausfordernd anziehend machte. Ihre betont unkonventionelle Art amüsierte und provozierte zugleich. Cora zog ein üppiges Diner in einem Pferdestall jedem Theater- oder Opernbesuch vor und reizte damit die Herren der Schöpfung auf bisher unbekannte Weise. Hinzu kam, daß sie in ihrem erwählten Beruf anscheinend außergewöhnlich phantasiebegabt war. Sie habe, wie einer ihrer Verehrer berichtete, ihre Liebeserfahrung »zu einem schier übermenschlichen Kult hochgezüchtet. Diejenigen, die sie gekannt haben, können sich nicht ohne Erschauern daran erinnern.« Als eine »Ausgeburt der Wollust« beschrieb sie ein anderer, hochwohlgeborener Liebhaber.

Cora erfreute ihre Verehrer gern mit kleinen Überraschungen. So hatte sie eines Tages zu einem Diner zwei Dutzend Gäste eingeladen, darunter auch einige Journalisten, denen sie regelmäßig Nachschub für die Klatschnotizen gab. Bevor das angekündigte

Rebhuhnfilet aufgetragen wurde, verließ die Gastgeberin den Raum für einen Moment mit dem Hinweis, das folgende Gericht sei so erlesen, daß niemand es wagen würde, es anzuschneiden. Wenig später ließ sie sich, nackt auf einer großen Silberplatte inmitten von Parmaveilchen lagernd, von vier Lakaien zur Tür hereintragen. Der Jubel der männlichen Gäste war grenzenlos.

Der Preis für ein intimes Zusammensein mit Cora war allerdings für gewöhnlich so hoch, daß nur wirklich wohlhabende Männer sich dieses spezielle Vergnügen leisten konnten. Als ein junger Mann sich eine Liebesnacht mit der verehrten Dame gratis erschleichen wollte, schien ihm das zunächst auch zu gelingen, Cora willigte anscheinend großzügig ein. Doch mitten im Liebesrausch öffneten sich auf ein Zeichen von Cora sämtliche Türen zu ihrem Zimmer, und festlich gekleidete Gäste unterbrachen lärmend die erotischen Spiele. Der peinlich Ertappte raffte eilig seine Kleidung zusammen und floh unter dem schadenfrohen Gelächter der bestellten Störenfriede.

Gelegentlich zeigte Cora wenigstens eine Spur von Hochherzigkeit. Einige junge Männer, die die Kunst der Liebesdame gern einmal erleben wollten, von denen aber keiner allein die dazu nötigen fünfzig Louisdors hatte, beschlossen, die Summe gemeinsam aufzubringen und danach durch das Los den Glücklichen zu bestimmen, der Cora besuchen durfte. Cora hatte von dieser Sache erfahren und erfüllte dem jungen Mann alle Wünsche. Als dieser, ebenso ermattet wie begeistert, den Liebesdienst bezahlte, gab ihm Cora von den fünfzig Goldstücken eins wieder zurück. »Ich behalte alle, bis auf dieses, das Ihnen gehört«, sagte sie dazu. »Sie haben mir gefallen, deshalb habe ich mich Ihnen geschenkt.«

Ein Herzog und ein Fürst waren Cora Pearls erste reiche Liebhaber gewesen. Dieser »goldenen Kette«, wie sie selbst es nannte, fügte sie bald den Prinzen von Oranien hinzu, den Erben des niederländischen Thrones. Daß die Rede von der »goldenen Kette«

kein bloßes Wortspiel sei, behauptete ein französischer Journalist, der bei Cora einmal eine solche Kette gesehen haben wollte, die ihre engen Beziehungen zum französischen Adel unter Beweis stellte. »An einem massiven Halsband«, so beschrieb es der angebliche Augenzeuge, »hängen zwölf Medaillons, die herrlich ausgeführt sind und die Wappen der vornehmsten und ältesten Familien Frankreichs zeigen. Ein Medaillon in der Mitte trägt das Wappen der Dame, mit dem sehr passenden Motto *Honi soit qui mal y pense* ...«

Einer von Coras prominentesten Liebhabern wurde der Duc de Morney, Bruder des Kaisers Napoleon III. In ihrem Tagebuch beschreibt sie ihre erste Begegnung, im Bois de Boulogne, wo sie in Pelze gehüllt auf einem zugefrorenen Teich Schlittschuh lief. Der Duc, als Lebemann berüchtigt, erkannte die sportliche Dame sofort und sagte überrascht: »Cora auf Eis? Was für ein Widerspruch!« »Das Eis ist ja nun gebrochen«, antwortete Cora schlagfertig, »lassen Sie uns etwas trinken!« »Etwas Besseres könnte ich mir nicht wünschen!« sagte der Duc begeistert, und schon war, auf denkbar unkonventionelle Art und Weise, ein Kontakt hergestellt, der Jahre andauern sollte.

Als Mätresse im kaiserlichen Umkreis fand Cora es angebracht, sich ein kleines Schloß zuzulegen. Sie mietete das hübsche Château de Beauséjour in der Nähe von Orléans und richtete es nach ihrem Geschmack unerhört kostspielig ein. Außer den teuren englischen Teppichen, die sie auf den Parkettboden hatte legen lassen, fand vor allem eine riesige Bronzebadewanne mit Coras Initialen die Aufmerksamkeit ihrer zahlreichen Gäste. Bei jedem ihrer aufwendigen Diners saßen kaum jemals weniger als fünfzehn Personen am Tisch, und Coras Küchenchef behauptete, er müsse für jede Mahlzeit mindestens ein halbes Rind kaufen.

Nach dem frühen Tod des Duc de Morney war Coras nächstes prominentes Opfer ein Neffe des Kaisers Napoleon I., Prinz Napoleon. Der lebenslustige Prinz hatte mit 37 Jahren die junge

Prinzessin Clotilde von Savoyen geheiratet, die als ausgesprochen schamhaft galt. Der Prinz, wegen seiner zahllosen Liebesaffären als enfant terrible des Zweiten Kaiserreichs bezeichnet, verliebte sich Hals über Kopf in Cora und überließ ihr sehr bald den Schlüssel zum Palais Royal, in dem er mit seiner Familie wohnte. Cora bezog zeitweise ein Zimmer neben der diensthabenden Hofdame und benutzte den Speiseraum, in dem auch die Gattin des Prinzen zu essen pflegte. Aber selbst einer hartgesottenen Mätresse wie Cora war diese Nähe zu der legitimen Ehefrau ihres Liebhabers auf die Dauer nicht angenehm. Deshalb ließ sie sich vom Prinzen ein Haus in der Rue de Chaillot einrichten und allmonatlich eine üppige Summe zahlen. Dem einen Haus folgte bald ein weiteres, nicht weniger prächtiges, in der Pariser Rue de Bassins.

In diesen Jahren (es waren die fünf letzten des Zweiten Kaiserreiches, von 1865 bis 1870) war Cora Pearl vermutlich die wohlhabendste Mätresse in Frankreich. Sie besaß inzwischen mehrere Häuser, trug die teuerste Garderobe, die zu haben war, gab üppige Diners und aufwendige Maskenbälle und schmückte sich mit Juwelen, deren Gesamtwert auf mehr als eine Million Francs geschätzt wurde. Freilich machte sie von ihren kostspieligen Kleidern nicht immer Gebrauch. Im Winter des Jahres 1866 beispielsweise erschien sie zu einem Maskenfest in einem noblen Restaurant als Eva. »Sie sah sehr appetitlich aus«, berichtete ein Journalist, »und sie trug tatsächlich nicht mehr auf dem Leib als die erste Apfelesserin.«

Um ihre Liebhaber auch öffentlich zu erheitern und gleichzeitig ihren Kundenkreis zu erweitern, versuchte Cora sich gelegentlich auch als Bühnenschauspielerin. Am 26. Januar 1867 trat sie am Théâtre des Bouffes Parisiens als Cupido in Jacques Offenbachs komischer Oper »Orpheus in der Unterwelt« auf. Ein Kritiker schrieb hierüber: »Cora Pearl trat halbnackt auf die Bühne und sang mit stark englischem Akzent jene Couplets, die mit den

Worten: ›Ich kenne die Liebe‹ beginnen. Der gesamte Jockey Club hatte das Theater mit seiner Anwesenheit beehrt. Alle Namen, die im goldenen Buch des französischen Adels verzeichnet stehen, waren in Person anwesend, komplett mit weißen Handschuhen und elfenbeingerahmten Lorgnetten … es war eine Art Erfolg.«

Als Beweis für Coras spontane Großzügigkeit wurde eine als wahr geltende Anekdote berichtet: Bei ihrem ersten Auftritt auf die Bühne verlor Cora zwei Diamanten, die sie der Garderobiere überließ – die Steine waren etwa das Doppelte von dem wert, was die Garderobiere im Jahr verdiente. Da Cora, nach Aussage eines boshaften Beobachters, aber ohnehin »wie die Auslage eines Juweliers bei Tageslicht« wirkte, machte ihr dies Geschenk sicher nicht allzuviel Mühe. Vor allem die Stiefelchen, die Cora auf der Bühne trug, waren Gegenstand allgemeiner Aufmerksamkeit; ein Graf bot fünfzigtausend Francs dafür. Dieser hohe Preis schien durchaus angemessen, wenn man den Bericht eines damaligen Zuschauers liest: »An die Aufführung erinnere ich mich nur noch ungenau«, schrieb dieser, »nur daran, daß Cupido mit sehr viel Selbstvertrauen auftrat, daß sie kaum bekleidet war und daß die Knöpfe an ihren Stiefeln aus wasserklaren Diamanten bestanden.« Und als sich Cora mit einem übermütigen Sprung flach auf den Rücken fallen ließ und die Beine von sich streckte, war deutlich zu sehen, daß sogar die Sohlen ihrer Schuhe mit eingelegten Diamanten besetzt waren.

Die moderne Theatermoral habe an diesem Abend ihren absoluten Tiefpunkt erreicht, schrieb ein mißmutiger Kritiker nach Coras Auftritt. Es sei längst nicht mehr ungewöhnlich, daß käufliche Liebe auch im Theater für sich Reklame mache: »Wer im Bois, auf den Champs Elysées oder auf der Theatergalerie keinen Beschützer findet, der sucht sich einen auf dem Umweg über die Bühne, und die Bühne wird sozusagen zum Strich. Bislang war aber noch nie eine Schauspielerin engagiert worden, die für nichts weiter berühmt ist als für das Geld, das sie hinauswirft – ich will nicht sagen: ohne es verdient zu haben, mindestens aber, ohne den Versuch zu machen, die Herkunft dieses Geldes und die Vielzahl seiner Spender zu verschleiern.« An diesem Abend sei im Theater ganz offiziell das Laster präsentiert worden.

Doch auch wenn ihre Bühnenlaufbahn nur von kurzer Dauer war, Geld und Liebhaber hatte Cora immer noch mehr als genug. Sie reiste nach Monte Carlo und verspielte in wenigen Monaten ein Vermögen. Nach Baden-Baden kam sie regelmäßig, immer mit großem Gefolge und einer Wagenladung voller Koffer. Einen dieser Aufenthalte mußte sie allerdings kurzfristig unterbrechen, um schnellstens nach Paris zurückzufahren, wo einige ihrer Gläubiger bei ihr Kutschen und Möbel pfänden lassen wollten.

Doch die meisten ihrer Verehrer ließen sich von Cora fast alles bieten, in doppeltem Sinne: Sie genossen Coras Liebeskünste und waren als Gegenleistung beinahe zur Selbstaufgabe bereit. Ein englischer Bekannter, den Cora einmal zusammmen mit anderen Gästen bei sich zum Lunch eingeladen hatte, berichtete später: Während des Essens habe Cora aus Übermut mit der Hand in eine Schüssel gegriffen und einem Sitznachbarn Sauce ins Gesicht geschmiert. Der Gast habe das unterwürfig hingenommen und schüchtern durch die dicke Schmiere gelächelt. Einem enorm reichen russischen Fürsten, der in Coras Gegenwart seinen Hut aufbehielt, um sie zu provozieren, zerschlug die erzürnte Dame einen Stock auf seinem Kopf – was ihr nur deshalb leid tat, weil es sich dabei um einen sehr schönen Stock gehandelt hatte. Derselbe Fürst bezweifelte einmal, daß Coras Halskette aus echten Perlen bestände. Prompt riß Cora sich die Kette vom Hals, so daß die Perlen auf den Fußboden kugelten. »Sammeln Sie die Perlen auf, mein Lieber!« sagte Cora ärgerlich. »Sie werden schon sehen, daß sie echt sind. Ich schenke Ihnen eine für Ihre Krawatte.«

Während der Fürst versteinert auf seinem Platz sitzenblieb, krochen die übrigen adeligen Gäste auf dem Boden herum, um die Perlen der Gastgeberin wieder aufzusammeln.

Allem Anschein nach war Cora zeitweise mit mehreren Hoheiten zu gleicher Zeit liiert, unter anderem mit dem Prinzen Napoleon, dem russischen Fürsten Demidow und mit dessen Landsmann Narischkin. Auf diese Weise kam die verschwendungssüchtige Lebedame innerhalb kürzester Zeit zu einer Vielzahl kostbarer Geschenke. Als Prinz Napoleon beispielsweise erfuhr, daß Demidow seiner Angebeteten eine Kette im Wert von 5000 Pfund geschenkt hatte, ließ der Prinz sich nicht lumpen und überreichte ihr Diamantenschmuck im doppelten Wert – was zur Folge hatte, daß Narischkin umgehend einen Juwelier aufsuchte, um ein noch kostspieligeres Kleinod zu erstehen. Mit einer ganzen Wagenladung teurer Orchideen, die der Prinz ihr zukommen ließ, schien sie allerdings nicht zufrieden zu sein: Sie gab ein Essen für mehrere ihrer Freunde, verstreute die Orchideen auf dem Fußboden und tanzte, als Matrose verkleidet, darauf herum. Mehr Freude hatte sie an einer großen Schachtel mit Maronen, die einzeln in Tausendfrancscheine eingewickelt waren, oder einem silbernen Pferd, das mit Gold und Juwelen gefüllt war und von zwei Männern nur mit Mühe getragen werden konnte.

Über alle diese Aufmerksamkeiten und ihre edlen Spender führte Cora gewissenhaft Buch, und zwar in einer Rubrik, die unter der Bezeichnung »für erwiesene Gastfreundschaft« firmierte.

Tiefer Sturz

Ein Edelmann, der anscheinend eine Enttäuschung mit der selbstbewußten Dame erlebt hatte, war der Comte de Maugny. In seinem Buch über die damalige Pariser Halbwelt bemerkt der

Graf süffisant, Coras Erfolg sei ihm immer ein Rätsel geblieben. Er betrachte sie sogar »als einen Schandfleck auf dem glänzenden Bild der feinsinnigen und insgesamt doch aristokratischen Gruppe der galanten Damen dieser Zeit«.

Andere Adelige teilten diese Meinung nicht. So machte beispielsweise ein italienischer Graf zufällig Coras Bekanntschaft, weil er für seine Hündin einen Rüden suchte. Sein Diener brachte in Erfahrung, daß Madame Cora in der Rue de Chaillot 101 einen solchen besaß. Der Graf entflammte beim ersten Treffen sofort für die Hundebesitzerin und vereinbarte, wie ein Beobachter etwas zynisch berichtete, umgehend »einen Decktermin für seine Hündin und für sich selber«.

Ihren Rüden hatte Cora blau gefärbt, damit er zu einem ihrer Kleider paßte. Erstaunlicherweise hatte sie, obgleich ihr Geschmack nicht gerade der feinste war, einen großen Einfluß auf die Mode ihrer Zeit. Ausgerechnet sie war es, die das moderne Make-up in Frankreich einführte. Ihre Toilettenwässerchen und Gesichtspuder ließ sie aus London kommen, und zum Entzücken vieler Damen schenkte sie, wie ein begeisterter Verehrer schrieb, »der Welt jenen wunderbaren Farbstoff, mit dessen Hilfe eine Brünette das Vergnügen haben kann, daß ein Dichter ihr Haar mit einer bengalischen Rose oder einem Purpurschleier vergleicht.«

Manche Männer fanden Coras Aufmachung allerdings reichlich übertrieben. Als sie einmal mit strohblondgefärbten Haaren in ihrer Kutsche fuhr, meinte einer ihrer Kritiker, das Haar habe so genau der Farbe des Kutschenpolsters entsprochen, daß es gar nicht mehr zu sehen gewesen sei.

Doch wie auffällig Coras Äußeres auch sein mochte, wie stark sie sich auch die Wimpern tuschte, die Lippen bemalte und das Gesicht mit silberfarbigem Puder überschminkte – es gab genügend Frauen, die sie nachahmten. Ihre Garderobe wurde allerdings nicht oft imitiert. Ein Journalist traf Cora einmal vor einem

Theaterbesuch bei einer gemeinsamen Bekannten. »Man hätte sie gleich auf der Monstrositätenschau ausstellen können«, schilderte er in einer Pariser Zeitschrift die kurze Begegnung mit der Lebedame. »Ihr Kleid war aus rosa Satin, mit einem breiten, malvenfarbigen Saum aus einer Art Schleierstoff, darüber trug sie rohseidene Spitzen mit weißen Perlen, das Oberteil gerafft und tief ausgeschnitten und mit einer Doppelreihe malvenfarbener Rüschen besetzt. Dazu ein lockerer Gürtel und vier malvenfarbene, perlenbestickte Bänder …« Auch wenn diese präzise Beobachtung unter dem Namen eines Journalisten veröffentlicht wurde, scheint sie doch eher von einer kritisch-modebewußten Dame als von einem Mann zu stammen.

Aber Coras Erfolg taten solche bissigen Bemerkungen keinen Abbruch. Ihre Liebhaber interessierten sich entweder nicht für die jeweiligen Modeströmungen oder fanden Cora schon deshalb aufregend, weil sie sich über alle Konventionen hinwegsetzte. Den entscheidenden Bruch in Cora Pearls ausschweifendem Leben gab es erst einige Jahre später, mit der »Affäre Duval«.

Cora war etwa siebenunddreißig Jahre alt, als sie sich einen besonderen Goldfisch an Land zog: den jungen Alexandre Duval, dessen Vater ein schwerreicher Restaurantbesitzer war. Der noch recht unerfahrene Liebhaber, zehn Jahre jünger als Cora, schenkte seiner Angebeteten so ziemlich alles, wonach ihr der Sinn stand, unter anderem Pferde, Juwelen und ein in schönes Leder gebundenes Buch, dessen hundert Seiten aus Tausendfrancscheinen bestanden. Nachdem er ihr auch noch den Unterhalt für ihr Haus und ein Schlößchen bei Orléans gezahlt hatte, fand Cora, daß es nun Zeit für eine Trennung sei.

Der betrogene junge Mann war derart außer sich, daß er nach Hause rannte und mit einem Revolver in der Hand wieder zurückkam. Statt aber seine treulose Geliebte zu erschießen, wie er es vermutlich vorgehabt hatte, verletzte er sich selbst mit einem Schuß lebensgefährlich.

Die Nachricht von diesem Vorfall und seiner Ursache verbreitete sich mit Windeseile in ganz Paris. Ein Polizeikommissar teilte Cora kurzerhand mit, daß sie binnen vierundzwanzig Stunden Frankreich zu verlassen habe.

Cora packte ein paar Habseligkeiten ein und reiste zunächst nach Monte Carlo, dann nach Nizza, wo sie sich bis zum nächsten Ausweisungsbefehl bei einer Kollegin aufhielt. Schließlich fuhr sie nach Mailand, um ihren großen Verehrer, den Prinzen Napoleon dort zu treffen. Der Prinz, der immer noch in sie verliebt war, half ihr finanziell für ein paar Wochen weiter, bis es Cora gelang, den Ausweisungsbefehl aufheben zu lassen.

Aber während sich der unglückselige Alexandre Duval von seiner Schußverletzung allmählich erholte, ging es mit Cora Pearl unaufhaltsam bergab. Ihre Schulden waren im Laufe der Zeit dermaßen gestiegen, daß sie sich im Februar 1873 gezwungen sah, ihr Haus in der Rue de Chaillot an eine Berufsgenossin zu verkaufen. Aber der Verkauf deckte ihre Schulden noch lange nicht, und Prinz Napoleon sprang wieder mit einer hohen Summe ein – zum letzten Mal. Wenige Monate später teilte er Cora niedergeschlagen mit, daß er die finanzielle Belastung nicht länger tragen könne und seine Beziehung zu Cora abbrechen müsse. »Meine Pflicht«, so schrieb er, »läßt mir keine andere Wahl. Ich habe gegen Sie, gegen mich und zugunsten dessen entschieden, was unvermeidlich ist. Ich habe ein Leben voller Arbeit vor mir und darf mich durch Ausschweifung nicht schwächen, mich nicht dem Vergnügen ergeben. Sie sind immer bezaubernd gewesen und haben mir viel Freude gemacht. Aber Sie werden verstehen, daß ich heute nicht anders handeln kann. Ich schicke Ihnen ein letztes Geschenk, das Ihnen nützlich sein mag. Wir werden einander lange nicht sehen ...«

Obwohl Cora damals erst neununddreißig Jahre alt war, sah sie schon sehr viel älter aus. Ihr üppiges Leben und die folgenden Geldsorgen hatten deutliche Spuren hinterlassen. Freunde hatte sie kaum noch. Im Zwischengeschoß eines Mehrfamilienhauses hatte sie sich eine kleine Wohnung gemietet und machte täglich einsame Spaziergänge durch Paris, noch stärker geschminkt als sonst und meist mit einem breitrandigen Hut auf dem Kopf, der ihr verlebtes Gesicht nicht so deutlich erkennen ließ. Als ein früherer Verehrer sie eines Tages traf und sie mit »Guten Tag, Cora!« begrüßte, antwortete sie deprimiert: »Ja, Cora, aber ohne Perlen.«

Zwar wußte man in Paris, daß Cora immer noch Kunden empfing, aber man wußte auch, daß ihre Einnahmen sehr gering waren. Beim Roulette in Monte Carlo setzte sie nur noch kleine Münzen.

An einem regnerischen Abend sah ein Mann, der gerade aus dem Casino kam, eine Frau an der Straße im Rinnstein sitzen und herzzerreißend weinen. Sie mochte etwa fünfzig Jahre alt sein, hatte blonde Haare und eine gute Figur, wirkte aber sehr mitgenommen. Mitfühlend fragte der Mann sie, was ihr fehle, und sie erzählte ihm, daß sie wegen Mietschulden aus ihrer Wohnung gewiesen worden sei und man sogar ihr weniges Gepäck gepfändet habe. »Haben Sie denn keine Freunde, Madame?« fragte der Mann. »Nein«, antwortete sie. Da der Mann sich verpflichtet fühlte, etwas für die unglückliche Frau zu tun, entschloß er sich, sie bei sich zu Hause übernachten zu lassen, und fragte sie nach ihrem Namen. Die Antwort, die die Frau ihm gab, hätte er sich nicht träumen lassen. »Ich bin Cora Pearl«, sagte sie.

Beim Abendessen erzählte sie ihm dann aus ihrem bewegten Leben. Als er später allein in seiner Bibliothek saß, kam Cora noch einmal zu ihm. Sie trug einen von ihm geliehenen Morgenmantel, den sie plötzlich abstreifte, so daß sie nackt vor ihrem Gastgeber stand. »Entschuldigen Sie bitte meine weibliche Eitelkeit«, sagte sie, »aber ich konnte nicht einschlafen, bevor ich Ihnen gezeigt habe, daß Cora Pearl zwar alles verloren hat, aber nicht den schönen Körper, durch den sie berühmt geworden ist.«

»Sie war eine der am meisten gefeierten Huren ihrer Zeit«, schrieb eine Zeitschrift, als Cora etwa Ende Vierzig war. »Sie hat eine ganze Generation von Venusjüngern bezaubert und macht unermüdlich so weiter. Jetzt ist sie arm, hat aber ihr heiteres Gemüt nicht eingebüßt. Hübsch ist sie nicht, ihre Haare sind hell gefärbt, aber ihre Zähne sind prächtig, und ihre Haut ist blendend weiß. Sie hat sich immer kalt gewaschen und reibt sich mit einem großen Schwamm ab. Diesen Waschungen und der gesunden Bewegung, die sie sich durch Reiten verschafft, ist es wohl zuzuschreiben, daß ihr Körper noch so gut erhalten ist. In den vergangenen fünfzehn Jahren galt, daß jeder, der etwas vorstellen wollte, wenigstens einige Stunden mit Cora verbracht haben mußte ... Nachdem sie in schwarzen, mit dem Wappen des Kaisers geschmückten Laken geschlafen hat, ist sie jetzt schon glücklich, wenn ein Liebhaber ihr eine Banknote in die Hand drückt ...«

Im März 1886 veröffentlichte Cora ihre Memoiren. Sie wurden nur noch mit mäßigem Interesse aufgenommen. Die Zeit war über Cora Pearl hinweggegangen. Die Frau, die so vielen Männern ihren Körper geschenkt und dafür so viele Gegengeschenke bekommen hatte, starb am 8. Juli 1886, mit einundfünfzig Jahren, an Magenkrebs.

Wenn sie irgend etwas in ihrem Leben zu bedauern habe, schrieb Cora in ihren Erinnerungen, dann nur die Tatsache, daß sie arm sei. Betrogen habe sie niemanden, denn sie habe niemandem je gehört. »Mein Reichtum war meine Unabhängigkeit«, schließt sie ihr Buch, »ein anderes Glück habe ich nie gekannt.«

Lehrerin der Liebe: Ninon de Lenclos

Sie war die »Aspasia von Paris« und »Notre Dame des Amours« und galt ihren Zeitgenossen als eine der wenigen Kurtisanen, die mit den großen Hetären der griechischen Antike verglichen werden konnten. Ganz sicher gehört sie zu den nicht allzu zahlreichen Liebesdamen, die ihr Gewerbe bis ins hohe Alter mit nachweisbarem Vergnügen ausgeübt haben.

Vielleicht ist sie fünfundsiebzig, vielleicht aber auch über achtzig Jahre alt geworden, ganz genau hat wohl nur sie selbst es gewußt. Ninon de Lenclos, der strahlende Stern im französischen Salonleben des 17. Jahrhunderts, wurde entweder schon im Jahre 1615 oder am 15. Mai 1616 oder aber am 10. oder am 20. November 1620 in Paris geboren; in diesem Punkt gibt es unterschiedliche lexikalische Angaben. Einig sind sich aber alle historisch-literarischen Quellen darin, daß Ninon eigentlich Anna hieß und die Tochter eines Edelmannes aus der Touraine war.

Ninons Vater, Herr von Lenclos, hatte unter der Regierung König Heinrichs IV. und Ludwigs XIII. gedient und sich als Soldat den Ruf eines ausgesprochenen Draufgängers erworben. Dieser Charakterzug kam auch in seinem Privatleben zum Tragen, einerlei, ob es sich um Essen, Trinken, Raufhändel oder Liebschaften handelte.

Ninons Mutter war das krasse Gegenstück zu ihrem Ehegatten. Sie war schüchtern, schlicht und fromm, lebte völlig zurückgezogen und kümmerte sich nur um die Erziehung ihrer einzigen Tochter, die sie zu einem sittsamen und gottesfürchtigen Menschen machen wollte. Sei es nun, daß die Mutter mit frommen Sprüchen etwas übertrieb, sei es, daß der Vater mit seiner genußfreudigen Lebensart ein angenehmeres Vorbild für die Tochter war – Ninon wurde jedenfalls bald der religiösen Bücher und der regelmäßigen Kirchgänge müde und wandte sich weltlicher

Lektüre zu. Hier hatte Herr von Lenclos allerdings einen wirklich fördernden Einfluß auf sein Kind. Als gebildeter Mann aus kultiviertem Hause unterrichtete er Ninon in Literatur, Philosophie und Musik, und schon mit zwölf Jahren soll sich das aufgeweckte Mädchen in den Werken von Montaigne und anderen Schriftstellern erstaunlich gut ausgekannt und außerdem vorzüglich Laute gespielt haben.

Sehr früh hatte Herr von Lenclos seine Tochter in erlesene Gesellschaftskreise eingeführt, in die sie sich durch ihre rasche Auffassungsgabe schnell hineinfand. Das nützte ihr sehr, denn die Zeit, die sie mit ihren Eltern verbrachte, war kurz. Ihre Mutter starb, als Ninon kaum fünfzehn Jahre alt war, und obwohl Ninon sich nicht immer an die mütterlichen Ratschläge gehalten hatte, trauerte sie doch tief. Ninons Vater sollte seine Frau nur um ein Jahr überleben. Als er seinen Tod nahen fühlte, ließ er seine Tochter zu sich kommen und gab ihr einige entscheidende Worte mit auf ihren weiteren Weg: »Meine liebe Tochter«, sagte der lebenserfahrene Mann, »du siehst, daß mir in dieser letzten Stunde nur eine traurige Erinnerung an die Freuden verbleibt, die ich nun aufgeben muß. Ich habe mich nicht lange an ihnen erfreuen dürfen, und das ist vielleicht der einzige Vorwurf, den ich der Natur machen könnte. Aber was nützen alle Klagen? – Du, mein teures Kind, wirst mich um viele Jahre überleben. Deshalb nutze die kostbare Zeit und mache dir weniger Gedanken über die Zahl als über die Wahl der Freuden, denen du dich künftig hingibst.«

Mit sechzehn Jahren war Ninon also auf sich selbst gestellt. Ihr Vater hatte ihr zwar kein üppiges Vermögen hinterlassen, weil er ein ziemlich bedenkenloser Verschwender gewesen war. Aber das, was ihr blieb, legte Ninon so geschickt an, daß sie immer ein gutes jährliches Auskommen hatte. An eine Ehe dachte sie nicht, dafür hatte sie einen zu ausgeprägten Freiheitsdrang. In der Rue de Tournelles, im Pariser Stadtteil Marais, kaufte sie sich ein Wohnhaus, und in der Nähe von Paris erwarb sie ein Haus für die

Herbstferien. Für Notfälle, in die sie selbst oder jemand aus ihrem Freundeskreis geraten könnte, behielt Ninon – dies war wohl ein Erbteil ihrer fürsorglichen Mutter – immer ein Jahreseinkommen zurück.

So ausgerüstet konnte sich das junge Mädchen recht sorglos in der feinen Gesellschaft sehen lassen. Ninon war belesen, sprach ziemlich fließend Spanisch und Italienisch, hatte ein anziehendes Wesen und eine hübsche Stimme. Eine Schönheit im gewohnten Sinne des Wortes war sie wohl nicht, wenn man die zeitgenössischen Schilderungen liest; aber durch ihre ausdrucksvollen Augen, ihre wohlproportionierte Figur und ihr umgängliches Wesen übte sie auf ihre Umgebung, und zwar nicht nur auf die männliche, offenbar einen ungewöhnlichen Reiz aus. Ihre Musikalität und ihre anmutige Art zu tanzen trugen zu dieser Attraktivität noch bei.

Zu den wenigen Fehlern, die man dieser schönen Seele in einem schönen Körper nachsagte, gehörte Ninons Eifersucht auf die Vorzüge anderer Frauen. Sie beobachtete sehr genau, hatte ein schnelles Urteil und einen manchmal beißenden Witz. Gegenüber Männern war sie anscheinend etwas großzügiger. Nur gegen solche mit großen Händen und dicken Bäuchen hatte sie einen ausgesprochenen Widerwillen.

Zu diesen gehörte freilich ihr erster Liebhaber nicht. Es war der junge, elegante Graf Coligny, ein Jüngling ohne Fehl und Tadel, in der Liebe allerdings noch ähnlich unbewandert wie die sechzehnjährige Ninon. Die beiden waren anscheinend recht glücklich miteinander, aber die Beziehung war nicht von langer Dauer. Vielleicht lag dies auch daran, daß Ninon, eingedenk der frommen Erziehung durch ihre Mutter, den verliebten jungen Edelmann allzuoft in lebhafte religiöse Debatten zu ziehen versuchte. Bei ihren nächsten Liebhabern – zu denen die bekanntesten Männer ihrer Zeit gehörten – war Ninon in dieser Beziehung anscheinend zurückhaltender; das freigeistige Erbteil ihres Vaters

Ninon de Lenclos. Porträt von Pierre Mignard

setzte sich offenbar stärker bei ihr durch. Ninon begann die Liebe zu lieben, die materielle Seite war ihr ziemlich gleichgültig. Sie war unabhängig, und das wollte sie bleiben; sie wollte Männer nur nach ihrem eigenen Geschmack aussuchen, nicht nach deren sozialer Stellung oder finanzieller Ausstattung. So kam es wohl auch, daß der berühmte und politisch höchst einflußreiche Kardinal Richelieu, der sich heftig um Ninons Gunst bewarb, auf keine Gegenliebe stieß, sondern bei ihr lediglich ein Gefühl des kühlen Respekts hervorrief.

Ninon hatte sich, so jung sie war, bereits nachhaltige Gedanken über die Liebe gemacht, die sie einem guten Freund, dem Abbé von Chateauneuf, anvertraute. Sie hielt die Liebe für ein blindes Gefühl, eine zeitweise Aufwallung der Sinne, eine Laune der Natur, die unabhängig von menschlichem Zutun kommt und verschwindet. Die Frau, so glaubte Ninon feststellen zu können, sei dem Mann gegenüber in einer ungünstigeren Position. Deshalb wählte sie selbst eine quasi männliche Rolle und machte sich von den Vorstellungen, die man allgemein von der Stellung der Frau hatte, weitestgehend unabhängig. Gemeinsam mit ihrer gleichgesinnten Freundin Marion de Lormes scharte sie einen Kreis von gebildeten Verehrern um sich, die gerade in dieser weiblichen Unabhängigkeit eine besondere Attraktivität entdeckten.

Männer, die aufgrund ihrer gesellschaftlichen Stellung glaubten, bei Ninon zu einem schnellen Erfolg zu kommen, hatten deshalb bei ihr einen schweren Stand. Ähnlich wie dem Kardinal Richelieu erging es dem Großprior von Vendôme, der sich blindlings in Ninon verliebt hatte und ihr unaufhörlich nachstellte. Dem Prior war der Gedanke unerträglich, daß Ninon damals zwei charmanten, aber bedeutungslosen jungen Grafen den Vorzug vor ihm gab, und er machte ihr deswegen schwere Vorwürfe. Ninons Antwort darauf war, daß sie sich nun einem weiteren Mann zuwandte und den Prior wutschnaubend zurückließ.

Bei soviel Selbstbewußtsein und Freizügigkeit konnten manche Damen der Gesellschaft nur vor Mißgunst erblassen. Es wird erzählt, daß die damalige Regentin, Königin Anna von Österreich, von einigen prüden Hofdamen gegen Ninon aufgebracht wurde. Sie habe deshalb einen Befehl gegen Ninon erlassen, sie möge sich in ein Kloster zurückziehen; die Wahl des Klosters bleibe großzügigerweise ihr selbst überlassen. Wie es weiter heißt, habe Ninon dem Gardeoffizier, der ihr den Befehl überbrachte, erwidert: Sie sei sehr dankbar dafür, daß ihr die Wahl überlassen bleibe, und werde sich für das Franziskanerkloster entscheiden. Bei dem üblen Ruf, den dieses Kloster genoß, wäre eine solche Äußerung zweifellos eine Frivolität gegenüber der Königin gewesen. Es ist deshalb nicht sicher, ob dieser Bericht zutrifft. Zumindest aber kennzeichnet er die Art, wie man Ninon einschätzte und was man ihr zutraute.

Unter allen Verehrern Ninons war der Marquis von Villarceaux wahrscheinlich derjenige, den sie am längsten begünstigte. Der verheiratete Marquis war ein geistig wie körperlich außerordentlich anziehender Mann, hatte allerdings auch entsprechend zahlreiche Liebesverhältnisse, was seiner Frau erheblichen Kummer machte. Drei Jahre lang blieb Ninon bei ihm auf seinen Landgütern, ob allein aus Liebe oder auch deswegen, weil in Paris gerade politische Unruhen herrschten, war freilich nicht genau zu entscheiden.

In dieser Zeit befreundete sich Ninon mit einer sehr viel jüngeren Dame, Frau von Scarron, die sie über ihre Beziehung zum Herrn von Villarceaux gründlich einweihte. Vielleicht zu gründlich, denn binnen kurzem wurde Frau Scarron, Gattin des bekannten Schriftstellers Paul Scarron, ihre Rivalin in der Gunst des Marquis. Anfangs war Ninon deswegen eifersüchtig und enttäuscht über ihre Freundin. Aber sehr bald besann sie sich auf ihre grundsätzliche Einstellung gegenüber Liebesbeziehungen, nämlich die Liebe nur als vorübergehende Laune der Natur zu betrachten,

und wurde nun die Vertraute ihrer Nebenbuhlerin. Die neube-
gonnene Freundschaft wurde so eng, daß beide monatelang zusammen in einem Bett schliefen. Frau Scarron wurde übrigens
später, nach dem Tod ihres Gatten, zunächst Madame de Maintenon und bald darauf die Mätresse König Ludwigs XIV. In dieser
Eigenschaft war sie bei Hofe eine äußerst einflußreiche Frau und
lud auch ihre Freundin Ninon zu sich ein, die diese Gunst aber
dankend ablehnte, um ihre Ungebundenheit nicht einzubüßen.

Zwischen Bett und Klosterzelle

Ein ständiges Leben am Königshof Ludwigs XIV., von anderen
Kurtisanen heiß ersehnt, hatte für Ninon keinen Reiz. Nach wie
vor überließ sie sich gänzlich ihrem persönlichen Geschmack in
Liebesdingen. Einer ihrer nächsten Liebhaber war Herr von
Gourville, der wegen seiner politischen Einstellung allerdings
Paris kurzfristig verlassen mußte. Um sich sein Barvermögen, das
er nicht mitnehmen konnte, für eine mögliche Rückkunft zu
erhalten, entschloß er sich, einen Teil davon seiner Geliebten
Ninon, einen anderen Teil einem Geistlichen zur Verwahrung zu
geben, der wegen seiner moralischen Haltung hochgeachtet war.
Als die politischen Unruhen vorüber waren und Herr von Gourville wieder nach Paris zurückkehren konnte, hatte er freilich
keinerlei Hoffnung, daß die Liebesdienerin von seinem Vermö-
gensanteil noch etwas übriggelassen haben würde. Er ging deshalb nur zu dem Geistlichen, um sein Geld abzuholen. Zu seiner
größten Verbitterung wurde ihm dort aber kühl mitgeteilt, man
wisse gar nicht, was er wolle. Man habe zwar einen gewissen
Geldbetrag erhalten, diesen aber sogleich an die Armen verteilt.
Herr von Gourville mußte sich mit leeren Händen zurückziehen.

Zu Ninon ging er gar nicht mehr, weil er bei ihr erst recht nicht erwartete, daß sie sein Geld noch hätte.

Sobald Ninon aber erfuhr, daß Gourville wieder in Paris war, ließ sie ihm ausrichten, daß sie sein Verhalten recht seltsam fände und er sie baldigst besuchen möge. Anfangs hielt Herr von Gourville diese Einladung für einen grausamen Scherz und zögerte, ihr zu folgen. Schließlich machte er Ninon aber doch einen Besuch, und sie gestand ihm, daß sie sich große Vorwürfe machen müßte, denn ihr sei während seiner Abwesenheit ein Unglück widerfahren. Herr von Gourville war überzeugt davon, daß sich dieses Unglück auf sein Geld bezog, aber Ninons weitere Erklärung belehrte ihn eines anderen. »Ich habe, während Sie fort waren, meine Neigung zu Ihnen verloren«, sagte Ninon, »aber mein Gedächtnis habe ich behalten. Hier sind die zwanzigtausend Taler, die Sie mir vor Ihrer Abreise anvertraut hatten. Sie befinden sich noch in demselben Kästchen, in das Sie sie eingeschlossen hatten. Nehmen Sie sie also mit, und in Zukunft wollen wir uns nur als Freunde sehen.«

Herr von Gourville war so verblüfft über Ninons Offenheit und Ehrlichkeit, daß er nicht anders konnte, als ihr von seinem Erlebnis mit dem angeblich so sittenstrengen Geistlichen zu erzählen. »Mein lieber Gourville«, lachte Ninon, »das darf Sie nicht weiter wundern. Ich bin nur eine Kokotte, kein Priester.«

Daß Ninon, die mit Geistlichen immerhin gelegentlich recht enge Kontakte pflegte, manchen kirchlichen Lehren gegenüber skeptisch eingestellt war, geht auch aus einem kleinen Streitgespräch hervor, das in ihren Memoiren festgehalten ist. Eines Tages diskutierte Ninon mit dem Jesuitenpater Dorléans über einige Glaubenssätze, denen sie nicht trauen mochte. Der Jesuit reagierte darauf mit freundlicher Ironie: »Nun, Madame«, sagte er, »wenn Sie schon nicht zum Glauben überzeugt werden können, dann weihen Sie Gott wenigstens Ihren Unglauben.«

Ein anderer Geistlicher, der Abbé von Effiat, folgte als Liebhaber so dicht auf den Grafen d'Estreés, daß ungeklärt blieb, wer von beiden der Erzeuger von Ninons Sohn war, den sie damals zur Welt brachte. Beide Herren stritten sich so lange über diese Frage, bis sie schließlich übereinkamen, das Los entscheiden zu lassen. Glücklicher Vater wurde auf diese zweifelhafte Weise der Graf, der sich auch als Marschall von Frankreich und Vizeadmiral hervortat.

Ninons Sohn wurde unter dem Namen Chevalier von Boissière bekannt. Der Graf d'Estreés kam seinen Vaterpflichten treu und gern nach und brachte seinen Sohn später bei der Marine unter, wo sich Boissière durch Tapferkeit besonders auszeichnete und schnell befördert wurde. Außer seinen militärischen Tugenden entwickelte er eine große Liebe zur Musik, ohne allerdings eine einzige Note zu kennen. In Toulon, wo er sich niederließ, richtete er in seinem Haus ein Musikzimmer ein, das er mit Instrumenten aller Art vollstopfte. Wenn italienische Musiker durch die Stadt kamen, lud er sie ein, damit sie bei ihm eine Probe ihres Könnens ablegten, wofür er sie fürstlich belohnte.

Der Graf von Fiesques, der als einer der liebenswürdigsten Kavaliere seiner Zeit galt, war wie fast alle Herren des Hofes eine Zeitlang sehr in Ninon verliebt. Sie erwiderte seine Zuneigung mit ähnlicher Intensität. Aber entsprechend ihren eigenen Ansichten über die Liebe war auch diese Beziehung nur begrenzte Zeit haltbar. Als die heftige Leidenschaft des Grafen allmählich nachließ, fühlte der Edelmann sich verpflichtet, das Fräulein von Lenclos darüber nicht im unklaren zu lassen. Mündlich wagte er ihr dies aber nicht mitzuteilen, deshalb schickte er ihr einen Abschiedsbrief.

Das Schreiben traf gerade zu der Zeit bei Ninon ein, als diese sich ihr vielbewundertes langes Haar kämmte. Die unerwartete Nachricht gab ihr einen solchen Stich ins Herz, daß sie den plötzlichen Entschluß traf, von nun an niemandem mehr gefallen zu wollen: Sie nahm eine Schere, schnitt sich das Haar auf einer Seite ab und überreichte es dem Diener des Grafen mit den Worten: »Bringen Sie das Ihrem Herrn und sagen Sie ihm, dies sei meine Antwort auf seinen Brief.«

Als der Graf an dieser Reaktion merkte, wie sehr Ninon von seiner Entscheidung getroffen war, verliebte er sich sofort aufs neue in sie, warf sich ihr zu Füßen und schwor, sie nicht wieder zu verlassen.

Nicht nur Männer fanden Ninons Attraktivität unwiderstehlich, auch Frauen fühlten sich oft von ihr angezogen. Selbst Königin Christine von Schweden, die im Jahre 1656 Frankreich bereiste, wollte Ninon kennenlernen, weil sie soviel Interessantes über diese Frau gehört hatte. Die Königin fand so großen Gefallen an Ninon, daß sie die Kurtisane unbedingt mit nach Rom nehmen wollte. Doch Ninon wehrte sich, ihrem Unabhängigkeitsstreben entsprechend, mit aller gebotenen Höflichkeit gegen dieses Angebot. Die Königin bedauerte das zwar, respektierte aber Ninons Entscheidung und sprach, wenn später über die Liebesdame geredet wurde, immer nur von der »berühmten Ninon«. Auch die hochangesehene Schriftstellerin Madame de Sévigné war von Ninon beeindruckt. In einem Brief schrieb sie einmal, ihr seien wahre Wunderdinge über das Fräulein von Lenclos zu Ohren gekommen, vor allem über die erlesene Gesellschaft, die sich bei Ninon versammele. Was auch immer übelmeinende Frauen von ihr sagen mögen, schloß Madame de Sévigné ihr Schreiben, »Ninon sieht auf ihre alten Tage alles von Bedeutung bei sich, Männer wie Frauen«.

Der Hinweis auf Ninons Alter war sicherlich ein kleines Haar in der Suppe dieses Kompliments, wenn auch nicht ganz unberechtigt. Denn Ninon zählte zu dieser Zeit immerhin schon sechsundfünfzig Jahre – für eine Dienerin der Venus schon ein bißchen außergewöhnlich.

Ob das herannahende Alter sie dazu bewog, oder ob sie sich in Erinnerung an ihre religiöse Mutter dazu bemüßigt fühlte – irgendwann in dieser Zeit zog sich das lebhafte Fräulein de Lenclos zur größten Überraschung ihrer Freunde und Bekannten in ein Kloster zurück. Ihre zahlreichen Verehrer, allen voran der Schriftsteller Charles de Saint-Evremond, der sie im Laufe vieler Jahre so gut kennengelernt hatte wie kaum jemand sonst, bestürmten sie, wieder in die weltliche Gesellschaft zurückzukehren, wohin sie ihrem Wesen nach gehöre.

Wie lange Ninons Kloster-Aufenthalt dauerte, weiß man nicht genau; sicher ist aber, daß die kurzfristig fromm gewordene Lebedame nach einiger Zeit dort weitermachte, wo sie aufgehört hatte. Allerdings war sie sich offenbar der Zwiespältigkeit ihrer gesellschaftlichen Existenz immer bewußt. Als einmal eine ihr bekannte Marquise mit ihren beiden Töchtern, die sie gerade aus einem Kloster herausgenommen hatte, zu ihr kam, um die Mädchen der berühmten Kurtisane vorzustellen, empfing Ninon die drei auf der Treppe ihres Hauses. Sie umarmte die beiden Mädchen freundlich und sagte dann zu deren Mutter: »Haben Sie bitte Verständnis dafür, daß ich die jungen Damen nicht zu mir hereinbitte. Da sie reich und schön sind und die glänzendsten Partien machen können, möchte ich vermeiden, daß sie sich durch einen Besuch bei mir vielleicht kompromittieren.«

Das einzige große Unglück in ihrem Leben widerfuhr Ninon ausgerechnet mit einem ihrer Söhne – dem zweiten, aus ihrer zeitweisen Verbindung mit dem Marquis de Gersai. Dieser hatte dem gemeinsamen Sohn dessen Herkunft strikt verschwiegen und ihn unter dem Namen eines Chevalier von Villiers aufwachsen lassen. Als der junge Mann alt genug war, um in die vornehme Gesellschaft eingeführt zu werden, wurde er auch bei Ninon de Lenclos eingeführt, um sich in ihrem Literaten- und Künstlerkreis gewandte Umgangsformen und eine gute Bildung anzueignen.

Der junge Chevalier de Villiers, der nicht ahnte, welche familiären Beziehungen ihn mit dem Fräulein von Lenclos verbanden, verliebte sich Hals über Kopf in die mittlerweile sechzigjährige kultivierte Lebedame. Zunächst versuchte er seine Neigung vor ihr zu verbergen. Aber seine scharfsichtige Mutter erkannte in kürzester Zeit, wie es um das Gefühlsleben ihres Sohnes bestellt war, und benahm sich ihm gegenüber entsprechend zurückhaltend. Doch diese behutsame Abwehr verstärkte die fatale Attraktion nur noch, und Ninon drohte dem jungen Mann schließlich ein Hausverbot an, falls er seine Leidenschaft nicht zügeln würde. Aus Angst, sie nicht mehr sehen zu dürfen, versprach der Chevalier alles, erbat sich aber eine letzte Aussprache unter vier Augen mit ihr. Widerwillig und sorgenvoll ging Ninon darauf ein, und der junge Mann besuchte sie auf ihrem Landsitz, als sie sich dort allein aufhielt. Verzweifelt versuchte er ein letztes Mal, die begehrte Frau für sich zu gewinnen. Voller Mitleid für den Sohn verlor Ninon für einen Augenblick die Fassung, und der Chevalier glaubte irrtümlich, daß nun seine Liebe erhört würde. Da gestand ihm Ninon, daß sie seine Mutter sei.

Das Entsetzen des Sohnes und der Schmerz der Mutter lassen sich unschwer vorstellen. Der junge Chevalier stürzte aus Ninons Zimmer, rannte in den Garten und stach sich seinen Degen in die Brust. Ninon, die ihren Sohn gesucht hatte, fand ihn, schon halb bewußtlos, in seinem Blut liegen. Er starb in ihren Armen.

Von dieser Zeit an wollte die einstmals leichtfertige und ausschweifende Ninon nur noch das zurückhaltende Fräulein von Lenclos sein. Sie hielt ihre freundschaftlichen Beziehungen zu Männern zwar weiterhin aufrecht, aber von Liebesabenteuern hörte man bei ihr kaum noch etwas. Ihre Verehrer schmachteten meist umsonst ...

Mehr Freundschaft als Liebe

Meist, wenn auch nicht immer. Denn ganz konnte Ninon doch noch nicht von der Liebe lassen, zumal ihre Anbeter sie ständig bestürmten. Unter ihnen waren bedeutende Schriftsteller, die nicht nur Ninons Körper begehrten, sondern auch großen Wert auf ihr literarisches Urteil legten.

Als Molière ihr einmal aus seiner Komödie *Tartuffe* vorlas, erzählte sie dem Dichter ein ähnliches Erlebnis, das sie mit einem heuchlerischen Mann gehabt hatte. Sie schilderte diese Begebenheit so plastisch und unterhaltsam, daß Molière anschließend sagte, wenn er sein Stück nicht schon geschrieben hätte, würde er sich nach dieser lebendigen Schilderung nicht mehr daran wagen.

Ihre spielerische Spottlust verließ Ninon auch in höherem Alter nicht. Eines Tages wollte sie bei einem ihrer Liebhaber erproben, wie weit ein verliebter Mann sich auf die Wünsche einer Frau einläßt, die seine Leidenschaft materiell für sich ausnützen will. Zu diesem Zweck wählte sie einen jungen Mann aus altem Adel. Im Moment der größten Liebeslust rang sie ihm das Versprechen ab, sie zu heiraten oder ihr den hohen Betrag von viertausend Goldtalern zu zahlen. Wenn sie mehr verlangt hätte, so meinte sie später, hätte sie auch noch mehr von ihm bekommen.

Einige Zeit darauf sah derselbe Mann Ninon beim Kämmen zu. Erstaunt stellte er plötzlich fest, daß einer ihrer Lockenwickler seinen Namen trug. Er rollte das Papier auf und entdeckte, daß es ein Stück von dem Schein war, auf dem er sich zu der besagten Geldzahlung verpflichtet hatte. Ninon wollte offensichtlich nicht auf dieser unterschriebenen Verpflichtung bestehen. Als der Edelmann seine Überraschung zeigte, erklärte ihm Ninon: »Daraus mögen Sie entnehmen, wie wenig Wert ich auf Versprechungen so junger Burschen lege, wie Sie einer sind und wie leicht sich ein Mann von einer Frau ausnutzen läßt, wenn sie es darauf anlegt.«

Einer der letzten Liebhaber des Fräuleins von Lenclos war der Freiherr von Banier, ein Verwandter des Königs von Schweden. Als Banier sich in sie verliebte, war Ninon fast siebzig Jahre alt. Noch verblüffender ist aber, daß sie im Alter von beinahe achtzig Jahren die Leidenschaft des Abbé Gédouin entfachte, eines gefühlvollen Mannes, der von den Jesuiten erzogen worden war.

Die Verehrung, die der Abbé Ninon erzeigte, stellte sich sehr bald als heftiges körperliches Verlangen heraus. Das liebeskundige Fräulein von Lenclos, das dieses Zeichen sehr wohl erkannte, versprach ihrem stürmischen Anbeter, er solle bekommen, was er begehre, doch möge er sich noch bis zu einem von ihr bestimmten Tag gedulden. Dem liebeshungrigen Abbé blieb nichts anderes übrig, als zu warten, auch wenn er sich nicht erklären konnte, warum sich sein Wunsch erst an einem festgesetzten Termin erfüllen sollte.

Schließlich war der angekündigte Tag da, und der Abbé drang auf die Einhaltung des Versprechens. Als er wissen wollte, warum er sich so lange hatte gedulden müssen, antwortete Ninon: »Verzeihen Sie mir diese kleine Eitelkeit. Als Sie Beweise meiner Liebe forderten, war ich erst neunundsiebzig Jahre und einige Monate alt. Ich wollte aber, daß man von Ninon sagen kann, sie sei noch mit achtzig Jahren vom Liebesglück begünstigt worden – und dieses Alter habe ich erst gestern erreicht.«

Der Abbé soll die letzte Liebe von Ninon gewesen sein. Die vielbewunderte Liebesdame starb am 17. Oktober 1705, im Alter zwischen fünfundachtzig und neunzig Jahren. Kurz vor ihrem Tod wurde ihr noch der junge Voltaire vorgestellt, der damals als literarisches Wunderkind galt. Ninon war so angetan von den Geistesgaben des Zehnjährigen, daß sie ihm in ihrem Testament eine beträchtliche Geldsumme hinterließ, damit er sich Bücher kaufen könnte.

Die Nachrufe, die Ninons ehemalige Verehrer der Verstorbenen widmeten, sind zum Teil erhalten geblieben. Unter ihnen befindet sich ein Text des Lyrikers und Memoirenverfassers Charles de La Fare, der zusammenfaßt, was Ninon de Lenclos für ihre Zeit bedeutet hat: »Ich habe Fräulein von Lenclos nicht in der Blüte ihrer ersten Schönheit gesehen«, schreibt der Marquis de La Fare, »aber im Alter von fünfzig Jahren und sogar, als sie schon die Siebzig überschritten hatte, waren viele Männer von ihr hingerissen, und sie hatte Freunde unter den edelstgeborenen Söhnen Frankreichs. Niemals habe ich eine Frau gekannt, die größere Hochachtung verdiente und der man mit größerem Recht nachtrauern könnte. Sie versammelte um sich die vornehmsten Persönlichkeiten von Paris, die durch den Charme ihres Gesprächstalentes angezogen wurden, und ihr Haus war, noch in ihren letzten Lebensjahren, wohl das einzige, in dem man Geistesgaben zu würdigen verstand und wo man ganze Tage ohne Spiel und ohne Langeweile verbringen konnte. Bis zu ihrem siebenundachtzigsten Lebensjahr wurde sie von der besten Gesellschaft ihrer Zeit umworben, und man kann sagen, daß sie bis zuletzt ihren zur Freude anderer geschaffenen Geist bewahrte. Auch ihre leichte, funkelnde Phantasie und ihre bewundernswerte Urteilskraft blieben ihr immer treu.«

Sosehr Ninon de Lenclos auch die Liebe genoß und so hoch sie auch in der Achtung ihrer zahllosen Bekannten stand – völlig zufrieden war sie mit ihrem Leben doch nicht, selbst wenn ihre gesamte Umgebung einen anderen Eindruck haben mochte. Obgleich sie sich früh in einer Art männlicher Rolle bewegt hatte, wie sie es nannte, empfand sie sich doch zu sehr als Frau, als daß sie sich nicht mit ihren Geschlechtsgenossinnen hätte identifizieren können. »Wie sind doch die Frauen zu beklagen!« bemerkte sie einmal, in einer Mischung aus Trübsinn und Sarkasmus. »Ihr eigenes Geschlecht wird ihnen zum grausamsten Feind. Ein Ehemann quält sie, ein Liebhaber läßt sie im Stich und entehrt sie oft genug. Von allen Seiten werden sie beobachtet, alles kommt ihnen unaufhörlich in die Quere, ständig leben sie in Angst und Hemmungen, ohne Stütze und Beistand. Frauen haben tausend Verehrer, aber keinen einzigen Freund. Kann man sich also darüber wundern, wenn sie Launen, Stimmungen haben und sich verstellen?«

Diese skeptische Einstellung hatte Ninon schon als junge Frau und behielt sie ihr ganzes Leben lang bei. Sie riet allen Frauen, nie einen Liebhaber zu nehmen, wenn ihr Herz nicht dabei sei, und nie einen Mann zu heiraten, ohne ihren Verstand zu gebrauchen. Frauen sollten unter allen Umständen ihre Begabungen fördern und ihren Geist entwickeln. Denn um die Liebe wirklich so zu pflegen, wie es nötig sei, bedürfe es mehr Geistesgaben, als ein ganzes Kriegsheer zu führen. Ein Herzensbündnis, sagte sie, müsse als eins von jenen Stücken betrachtet werden, in denen die Pausen lang, die Akte aber sehr kurz seien. Womit könne man also die Pausen ausfüllen, wenn nicht mit seinen Begabungen?

Ninon besaß Geist genug, um diese selbstgestellten Forderungen zu erfüllen. Aber möglicherweise wäre sie doch lieber als Mann zur Welt gekommen, um ein anderes Leben führen zu können. In einem Brief an einen ihrer vertrautesten Freunde, den Dichter Saint-Evremond, schrieb sie einmal überraschend bitter: »Alle Leute sagen zu mir, daß ich weniger Veranlassung habe als die meisten Menschen, mich über die entschwundene Zeit zu beklagen. Mag das sein, wie es will – jedenfalls hätte ich mich aufgehängt, wenn man mir ein derartiges Leben vorausgesagt haben würde.«

Obwohl sie für die Liebe gelebt hatte, war die Liebe in ihren Augen kein so achtbares Gefühl wie die Freundschaft. Und auch wenn Ninon beklagte, daß Frauen eigentlich nur Verehrer, aber keine Freunde hätten, pflegte sie selbst doch sehr intensive Freundschaftsbeziehungen mit Männern, wie ihre zahlreichen Briefe zeigen.

Diese Briefe an Freunde belegen das große Talent der Ninon von Lenclos, ihre Lebens- und Liebeserfahrungen in einer bisher kaum gekannten Weise prägnant und geistreich auf einen Nenner zu bringen. Ein Satz wie der, daß man hundertmal mehr Geist benötige, um richtig zu lieben, als um eine Schlacht zu schlagen, erregte in der Pariser Gesellschaft bewundernd zustimmendes Gelächter. Ninons Formulierungen sind oft zu Bonmots geworden. Gern zitiert wurde beispielsweise ihre ironische Bemerkung, daß man »die Schamhaftigkeit den Frauen auferlegt hat, die doch ihrerseits an den Männern nur die Schamlosigkeit achten«. Und über ihre haupt- und nebenberufliche Tätigkeit, mit der sie, wie man sagte, drei Generationen französischer Könige glücklich gemacht habe, meinte Ninon einmal: »Es gibt nichts Abwechslungsreicheres als die Freuden der Liebe, die doch stets die gleichen sind.« Der Herzog Louis de Saint-Simon, brillanter Biograph seiner Zeit, bezeichnete Ninon als den »Triumph des mit Geist und einigen Tugenden geschmückten Lasters«.

»Heute abend esse ich bei Herrn de La Rochefoucauld mit Frau de la Sablière und Herrn de La Fontaine. Wollen Sie mittun, dann wird Ihnen La Fontaine zwei neue Verserzählungen vorsetzen, die, wie ich gehört habe, ihre Vorgänger keinesfalls entehren«, schreibt Ninon einem jüngeren Freund, der sie darum gebeten hat, ihn in ihren Kreis einzuführen und über ihre Auffassung von der Liebe aufzuklären. Ninon verspricht dem jungen Marquis einen brieflichen »Morallehrgang«, womit sie sich auf den »Ehrendienst der Liebe« bezieht, der »so tief auf die Sitten einwirkt, daß er ein besonderes Studium verdiente. Denn welche Leidenschaft ist auch nur annähernd so verbreitet wie die Liebe?« fragt sie rhetorisch und stellt mit vorfreudianischer Klarsicht fest, daß Liebe »die Haupttriebfeder all unserer Handlungen« bildet. Einfühlsam und mit pädagogischem Eros legt die erfahrene Dame dann dem jungen Mann, der in seinen bisherigen Gesellschaftsbeziehungen immer nur Leere und Langeweile empfunden hat, seine eigene Seelenlage offen. Das Unbehagen, das er fühle, sei allein durch die Leere seines Herzens verursacht; er empfinde jetzt das, was man Liebesbedürfnis nenne. »Jawohl, Marquis«, erklärt Ninon mit Nachdruck, »als die Natur uns schuf, begabte sie uns mit einer Reihe von Empfindungen, die sich an irgend etwas betätigen müssen. Zu Ihrem Alter gehören die Stürme der Liebe: solange dies Gefühl Ihrem Herzen fernbleibt, wird Ihnen immer etwas fehlen; die Unruhe, über die Sie klagen, wird kein Ende nehmen. Wie der Körper die Nahrung braucht, so braucht auch das Herz seine Speise: die Liebe. Lieben heißt, das Verlangen der Natur erfüllen, ja geradeheraus gesagt: einem Bedürfnis entsprechen. Aber wenn möglich, zügeln Sie dies Gefühl, sorgen Sie dafür, daß es bei Ihnen nicht zur Leidenschaft ausartet!« Jedenfalls vorläufig noch nicht, denn er sei noch zu jung, um sich ernstlich zu binden. Deshalb solle er sich zunächst einmal weniger an Frauen halten, die gleichermaßen Hochachtung und Liebe einflößen, sondern vorwiegend an die, die auf Unterhaltsamkeit größeren Wert legen als auf Ehrbarkeit.

Liebe, so formuliert Ninon in einem anderen Brief ihre lebenslange Überzeugung, kann dadurch gefährlich werden, daß man oft übertriebene Vorstellungen von ihr hat. Aber eigentlich sei die Liebe, als Leidenschaft betrachtet, nur ein blinder Trieb, dessen wahre Bedeutung man kennenlernen müsse; ein Verlangen, das einen Menschen mehr zum einen als zum anderen hinziehe, ohne daß man für seine Geschmacksrichtung einen Grund angeben könne. »Betrachtet man sie aber als Freundschaftsband, das vom Verstand behütet wird, so ist es keine Leidenschaft mehr, sondern in Wirklichkeit nur eine zwar sehr wohlwollende, aber doch gelassene Hochachtung ...«

Die Aspasia von Paris

Ninons Briefe, die oft einen »Marquis« als Adressaten haben – gemeint ist damit angeblich der Marquis de Sévigné, Sohn der berühmten Schriftstellerin Madame de Sévigné –, hinterlassen nicht so sehr den Eindruck, daß der junge Mann ihr wirklicher Briefpartner ist, sondern daß das Fräulein von Lenclos auf diese Weise ihre Lebensphilosophie geschickt ausbreiten kann und gleichzeitig das Bild eines heranwachsenden Mannes entsteht, der fast ihr Sohn sein könnte. Der heiter belehrende Ton, der immer mit Ernsthaftigkeit verbunden ist, hat Ninon de Lenclos den Ruf einer »Aspasia von Paris« eingetragen, die nicht nur ihren Körper, sondern auch ihren Geist in ihre Liebesbeziehungen einbrachte und ihre Erfahrungen, in Form von praktischen Beispielen, aber auch von einsichtsvollen Maximen und Reflexionen, der Nachwelt weitergab. Die Briefe sind allerdings nicht als »Schule der Verführungskunst« mißzuverstehen, sondern es handelt sich dabei eher um eine ungewöhnlich anschauliche Psychologie der Liebesbeziehungen.

Tatsächlich geben Ninons mehr als hundert veröffentlichte Briefe einen tiefen und oft belustigenden Einblick in die Verhaltensweisen von Damen der »galanten Zeit« und verraten dabei eine Menge über die »weibliche Psyche«. Als eine ihrer Bekannten, die mit einem Marquis liiert war, diesem plötzlich den Laufpaß gegeben und sich einem wenig attraktiven Verwalter zugewandt hatte, fragte Ninon verwundert nach dem Grund für diese erstaunliche Wende. »Das wirft ein schlechtes Licht auf Ihren Geschmack, passen Sie nur auf!« warnte sie die anscheinend Wankelmütige. »Wir werden ja nach dem Gegenstand unserer Neigung beurteilt, und der Marquis steht so hoch über seinem Nebenbuhler, daß alle über diesen Wechsel außer sich sind.« Die Antwort, die Ninon auf ihre Frage bekam, gab sie gleich an ihren jungen Briefpartner weiter. »Durch seine Vorzüge standen dem Marquis allzugroße Rechte über meine Freiheit zu«, hatte Ninons Bekannte erklärt. Eine Frau, die etwas auf sich halte, müsse sich auf die Dauer durch diese Überlegenheit verletzt fühlen und würde nicht die kleinste Koketterie wagen, nicht den Anflug einer Laune zeigen. »Stellen Sie sich vor, welche Qual das für eine lebhafte junge Frau bedeutet, die gefallen möchte!« hatte die Bekannte ganz verzweifelt gesagt. Diese bedrückende Lage mochte sie denn auch nicht länger ertragen. Deshalb griff sie in einem günstigen Moment auf einen anderen Mann zurück, einen ergebenen, anspruchslosen, der aber dabei doch so liebenswert war, daß sie sich über eine solche Eroberung nicht zu schämen brauchte. Bei diesem Mann konnte sie sich endlich wieder so geben, wie sie war, konnte Launen, Anmaßung oder Ungeduld zeigen, ohne unangenehme Folgen fürchten zu müssen. »Ach, Sie glauben ja nicht, wie angenehm es sein kann, gegenüber einem Mann ungestraft Unrecht zu haben!« hatte Ninons Bekannte ihren Bericht geschlossen und dann noch kokett gefragt: »Meinen Sie immer noch, daß ich nur einer törichten Laune nachgegeben habe? Oder ist meine Untreue nicht eher das Ergebnis meines Scharfsinns?«

Ninon ließ sich von der letzteren Frage leiten, als sie ihrem jungen Briefpartner ans Herz legte, nie zu vergessen, daß Frauen sich in Liebesdingen meistens nicht vom blinden Walten des Schicksals führen lassen, sondern ihre Auswahl im allgemeinen erst nach genauester Überlegung treffen. »Wir sind viel klarsichtiger und konsequenter, als Ihr Männer glaubt«, belehrt sie den jungen Marquis. »Jede von uns stellt innerlich ihre kleine Berechnung an, prüft, urteilt, was ihrem Geschmack, ihrem Stand, ihrem Wesen entspricht; wir denken viel mehr darüber nach, als wir selber wissen.« Das tun allerdings die Männer meist auch, denn, so weiß Ninon aus eigener Erfahrung: »Wo ein Liebeshandel besteht, da haben sich beide Teile immer gegenseitig ein Konto eröffnet. Jeder berechnet seinen Einsatz und den des Teilhabers, und man läßt sich fast niemals auf etwas ein, ohne zu wissen warum oder sogar – sagen wir es offen heraus – ohne die leise Hoffnung, den anderen hereinzulegen.«

Diese desillusionierende Ansicht über die Beziehungen zwischen Frauen und Männern war vielleicht in dem betreffenden Brief etwas überspitzt ausgedrückt, aber im wesentlichen scheint sie Ninons Auffassung entsprochen zu haben. Bemerkenswert ist aber noch manches andere in Ninons Ausführungen gegenüber ihrem jungen Partner, zum Beispiel das, was sie über die Ursachen der gegenseitigen Anziehung von Mann und Frau sagt und welche Rolle dabei die Glücksgefühle spielen. »Wenn der Mensch nur das hat, was er braucht, fühlt er sich noch lange nicht wohl«, hat Ninon erkannt. »Erst der Überfluß macht ihn reich und gibt ihm das Bewußtsein, daß er es auch wirklich ist.« Einzig und allein närrische Freude, liebenswürdige Tollheit, entzückender Rausch, wie die Frauen sie den Männern bescheren können, erzeugen wirkliche Glücksgefühle beim Mann. Und die Männer sollten sich nicht zuviel auf ihren noblen Charakter, ihre Zuverlässigkeit oder ihre Urteilskraft einbilden, denn mit diesen Eigenschaften seien sie noch keineswegs unterhaltsam und liebenswert; vielleicht sei es sogar ein Fehler, nichts anderes als nur vollkommen zu sein. »Haben Sie nur solche Vorzüge, Marquis, und gleichen nicht einige gefällige Gaben deren Herbheit aus, so kenne ich das Urteil schon im voraus: daß Sie damit den Frauen gefallen, daran ist gar nicht zu denken. Sie werden wie ein Kritiker wirken, vor dessen Urteil sie Angst haben. Der Zwang, den Sie ihnen auferlegen, wird alle Vergnüglichkeit bannen, der sie sich sonst hingegeben hätten.« Frauen, das weiß Ninon aus ihrer eigenen reichhaltigen Erfahrung, fühlen sich nur bei solchen Männern wohl, die etwas aufs Spiel setzen, die ihnen Blößen bieten. Allzu große Vorsicht und Umsicht wirkt dagegen wie ein eisiger Luftzug, wenn man aus einem warmen Zimmer kommt.

Auch in bezug auf das Entstehen einer Liebesbeziehung ist Ninon alles andere als romantisch. Liebe, so sagt sie nüchtern, ist meist weniger ein Ergebnis der sogenannten unüberwindlichen Sympathie als vielmehr ein Werk unserer Eitelkeit. Alles wird zugunsten der eigenen Vorzüge gedeutet. Wenn beispielsweise eine Frau ganz unverbindlich eine freundliche Bemerkung über einen Mann macht und dieser davon erfährt, glaubt er meist sofort, die Dame sei in ihn verliebt. »Wollten sich zwei Liebende ganz offenherzig über den Beginn und die Entwicklung ihrer Leidenschaft voreinander äußern, ach, was hätten sie dann für Geständnisse abzulegen!« amüsierte sich Ninon in einem Brief.

»Elise, der Walter eine allgemeine Höflichkeit sagte, hat, vielleicht unbeabsichtigt, darauf wohlwollender geantwortet als man sonst solche Fadheiten hinnimmt. Das genügt schon. Walter geht von dem Gedanken aus, den er eben aufgegriffen hatte; vorher war er noch höflich, jetzt wird er zärtlich. Unmerklich heizt die Glut auf beiden Seiten ein; schließlich kommt sie zum Durchbruch, und schon entsteht eine Leidenschaft. Wer könnte Elise sagen, daß sie eigentlich angefangen hat, daß sie Entgegenkommen zeigte? Kein Vorwurf könnte ihr ungerechter erscheinen, und doch wäre nichts berechtigter.«

»Wenn man die Männer genau prüft, dann stellt man fest, daß sie eigentlich insgesamt nur aus Dankbarkeit lieben«, folgert Ninon, fügt aber gerechterweise hinzu, daß Frauen in diesem Punkt auch nicht viel vernünftiger seien. Alle Herzensbündnisse beginnen mit Schmeichelei und gegenseitigen Lobgesängen. Begierig greift die Eitelkeit alles auf und sucht aus allem ihren Vorteil herauszuschlagen.

Wenn aber irgendwann die Eitelkeit befriedigt, die Begierde gestillt ist, wünscht man sich im allgemeinen einen ehrenvollen Abgang. Wie kann man das bewerkstelligen, ohne den anderen damit allzusehr zu brüskieren, vor allem aber: Wie kann man feststellen, ob der andere nicht vielleicht an dem gleichen Punkt ist wie man selbst?

Auch für diese Situation, die für das Fräulein von Lenclos ja nicht ungewöhnlich war, hat Ninon ihrem jungen Briefpartner, der im Laufe der Korrespondenz ihr Liebhaber geworden zu sein scheint, einiges Beherzigenswerte mitzuteilen. Solange ein Partner dem anderen immer wieder irgendeinen Grund zur Unruhe gibt, befindet sich das Herz in Erregung. Auch wenn diese Spannung oft unerträglich sein mag, ist sie doch angenehmer als ein lauer Friede in den Beziehungen. So jedenfalls empfindet es Ninon, als sie nach einigen Monaten dem Marquis ihr eigenes allmählich abkühlendes Verhältnis zu ihm eingesteht. »Zuerst wurde ich von einer Schwermut ergriffen, die ich für zärtliche Ermattung hielt«, schreibt sie ihrem jungen Geliebten behutsam. »Aber manchmal erschauere ich bei dem Gedanken, wie dicht an Gleichgültigkeit mein Zustand grenzt. Auch Sie selbst scheinen mir nicht mehr so verliebt. Schon einen Monat lang haben Sie keinen Streit mehr mit mir gehabt. Ihnen ist alles gleichgültig, niemals gibt es Launen, dafür aber viel Rücksichtnahme und keine Spur von Liebesdrang. Ach, Marquis, welche Zukunft habe ich vor Augen! Aber wie glücklich wären wir, wenn wir alle beide gleichzeitig aufhören würden zu lieben! Kommen Sie, wir wollen einen Vertrag schließen: Wir wollen uns nicht hintergehen, wollen uns ehrlich davon in Kenntnis setzen, und wenn wir eines Tages aufhören werden, ein Liebespaar zu sein, werden wir wenigstens Freunde bleiben.«

So geschah es dann auch, mit dem jungen Marquis de Sévigné wie schon mit dessen Vater, der Ninons Liebhaber gewesen war, und mit dem späteren Sohn des jungen Marquis, der ebenfalls in die – damals schon sehr reife – Mademoiselle de Lenclos verliebt gewesen sein soll. In Paris teilte man die Verehrer der berühmten Kurtisane in drei Klassen ein: in Zahler, Märtyrer und Favoriten. Die Mitglieder der ersten Kategorie gelangten nur selten in die

dritte, und die der zweiten mußten sich meist damit zufriedenge-
ben, treue Freunde der Ninon zu sein und auch zu bleiben. Aber
keiner aus diesen drei Kategorien scheint sich jemals von der immer aufrichtigen Ninon betrogen gefühlt zu haben.

Erotisches
Sachsen

Die Sibylle, die keine Magdalena wurde

Am Abend des 12. April 1694 bewegte sich durch die Straßen
von Dresden ein ungewöhnlich prächtiger Leichenzug. Sechs
Hofdiener in langen schwarzen Mänteln, mit weißen Wachs-
fackeln in der Hand, gingen voran, durch das Spalier schwarzge-
kleideter Bürger, die sich auf Befehl des Kurfürsten an den
Straßen aufgestellt hatten.

Zwei Marschälle mit schwarzen Stäben folgten den Hofdienern;
hinter ihnen gingen zweiundsechzig Schüler in langen Talaren,
mit weißen Wachslichtern. Den Schülern schlossen sich Hof-
meister, Stallmeister, Kammerjunker, Pagen und Lakaien an, alle
in langen, schwarzen Mänteln. Hinter den Hausangestellten fuhr
langsam der sechsspännige, fürstlich geschmückte Leichenwa-
gen. Der Sarg war mit schwarzem Samt überzogen, und an beiden
Seiten hingen Wappenschilde. Hofherren mit weißen Wachs-
fackeln begleiteten den Wagen, gefolgt von zwei berittenen Mar-
schällen. Die vergoldete Staatskarosse, in der der trauernde Kurfürst Johann Georg IV. saß, schloß sich an. Sechzehn Trabanten
mit schwarzen Hellebarden, von denen silberne Troddeln herab-
hingen, gingen neben der Karosse her; zwei Marschälle folgten.
Sechsspännig auch die Kutsche, die den Bruder des Kurfürsten,
den Herzog Friedrich August, trug, der später als »August der
Starke« in ganz Europa von sich reden machte. Trabanten und
Pagen begleiteten auch diesen Wagen, dem wieder zwei Marschälle folgten. In zweispänniger Kutsche schloß sich der Ober-
hofmarschall von Haugwitz an, gefolgt vom Einspänner des Kam-
merherrn von Neitschütz. In vierundfünfzig zweispännigen Kutschen fuhren Kavaliere und Hofleute im Leichenzug mit. Den
Abschluß bildeten sechs Lakaien mit Fackeln.

Alle Glocken der Stadt läuteten, während die Prozession sich zur
Sophienkirche bewegte. Dort, vor dem Altar, wurde der Sarg un-

ter Choralgesang niedergestellt, eingesegnet und dann im kurfürstlichen Gruftgewölbe hinter dem Altar beigesetzt. Magdalena Sibylle von Neitschütz, die Mätresse des Kurfürsten Johann Georg IV., hatte ihre letzte Ruhestätte gefunden.

Baron Rudolf von Neitschütz, der Vater der Verstorbenen, war unter dem Kurfürsten Johann Georg III. Generalwachtmeister und Kommandant der Reitergarde gewesen und hatte seit seiner Jugend vertrauliche Beziehungen zum Hof gehabt. Er galt als zuverlässiger, etwas farbloser Mann, der seine Stellung wohl eher seiner ehrgeizigen Frau, Ursula Margareta von Haugwitz, als seinem eigenen Verdienst zu verdanken hatte.

Ursula Margareta war berüchtigt für ihre skrupellose Habsucht, ihre Intrigen und ihre zahlreichen Liebesverhältnisse. Man unterstellte ihr neben vielen anderen auch eine intime Beziehung zum Kurfürsten Johann Georg III., von dem sie ihre Tochter Magdalena Sibylle, genannt »Billchen«, empfangen habe. Dies hätte bedeutet, daß Johann Georg IV., der »Billchen« zu seiner Mätresse machte, ihr Bruder gewesen wäre.

Auch wenn dies nicht bewiesen war, es konnte so gewesen sein; Frau Ursula genoß den denkbar schlechtesten Ruf, und da sie ihre Tochter sehr nachlässig erzog, war es kein Wunder, daß »Billchen« schon sehr früh einen ähnlichen Weg einschlug wie ihre Mutter.

Sibylle war ein ungewöhnlich hübsches Mädchen und schon mit dreizehn Jahren so fraulich entwickelt, daß die Männer sich bereits zu dieser Zeit heftig um sie bemühten. Für kindliche Spiele war der jungen Schönheit ebensowenig Zeit geblieben wie für eine gute Ausbildung, und so war Sibylle im Alter von fünfzehn Jahren nur auf Luxus und sinnliches Vergnügen ausgerichtet. Als eines Tages auf einer Anhöhe nahe der Stadt der nur oberflächlich begrabene Leichnam eines neugeborenen Kindes gefunden wurde, galt es in Dresden als ausgemacht, daß nur das Fräulein von Neitschütz als die Mutter dieses Kindes in Frage kam. Auf die Frage nach dem möglichen Vater dagegen wurden mehrere Namen genannt, unter ihnen Sibylles Französischlehrer, Monsieur Saladin, und der als Frauenheld bekannte Oberst Klemm. Auch andere Herren der gehobenen Gesellschaft, so zum Beispiel der Oberhofmeister von Haxthausen und der Kammerjunker von Vitzthum, warben um das wollüstige Kind. Als sie aber merkten, daß Sibylles Mutter nur die luxuriöseste materielle Versorgung ihrer Tochter im Sinn hatte und dafür sogar die Künste von sogenannten Hexenmeistern in Anspruch nahm, zogen sich die Freier zurück. Nun trat ein neuer und finanziell noch besser gerüsteter Bewerber auf den Plan: der Kurprinz Johann Georg. Der als sehr sinnlich bekannte junge Mann entflammte auf den ersten Blick für das üppige Mädchen, und Mutter und Tochter entflammten für den vielversprechenden Sohn des Kurfürsten – eine langandauernde Liaison begann.

Doch die Eltern des jungen Herrn, Johann Georg III. und seine fromme Frau, die Kurfürstin Anna Sophie, waren mit dieser Liebesbeziehung keineswegs zufrieden. Sibylles Ruf war schon damals so ramponiert, daß sogar Herzog Friedrich August seinen Bruder ermahnte, von diesem liederlichen Mädchen die Finger zu lassen – wobei nicht ohne Komik ist, daß dies ausgerechnet der Mann sagte, der später als »der Starke« zu dem zweifelhaften Ruhm eines unersättlichen Lüstlings kam. Die Kurfürstin setzte es schließlich durch, daß der Kurprinz, um die junge Neitschütz aus den Augen zu verlieren, seinen Vater auf den Feldzügen gegen die Franzosen begleiten mußte.

Doch kaum war der Kurprinz nach dem plötzlichen Tod seines Vaters, im September 1691, als Kurfürst Johann Georg IV. nach Dresden zurückgekehrt, zeigte sich, daß er seine Liebschaft nicht aufgegeben hatte: Einer seiner ersten Regierungsakte war es, das sechzehnjährige Fräulein von Neitschütz öffentlich zu seiner Mätresse zu erklären, was in Sachsen, wo so etwas noch nie vorgekommen war, beträchtliches Aufsehen erregte, aber als gottgegeben hingenommen wurde. Im Oktober desselben Jahres führte Mutter Neitschütz ihre willige Sibylle vor das Bett des Kurfürsten und segnete das Liebeslager, wie in den Akten nachzulesen ist, mit dem Zeichen des Kreuzes.

Die mütterliche Baronin hatte sich nicht umsonst bemüht: Über die kurfürstliche Mätresse und ihre Familie ging nun ein wahrer Goldregen nieder. Juwelen, Häuser, Ländereien waren das Ergebnis der erfolgreichen Kuppelei. Und der Kurfürst, hochzufrieden mit seiner Liebschaft, nutzte jede Gelegenheit, um seine attraktive Mätresse öffentlich vorzuführen. Ein glänzendes Fest folgte dem anderen, und die jugendliche Sibylle schwelgte in höfischem Pomp und schmeichelnder Verehrung.

Doch die Kurfürstin-Mutter Anna Sophie war mit dieser Wahl ihres Sohnes nach wie vor nicht einverstanden. Sie hoffte, daß eine passende Ehefrau ihren Sohn von seiner blinden Verliebtheit ablenken würde, und legte ihm die Prinzessin Eleonore Erdmuthe Luise von Sachsen-Eisenach als künftige Gattin nahe; die aparte Witwe des Markgrafen Johann Friedrich von Ansbach war gerade dreißig Jahre alt und damit sechs Jahre älter als der junge Kurfürst.

Johann Georg willigte in den Vorschlag seiner Mutter ein, sei es, weil er ihr den Gefallen tun wollte, sei es, weil er ahnte, daß die puppenhübsche, aber gänzlich unkultivierte Sibylle ihn eines Tages vielleicht langweilen oder wegen ihrer allzu großen Sinnenlust auf die Dauer abstoßen würde.

Die erwählte Prinzessin Erdmuthe kam also nach Leipzig, wo Johann Georg sie erwartete. Aber die verführerische Sibylle hatte sich den unentschiedenen Kurfürsten inzwischen so hörig gemacht, daß dieser nicht von ihrer Seite wich und, neben ihr stehend, von einem Palastfenster aus den Einzug der Prinzessin beobachtete. Anschließend empfing er seine künftige Gattin mit kühler Zurückhaltung.

Die Hochzeit ging wie vorgesehen vonstatten, aber die Feierlichkeiten waren von einer geradezu beleidigenden Prunklosigkeit. Dafür hatte Johann Georgs Mätresse gesorgt, die auf Schritt und Tritt demonstrierte, daß sie die eigentliche Gattin des Kurfürsten sei.

Obwohl der Kurfürst, dem Wunsch seiner Mutter folgend, mit seiner Gattin als Ehemann zu leben versuchte, gelang ihm dies allem Anschein nach nicht. Sein Kammerdiener Rousseau gab später vor Gericht an, der Kurfürst habe öfter geklagt, jemand müsse ihm unbemerkt etwas gegeben oder etwas in sein Bett getan haben. Denn immer, wenn er bei seiner Gattin bleiben wolle, werde ihm ganz übel, er bekomme Angstschweiß und habe das Gefühl, daß ein Arm ihn aus dem ehelichen Bett reißen wolle und er sich übergeben müsse. Diese Beschwerden ließen erst nach, wenn er wieder in seinem eigenen Schlafgemach sei. Dort, wohlgemerkt, erwartete ihn dann gewöhnlich seine Mätresse, die den Kurfürsten, wie die Dresdner meinten, »verhext« hatte.

Diese Verhexung wurde aber nicht bloß als heftige Verliebtheit verstanden, sondern der Aberglaube machte daraus ein unheimliches Spiel dämonischer Kräfte, mit denen die Frau von Neitschütz und ihre Tochter Sibylle angeblich im Bunde ständen. Die kupplerische Mutter, inzwischen zur Frau Generalin avanciert, weil ihr Mann wegen seiner besonderen »Verdienste« um Fürst und Vaterland befördert worden war, stand nämlich mit Personen in Verbindung, die aus dem Teufelsglauben ein Geschäft machten. Zu diesem weitverbreiteten Kreis gehörten, neben dem Scharfrichter von Dresden, Melchior Vogel, als Wahrsagerinnen, Planetenleserinnen, Amulettverfertigerinnen und Liebesgiftköchinnen die »Hexe« Margarete aus dem Spreewald, die »Traummarie« und andere namentlich bekannte Frauen.

Mit den Erzeugnissen dieses Teufelskreises hatte sich Sibylle großzügig eingedeckt. Unter anderem benutzte sie, nach Zeugenberichten, ein gewisses Pulver, das die Kraft besaß, einen zornigen Menschen auf der Stelle zu besänftigen, wenn man es ihm auf den

Kopf streute; diese wirksame Essenz war hergestellt aus einer Muskatnuß, die deren Besitzerin dreimal verschluckt und wieder ausgeschieden hatte. Außerdem trug die kurfürstliche Mätresse ein zauberkräftiges Armband, das, wie man zu wissen glaubte, aus den Haaren des Kurfürsten geflochten war, sowie »auf der linken Brust in einem kleinen güldenen Büchslein einen Liebesteufel, der Fränzel hieß«.

Der bemerkenswerteste Talisman, den Sibylle der Volksmeinung nach besaß, war ein besonderes Säcklein, das sie in ihrem Unterrock trug und in dem sich spezielle Liebesmittel befanden. Diese zauberischen Dinge waren zwei Stofflappen, »deren eines von des Fräuleins Hemde, darin sie menstruo laboriert, das andere aber Kurfürstliche Durchlaucht beschwitzt« hatte. Diese kleinen Lappen hatte Sibylle, im Beisein ihrer Gesellschafterin, an einem Karfreitag in der Bartholomäuskirche, als die Verbindung zwischen Johann Georg und seiner Mätresse offiziell gefeiert wurde, zusammengewickelt und in einer versiegelten Schachtel heimlich auf den Altar gelegt, um den Segen darüber sprechen zu lassen.

Daß der Kurfürst derart verzaubert werden konnte, lag möglicherweise nicht nur an Sibylles erotischen Verführungskünsten, sondern auch daran, daß Johann Georg sich zeitweise in einem bedenklichen Gesundheitszustand befand. Im Sommer 1692, wenige Wochen nach seiner Hochzeit mit Prinzessin Erdmuthe, war der Kurfürst bei einem Ausritt vom Pferd gestürzt und hatte sich eine schwere Gehirnerschütterung zugezogen. Sibylle verstand es während dieser Zeit immer wieder, sich mit besonders liebevoller Pflege des Kranken gegenüber der Prinzessin durchzusetzen. Als die Mätresse schließlich sogar schwanger wurde, war der Kurfürst fast nur noch mit ihr zusammen.

Zunächst war Johann Georg in seiner Reaktion auf die frohe Botschaft zwiegespalten. Einerseits freute er sich auf ein Kind von seiner Geliebten, andererseits meinte er es der Etikette schuldig zu sein, daß die Geburt heimlich stattfinden müßte. In diesem letzteren Punkt hatte er aber die Mutter seiner Mätresse unterschätzt. Die Frau Generalin von Neitschütz war sich über die Zukunft ihres Enkelkindes bereits völlig im klaren. Der Kurfürst solle es so machen wie der König von Frankreich, entschied sie. Gemeint war damit, daß Johann Georg sich ein Beispiel am französischen »Sonnenkönig« Ludwig XIV. nehmen solle, der die Kinder seiner Mätressen wie legitim geborene Prinzen und Prinzessinnen behandelte. Und es wäre dann nur konsequent, wenn der Kurfürst auch in bezug auf Magdalena Sibylle so handeln würde wie Ludwig in bezug auf seine letzte Mätresse, die frömmelnde Madame de Maintenon: daß er sie nämlich zu seiner Frau machte. Sonst, so warnte die Generalin ihre Tochter, »würden die Leute dich für seine Hure halten«.

Um die Leute keinesfalls auf einen so abwegigen Gedanken zu bringen, drängte Sibylle – die freilich keinerlei Neigung zeigte, wie Madame de Maintenon eine büßende Magdalena zu werden – ihren kurfürstlichen Geliebten, den Vorschlag ihrer Mutter baldigst in die Tat umzusetzen, was dieser auch tat.

Rechtzeitig vor der Niederkunft seines geliebten Billchens stellte der Kurfürst eigenhändig ein Dokument aus, in dem er kund- und zu wissen tat, daß er seine Beziehung zu dem »Fräulein« als legitime Ehe anerkenne. Weiter erklärte Johann Georg vorbeugend in schriftlicher Form: »Sollte also Gott uns in solchem diesem Ehestand segnen, so bekenne ich frei vor jedermann, daß solche für meine rechten und nicht unrechten Kinder zu halten sind. Um aber keine Zerrüttung und Streitigkeit in dem Kurhause anzufangen, sollen diese meine rechten Kinder keinen Teil an den Landen und Kurwürden haben und allein diese meine Ehefrau Gräfin und sie Grafen genannt werden.«

Die sinnliche Sibylle und ihre habgierige Mutter konnten also recht zufrieden sein. Auch der Schluß dieses denkwürdigen Dokumentes gab ihnen Anlaß zu vergnügter Hoffnung. Es hieß dort nämlich: »Ich will mir ausgenommen haben, so frei zu sein, noch eine Frau zu nehmen und zwar von gleichem Geblüt mit mir, welche den Namen des Kurfürsten führen und ihre durch Gottes Gnade von mir zeugenden Kinder die rechtmäßigen Erben dieser Kur und Lande sein sollen, da keineswegs in der Heiligen Schrift zwei Weiber zu haben verboten ist, sondern Exemplar anzuführen wären, worinnen es selber von unserer Kirche zugelassen.«

Ein Beispiel, das der Kurfürst vermutlich im Auge hatte, war die Bigamie des Landgrafen Philipp von Hessen, die von Luther und Melanchthon gebilligt worden war.

Das vom Kurfürsten ausgefertigte Aktenstück wurde umsichtigerweise auf zwei Jahre zurückdatiert, auf den 16. Oktober 1691. Damit sollte gewährleistet werden, daß das Fräulein von Neitschütz, falls denn eine Doppelehe dem Kurfürsten doch nicht erlaubt werden würde, jedenfalls als die erste Gemahlin Johann Georgs gelten könne. Gleichzeitig wurde das Fräulein Sibylle, mit einem Reichsgrafendiplom von Kaiser Leopold I., zur Gräfin von Rochlitz gemacht. Man richtete ihr im sogenannten fürstenbergischen Haus an der Elbbrücke einen eigenen Haushalt und Hofstaat ein; dieses Haus stand durch einen verborgenen Gang mit dem Schloß in Verbindung. Als Hofmeisterin diente der neuernannten Gräfin standesgemäß eine Frau von Arnim, während ein Fräulein von Kuhlau ihre Gesellschaftsdame wurde.

Zum Dank für die kaiserliche Gefälligkeit trat der Kurfürst der großen Allianz bei, die Wilhelm III. gegen Frankreich mobilisiert hatte. Johann Georg erbot sich gegenüber Kaiser Leopold, zwölftausend Soldaten an den Rhein zu schicken. Dafür erhielt er von England vierhunderttausend Taler, von denen ein beträchtlicher Teil wiederum im Schoß der schönen Sibylle landeten.

Die kurfürstliche Mätresse begleitete Johann Georg ins Feld, was bedeutete, daß sie in den rheinischen Städten ihren Luxus demonstrieren und gleichzeitig auf den Kurfürsten ein scharfes

Auge haben konnte. Im Juli 1693 gebar sie ihrem Geliebten eine Tochter, die später an einen polnischen Grafen verheiratet wurde. Die Schwangerschaft hatte allerdings bei Sibylle unübersehbare Spuren hinterlassen, so daß sie befürchten mußte, für den Kurfürsten nicht mehr so anziehend zu sein wie vorher.

Für diesen Fall versuchte die unermüdlich ehrgeizige Mutter Generalin Vorsorge zu treffen, indem sie dem Kurfürsten nahelegte, sich von seiner rechtmäßigen Gattin scheiden zu lassen, um dann ihre Tochter zur Kurfürstin zu machen. Diese Erhebung, so glaubte Frau von Neitschütz, sei leichter zu bewerkstelligen, wenn ihre Tochter nicht bloß Gräfin von Rochlitz, sondern Fürstin wäre. Also beauftragte sie einen Vertrauten, am kaiserlichen Hof die Erhebung ihrer Tochter in den Reichsfürstenstand zu betreiben. Der Unterhändler sollte dem Kaiser in der Wiener Hofburg als Gegengabe anbieten, die Gräfin von Rochlitz werde ihre Fürstenkrone damit bezahlen, daß sie zum Katholizismus überträte und ihren kurfürstlichen Gatten Johann Georg ebenfalls dazu veranlassen werde.

Doch diesen unverfrorenen Antrag wies Kaiser Leopold entschieden zurück. Kursachsen habe bereits eine Kurfürstin, ließ Leopold ärgerlich verlauten, nämlich die Prinzessin, Johann Georgs IV. angetraute Gemahlin. Und eine Kurfürstin sei für Kursachsen schließlich genug.

Diesem Rückschlag für Sibylle folgte bald ein weiterer, endgültiger. Seit ihrer Niederkunft war sie ständig schwach und kränklich gewesen, ohne daß die Ärzte die Ursache erkannten. Es regte sich das Gerücht, jemand habe der Gräfin von Rochlitz Gift gegeben, und natürlich fiel der Verdacht sofort auf die Kurfürstin Eleonore Erdmuthe, die sich nur mit großer Mühe dieser Unterstellung erwehren konnte.

Im März 1694 erkrankte Sibylle Gräfin von Rochlitz an Pocken. Tagelang lag sie mit Schüttelfrost und hohem Fieber in ihrem Bett. Dann bedeckte sich ihr einstmals schöner Leib mit schwarzen Krusten. Am 4. April starb die kurfürstliche Mätresse unter heftigen Krämpfen. Sie war noch nicht ganz zwanzig Jahre alt.

Johann Georg war untröstlich. Während der Krankheit seiner Geliebten hatte er ihr Zimmer kaum verlassen. Nun ordnete er ein prachtvolles Leichenbegängnis für sie an, bei dem alle Bürger Dresdens zugegen sein sollten. Er selbst geleitete die Tote zu ihrer Gruft und verfaßte folgende Grabschrift für sie:

»Hier ruhet in Gott die hoch- und wohlgeborene Frau Magdalena Sibylle, des Heiligen Römischen Reiches Gräfin von Rochlitz, welche Einem Manne verbunden, eine allzeit treue, Eines Kindes Mutter, ihres Fürsten Untertanin, auch ihm doch gleich war, indem sie von ihm ehelich geliebt wurde. Weil sie nun jung an Jahren, auch angenehmer Gestalt, also war sie mit anständigen Sitten und Tugenden begabt, in Summa von vortrefflichen Qualitäten, als welche den Notdürftigen mit Hilfe, ihren Feinden mit Sanftmut, jedermann mit Freundschaft und Guttat gewogen, dahero sie vielen ein heftiges Verlangen nach ihrer Person zurückgelassen hat. Sie ist geboren den 8. Februar 1675, starb den 4. April 1694, hat also gelebt 19 Jahre. So lebe denn ewig wohl und auch in deinem Erlöser, o werteste Seele!«

Um sich auch nach dem Tod ihrer Tochter die Gunst des Kurfürsten zu erhalten, kam die Frau Generalin Neitschütz auf die Idee, ihren »Herrn Sohn«, wie sie ihn zu nennen pflegte, mit einer anderen Frau zu trösten. Für diese Rolle hatte sie Fräulein von Kuhlau, die Gesellschaftsdame ihrer verstorbenen Tochter, ausersehen, die sich auch äußerst willig zeigte. Doch ehe es dazu kommen konnte, starb Johann Georg IV., dreiundzwanzig Tage nach seiner Geliebten, bei der sich der knapp Sechsundzwanzigjährige mit der Pockenkrankheit infiziert hatte.

Hexenkunst und Liebeshändel

Doch Johann Georgs plötzlicher Tod hatte ein Nachspiel. Angeblich war es dabei nicht mit rechten Dingen zugegangen. In Sachsen und dessen weiterer Umgebung hieß es argwöhnisch, der Kurfürst sei nicht an den Blattern gestorben, sondern höchstwahrscheinlich vergiftet worden. Gewisse Personen aus dem sächsischen Adel, aber auch aus der sächsischen Geistlichkeit hätten daran ein nachweisbares Interesse gehabt. Denn der Adel habe den Kurfürsten gehaßt, weil dieser durch seine Bürokratie viele adelige Privilegien übergangen hätte. Und die lutherische Geistlichkeit habe befürchtet, daß Johann Georg, angestiftet von seiner Mätresse, den Weg zum Katholizismus einschlagen würde. Ein Beweis für die Vergiftungsthese war allerdings nicht zu erbringen.

Schwerer auszuräumen war in der abergläubischen Bevölkerung der Verdacht, daß Sibylle Magdalena den Kurfürsten mit Hilfe von Hexenkünsten zu Tode gebracht hätte. Denn schließlich habe sie ja, gemeinsam mit ihrer Mutter, den Kurfürsten auch zu Lebzeiten schon behext; nun sei er von ihr ins Grab gezogen worden. Nicht umsonst habe sie sich ein Bild Johann Georgs und ihr Armband, das aus seinen Haaren geflochten war, in den Sarg mitgeben lassen.

Das Hexengerücht brachte in Dresden soviel Unruhe, daß eine Hofclique es sich zunutze machen wollte, um dadurch die unbeliebte Frau Generalin Neitschütz loszuwerden. Die alte Kurfürstin Anna Sophie unterstützte das zweifelhafte Volksbegehren und drängte auf eine gründliche Untersuchung des Falles. Die undankbare Aufgabe, als einigermaßen aufgeklärter Mensch einen Hexenprozeß gegen Sibylles Mutter zu führen, mußte wohl oder übel der Nachfolger des verstorbenen Kurfürsten übernehmen, Johann Georgs jüngerer Bruder Friedrich August. Dieser konnte sich von einem solchen Prozeß immerhin versprechen, daß die beträchtlichen Reichtümer der alten Neitschütz in seine Kassen fließen würden.

August, zwei Jahre jünger als sein Bruder Johann Georg, war kaum vierundzwanzig Jahre alt, als er unversehens neuer Kurfürst von Sachsen wurde. Er war ein ungewöhnlich kräftiger junger Mann, von dem es hieß, daß er Metallteller verbiegen, Silberbecher mit einer Hand zusammendrücken und Hufeisen zerbrechen könne. Seine Körperkräfte erprobte er in den folgenden Jahren auch an einer Vielzahl von Damen in ganz Europa. Ein französischer Geschichtsforscher wies dem starken August siebenhundert Liebesverhältnisse nach, und die Markgräfin von Bayreuth, die Schwester des Preußenkönigs Friedrich des Großen, behauptete in ihren Memoiren, Friedrich August habe nicht weniger als dreihundertvierundfünfzig Kinder gezeugt.

Zunächst aber stand die Hexenprozedur bevor, die August schon deshalb in die Wege leiten mußte, um nicht selbst in den Verdacht zu geraten, seinen älteren Bruder umgebracht zu haben. Eine Woche nach dem Tode Johann Georgs wurde also die einstmals schöne Gräfin Rochlitz exhumiert, entkleidet und auf geheime Zaubermittel untersucht. Ob irgend etwas Verdächtiges gefunden wurde, ist nicht bekannt. Jedenfalls wurde das diamantgeschmückte Porträt des verstorbenen Kurfürsten und das aus seinen Haaren geflochtene Armband der Toten vorsichtshalber nicht wieder beigegeben, als diese erneut beigesetzt wurde. Und da Johann Georg sich nicht mehr dagegen zur Wehr setzen konnte, wurde seine Geliebte nicht noch einmal in die Fürstengruft hinabgesenkt. In einer nächtlichen Bestattung wurde Sibylle Magdalenas Leichnam außerhalb der Sophienkirche, neben dem Weg zur Sakristeitür, in einer Grube verscharrt.

Nun begann ein monatelanger Prozeß gegen die intrigante Mutter Neitschütz und ihre zauberischen Mitarbeiter. Drei von ihnen, die Traummarie, die Kammerfrau der Generalin und deren

Mann, mußten mehrere Stufen der Folter über sich ergehen lassen und wurden anschließend zu öffentlicher Besichtigung an den Pranger gestellt. Die »Hexe« Margarete und der Scharfrichter Vogel starben einige Wochen später an den Folgen der Folter im Gefängnis.

Der Generalin von Neitschütz, geborene von Haugwitz, warf die Anklage vor, daß sie eine Hexe sei, sich der Zauberei beflissen und dadurch die beiden Kurfürsten, Johann Georg III. und Johann Georg IV., zu Tode gebracht habe, letzteren aber vorher noch zu einer ungemeinen Liebe zu ihrer verstorbenen Tochter, der Gräfin von Rochlitz, und zu einem unversöhnlichen Haß gegen seine Gemahlin verleitet habe. Außerdem sei sie des Versuchs schuldig, den verstorbenen Kurfürsten gedrängt zu haben, ihre Tochter zu heiraten und sie in den Fürstenstand erheben zu lassen – obwohl sie zugelassen habe, daß ihre Tochter mit anderen Männern »gehuret und geehebruchet, ein aus unzüchtigem Beischlafe von selbiger erzeugtes Kind heimlich ermordet« und dem Kurfürsten ein fremdes Kind untergeschoben habe, weil das von ihm gezeugte kurz nach der Geburt gestorben sei.

Die alte Generalin bestritt alle ihr zur Last gelegten Vorwürfe energisch und war selbst unter der Folter nicht bereit, sich als Hexe erkennen zu geben. Im Protokoll über die Nacht zum 17. Juli 1697 heißt es, sie sei »mit Daumenschrauben, Schnüren und spanischen Stiefeln heftig angegriffen worden, habe jedoch nichts bekannt, als was man schon vorher gewußt und auch nicht geklagt und gejammert, sondern nur immer gesungen ›Stärk' mich mit deinem Freudengeist in meiner Marterstunde‹ …«

Nach der ergebnislosen Folter wurde Frau von Neitschütz dazu verurteilt, anderthalb Jahre lang, von vier Soldaten rund um die Uhr bewacht, in einem Verlies des Dresdner Rathauses zu verbringen. Danach ließ Friedrich August sie frei. In Dresden zeigte sie sich nie wieder, sondern lebte auf dem Gut ihres Sohnes Rudolf, in der Nähe von Bautzen, bis zu ihrem Tod im Jahre 1713.

Als August im April 1694 auf den Thron gelangte, hatte er schon ziemlich viel von der damaligen Welt gesehen. Als Siebzehnjähriger hatte er eine zweijährige Reise durch Deutschland, Frankreich, Spanien, Portugal und Italien gemacht. Der imposant aussehende, leidenschaftliche und dabei vielseitig gebildete junge Prinz hatte sich dabei sehr genau über die politischen Verhältnisse in Europa und die Kriegsstärke der einzelnen Staaten, aber auch über die Kultur, besonders die Baukunst ins Bild gesetzt. Beeindruckt hatte ihn vor allem, sowohl in bezug auf die Prachtentfaltung als auch auf die königlichen Ausschweifungen, der glanzvolle Hof von Versailles.

Der junge Mann mit der Löwenkraft, der mit einer Hand harte Taler wie Papier zusammendrücken konnte, imponierte natürlich den schönen Damen Europas ebenso, wie sie ihm imponierten. Augusts Liebesaffären sind nicht leicht zu überblicken, und nicht immer gingen sie ganz ungefährlich aus. Mehr als einmal geriet er, der meist unter dem Namen eines »Grafen von Meißen« zu reisen pflegte, in Lebensgefahr.

Als August dem spanischen König Karl und seiner Gemahlin in Madrid einen Besuch machte, fiel ihm unter dem Hofgefolge eine ungewöhnlich schöne Dame auf, die Marquise von Manzera. August verliebte sich augenblicklich in sie und ließ sich nicht davon irritieren, daß die Marquise verheiratet war und außerdem von ihrer sehr wachsamen Mutter behütet wurde. Es schien eher so, als ob solche Widerstände ihn noch besonders reizten.

Um mit der Marquise anzubändeln, nahm der Prinz über einen Bettelmönch Kontakt mit ihrer Kammerfrau auf und ließ der Hofdame seine Verehrung übermitteln. Bei einem Fest am Königshof nahm August die Gelegenheit wahr, mit der schönen Marquise zu tanzen. Aber eine etwas zu deutliche Äußerung des verliebten Prinzen brachte den mit Recht eifersüchtigen Herrn von Manzera derart in Rage, daß er seiner Frau verbot, mit dem sächsischen Prinzen noch ein Wort zu wechseln.

Die Marquise fügte sich in den Wunsch ihres Gatten und versuchte, alle weiteren Annäherungsversuche des Prinzen dadurch zu blockieren, daß sie eine leichte Krankheit vorschützte. Aber die Kammerfrau, durch Augusts Bitten und Geschenke erweicht, überbrachte ihrer Herrin auch weiterhin den beharrlichen Wunsch des Prinzen, ihm ein Rendezvous zu gewähren. Schließlich gelang es August, mit Hilfe eines funkelnden Diamanten, die Kammerfrau dazu zu bewegen, der Marquise einen Liebesbrief von ihm zu überbringen. Die Marquise zögerte anfangs, den Brief zu öffnen, aber Neugier und heimliches Interesse für den anziehenden jungen Prinzen überwogen offensichtlich, und ein heimliches Stelldichein um Mitternacht wurde verabredet.

Dabei war allerdings eine nicht unwesentliche Schwierigkeit zu überwinden. Da die Marquise nicht nur mit ihrem Gatten, sondern auch mit ihrer Mutter im selben Haus wohnte und alle Schlafzimmerfenster zum Garten hinausgingen, war die Gefahr, bei diesem Abenteuer ertappt zu werden, sehr groß. Aber August wagte es.

Alles schien gutzugehen. Der Prinz kam um Mitternacht an die Gartentür, die Kammerfrau geleitete ihn in das Zimmer ihrer Herrin, und drei Stunden gingen wie im Fluge vorbei. Eigentlich hatte die Marquise den Prinzen nur aus dem Grunde zu sich bestellen wollen, um ihm ein für allemal abzusagen. Statt dessen wurden jetzt neue heimliche Zusammenkünfte verabredet.

Es traf sich günstig, daß der Marquis während dieser Zeit krank war und allein in seinem Zimmer bleiben wollte. Ungünstig war allerdings, daß der kranke Mann schlecht schlafen konnte und nachts häufig durch einen offenen Gang spazierte, der in den Garten führte. In einer Mondnacht sah er zu seiner Überraschung eine männliche Gestalt, geführt von der Kammerfrau seiner Gattin, durch die Gartentür zur Straße gehen. Daß die schon etwas bejahrte Kammerfrau einen Geliebten hatte, schien dem

Marquis äußerst unwahrscheinlich; es konnte sich bei dem nächtlichen Besucher also nur um einen Gast seiner Frau handeln.

Der Betrogene sann auf Rache. Er gab vor, daß sein Leiden sich verschlimmert habe, und ließ niemanden zu sich. Nur seinen treu ergebenen Kammerdiener weihte er in seinen Plan ein, den sächsischen Prinzen umbringen zu lassen. Drei zuverlässige Männer sollten jeden niederstechen, der nachts durch die kleine Gartentür kommen würde.

Die gedungenen Mörder brauchten nicht lange zu warten. Schon in der folgenden Nacht, als sie gemeinsam mit dem Kammerdiener auf ihrem Posten standen, näherte sich eine verhüllte Männergestalt der Gartenpforte. Kaum hatte die Gestalt die Tür geöffnet, als die Männer auch schon auf den Unbekannten einstachen. Der überraschte Prinz wurde zwar verletzt, zog aber umgehend seine Pistole und traf einen seiner Gegner in den Kopf. Augusts Page, der Graf Vitzthum, hatte den Schuß gehört und kam eilig, um dem Prinzen zu helfen. Zwei weitere Gegner wurden von Kugeln getroffen, einer versuchte zu fliehen. Aber die Nachtwache, die den Lärm gehört hatte, nahm ihn fest, und er gestand, vom Marquis mit dem Mordanschlag gegen den sächsischen Prinzen beauftragt worden zu sein.

Augusts Verletzungen waren nicht lebensgefährlich, er mußte einige Tage allein im Bett verbringen. Aber er machte sich Gedanken über das Schicksal seiner Geliebten, denn er konnte sich leicht vorstellen, daß deren eifersüchtiger Mann, der das Attentat auf ihn geplant hatte, auch seiner treulosen Gattin einige Schwierigkeiten machen würde.

Mit dieser Befürchtung sollte der leichtsinnige Liebhaber recht behalten. Als der Marquis noch in derselben Nacht erfuhr, daß sein Nebenbuhler mit dem Leben davongekommen sei und alles erfahren habe, wußte er, daß er wegen des Mordanschlags zum Tode verurteilt werden würde. Doch vorher wollte er seine Rache. Mit einem Dolch in der einen und einem Giftbecher in der anderen Hand betrat er das Zimmer seiner Gattin, wo sich auch die Kammerjungfer befand. Ohne ein Wort zu sagen, stach er diese nieder. Dann ließ er seine Frau zwischen dem Dolch und dem Gift wählen. Die Marquise griff nach dem Giftbecher und leerte ihn vor seinen Augen. Sie starb in den Armen ihrer Mutter. Dem Marquis konnte kein Prozeß mehr gemacht werden. Er wurde von einem Fieber befallen, dem er nach wenigen Tagen erlag.

Das Geheimnis der venezianischen Edeldame

In Madrid hielt den Prinzen begreiflicherweise gar nichts mehr. Er nahm hastig Abschied vom Königshof und reiste über Südfrankreich nach Italien.

Die lebenslustige Lagunenstadt Venedig war der geeignete Ort, August von seinem Kummer um die verlorene Geliebte zu befreien. Der Senat der Republik veranstaltete zu Ehren des sächsischen Prinzen eine Menge glanzvoller Bälle, und die venezianischen Adeligen wetteiferten miteinander darin, August gastlich zu bewirten und ihn mit allem, was die Stadt an Schönheiten bot, vertraut zu machen; dazu gehörten selbstverständlich auch die Venezianerinnen.

Allerdings fand der starke August nicht überall offene Arme. Die schöne Gräfin Mocenigo, zum Beispiel, eine bei aller Anziehungskraft sehr sittsame Dame, gab dem ungestümen Sachsen in aller Höflichkeit zu verstehen, daß sie weder für Geld noch für gute Worte zu einem Liebesabenteuer bereit sei. Der enttäuschte Prinz sah sich deshalb schleunigst nach anderen Möglichkeiten um.

Eine solche bot sich schon sehr bald. Als August eines Abends aus seiner Gondel stieg, überreichte ihm sein Gondoliere einen kleinen Brief. Darin wurde der Prinz eingeladen, um Mitternacht allein an einen bestimmten Ort zu kommen. Von dort aus würde er zu einer Dame geleitet werden, die von sich mit Recht behaupten dürfe, seiner würdig zu sein.

August, froh über die Aussicht, für die Enttäuschung mit der Gräfin Mocenigo entschädigt zu werden, steckte vorsichtshalber zwei Pistolen unter seinen Mantel und ließ sich gegen Mitternacht von seinem Gondoliere zu dem vorbestimmten Platz fahren. Während der Fahrt klärte der Gondoliere den Prinzen, so gut er konnte, über die geheimnisvolle Dame auf. Er dürfe zwar den Namen dieser ungewöhnlich schönen Dame nicht nennen, sagte er, aber er habe mit deren Kammerfrau verabredet, daß er den Prinzen um Mitternacht unter die Fenster der gnädigen Frau fahren würde; anschließend könne der junge Prinz mit einer Strickleiter zu der wartenden Dame gelangen. Nach drei Stunden wolle er mit der Gondel wiederkommen und den Prinzen nach Hause zurückbringen.

In einem schmalen Kanal hielt der Gondoliere schließlich an, und wie verabredet kletterte der Prinz die herunterhängende Strickleiter hinauf und zu einem Fenster hinein. Im Dunkeln hörte er eine weibliche Stimme zu ihm sagen, er solle keinerlei Befürchtungen haben, und sehr bald werde er glücklich sein. Dann wurde er von einer weiblichen Hand durch mehrere dunkle Räume geführt, bis er durch einen prächtigen hellen Saal hindurch in ein kostbar ausgestattetes kleines Zimmer kam. Seine Begleiterin ließ ihn nun allein, und gleich darauf betrat ihre Herrin den Raum. Sie war wirklich außergewöhnlich schön, machte auf August den Eindruck einer sehr wohlhabenden Edeldame, und er begrüßte sie mit begeisterter Ehrerbietung. Sie habe, sagte die Dame mit niedergeschlagenen Augen, schon mehr als einen Monat ihre Gefühle zu ihm unterdrücken müssen: »Bedauern Sie also eine Unglückliche, die über ihr augenblickliches Benehmen fast vor Scham vergeht, die aber unweigerlich gestorben wäre, wenn sie sich das Vergnügen, Sie zu sprechen, länger versagt hätte.«

August war von diesem züchtig vorgetragenen Geständnis stark berührt und fragte sich, wie er diese schöne Frau während seines bisherigen Venedig-Aufenthaltes habe übersehen können. Die Dame klärte dieses Geheimnis umgehend auf. Sie sei in sehr jugendlichem Alter an einen greisen Adeligen verheiratet worden, erzählte sie. Sechs Jahre lang sei sie von ihrem Gatten wie eine Sklavin gehalten und vor der Öffentlichkeit abgeschirmt worden. Nun sei er, vor zwei Monaten, gestorben und habe ihr ein großes Vermögen hinterlassen. Da sie aber als Witwe in den ersten drei Monaten nach dem Tode ihres Mannes nicht ausgehen dürfe, habe sie an keinem der großen Bälle teilnehmen können. Nur in die Kirche sei sie regelmäßig gegangen; dort habe sie ihn, den Prinzen, zum ersten Mal gesehen und ihn seitdem nicht mehr vergessen können. Sie habe ständig überlegt, wie sie ihn kennenlernen könne, und habe sich schließlich entschlossen, ihm den kleinen Brief zu schicken.

August war begreiflicherweise sehr angetan von den Bekenntnissen der schönen jungen Witwe, und als seine Gondel zur verabredeten Zeit wieder vor dem Haus seiner neuen Geliebten hielt, schickte er den Gondoliere weg. Drei Tage und Nächte blieb der junge Prinz nun bei der Dame, trug die Garderobe des verstorbenen Hausherrn und wurde wie dieser von der Kammerfrau bedient.

Inzwischen hatte halb Venedig von der Liebesaffäre des sächsischen Prinzen mit der Edeldame erfahren, und August besuchte die Witwe jetzt auch in aller Öffentlichkeit, wann immer er Lust dazu hatte. Das allerdings sollte zu einer Enttäuschung führen. Denn als August wieder einmal ohne Vorankündigung in das Haus seiner Liebsten kam, traf er zunächst die Kammerfrau, die bei seinem Anblick erschrocken zurückprallte und ihn dann dringend bat, ihre Herrin heute nicht zu besuchen, weil sie sich nicht wohl fühle.

Aber August hatte Verdacht geschöpft. Er schob die Kammerfrau beiseite, stürmte geradewegs in das Schlafgemach seiner Geliebten und ertappte die lustige Witwe in den Armen eines Dominikanermönches. Dieser sprang entsetzt hoch und rannte, um Augusts kräftigen Prügeln zu entgehen, halbnackt zum Fenster, riß es auf und ließ sich in den Kanal fallen, nicht ohne dem Prinzen vorher noch mit dem Kirchenbann gedroht zu haben.

Die schöne Witwe war über diese Szene so beschämt, daß sie sich nirgends mehr sehen lassen mochte. Sie zog sich schließlich in ein Kloster zurück und blieb dort bis zu ihrem Tod. August versuchte, seinen Ärger über den Betrug in den Armen einer Reihe von stadtbekannten Liebesdamen zu vergessen, bis er nach Sachsen zurückberufen wurde, um am Krieg gegen das Frankreich Ludwigs XIV. teilzunehmen.

Obwohl der starke Sachsenprinz mutig genug war, sich in jedes Kampfgetümmel zu stürzen, war er nicht zum Feldherrn und kühl planenden Strategen geboren. Seine Siege erkämpfte er sich eher im Liebesleben als auf dem Schlachtfeld. Und da August als Schwiegersohn eine gute Partie war, hatten nicht nur adelige Töchter, sondern auch deren Eltern ein großes Interesse an einer näheren Verbindung mit dem jungen Prinzen.

Eberhardine und ihre Konkurrentinnen

Auf dem Rückweg vom Franzosenfeldzug kam August auch in das kleine Bayreuth, wo ihn der Markgraf Christian Ernst mit großem Pomp empfing. Dieser Aufwand hatte einen guten Grund, denn der Markgraf besaß eine Tochter in heiratsfähigem Alter. Christiane Eberhardine, ein Jahr jünger als August, galt mit ihren regelmäßigen, feinen Gesichtszügen und ihren prächtigen blonden Haaren allgemein als vollkommene Schönheit. Dieser Ansicht war auch der leicht entflammbare Prinz, der sich sofort in die junge Dame verliebte. Langes Zögern war nicht seine Sache, und der zufriedene Markgraf setzte die Hochzeit auf den 10. Januar 1693 fest, die denn auch prunkvoll gefeiert wurde, bevor das junge Paar die Heimreise nach Dresden antrat. Dort feierte man wochenlang weiter, und vor allem die alte Kurfürstin war voller Hoffnung, daß das schöne junge Mädchen den flatterhaften Prinzen würde zur Ruhe bringen können.

August, der wenig später Kurfürst wurde, war zunächst auch sehr verliebt in seine junge Frau, aber lange hielt diese Leidenschaft nicht an. Ein Fräulein von Kessel, Hofdame der alten Kurfürstin, erregte sein neues Interesse. Die hübsche Dame, die die Zuneigung des Kurfürsten wohl bemerkte, reagierte darauf aber aus Anstand nicht und ging August nach Möglichkeit aus dem Wege. August ließ jedoch nicht locker und schrieb ihr einen Brief, in dem er es als seine »einzige Glückseligkeit« bezeichnete, sie näher kennenzulernen.

Das wohlerzogene Fräulein von Kessel bedankte sich bei der nächsten Gelegenheit ehrerbietig für die kurfürstliche Aufmerksamkeit; sie hoffte, damit wäre sein Annäherungsversuch im Keim erstickt. Doch August blieb beharrlich und suchte nach einer neuen Gelegenheit, die Schöne zu erobern. Als er erfuhr, daß sie sich für einige Zeit bei einer Bekannten auf deren Landgut aufhalten würde, ritt er mit einem Vertrauten wie zufällig dorthin und überraschte die junge Dame allein im Haus. Ohne große Umstände fiel er ihr zu Füßen und bat die »anbetungswürdige Kessel«, wie er sie flehentlich nannte, ihn zu erhören.

Möglicherweise wäre die tugendhafte junge Edeldame in diesem Augenblick schwach geworden, wenn nicht der Eintritt der Hausfrau die Szene unterbrochen hätte. Aber es dauerte nicht mehr lange, bis der leidenschaftliche August sein Ziel erreichte. Nach einem intensiven Gespräch wenige Tage später in Dresden gab die keusche Schöne dem galanten Kurfürsten nach. Er beschenkte sie überreich, mit Diamanten im Wert von sechzigtausend Reichstalern, zahlreichen Schmuckgegenständen und prächtigem Hausgerät. Doch bat Augusts erste Geliebte seit seiner Heirat den jungen Kurfürsten dringend, ihren intimen Umgang geheimzuhalten, damit seine Gattin und seine Mutter nicht in ihren Empfindungen verletzt würden.

Das allerdings geschah recht bald. Zum Geburtstag des Kurfürsten kam das Fräulein von Kessel, das eigentlich als eher arm gegolten hatte, mit Diamanten geschmückt zur Gratulation. Der Kurfürstin Eberhardine schwante Böses, zumal sie seit einiger Zeit gespürt hatte, daß ihr Gatte nicht mehr so zärtlich zu ihr war wie zu Anfang. Erregt trat sie der Hofdame in den Weg und verlangte zu wissen, woher der üppige Schmuck stamme. Fräulein von Kessel war so verwirrt, daß sie nicht wußte, was sie antworten sollte. Unter den bohrenden Fragen Eberhardines und der alten Fürstin gab sie schließlich ihr Liebesverhältnis mit August zu und verließ voller Verzweiflung die beiden Damen.

Nun geriet August gegenüber seiner Frau und seiner Mutter in Schwierigkeiten. Eberhardine bat ihn weinend, ihr wieder seine Liebe zu schenken, und seine Mutter hielt ihm vor Augen, wie oft er die Liebschaft seines verstorbenen Bruders mit der Neitschütz verflucht habe – ob er denn nun seinen Bruder nachahmen und die Kessel lieben wolle?

Diese komplizierte Frage löste August dadurch, daß er, wenn auch äußerst widerwillig, versprach, einen Ehemann für das Fräulein von Kessel suchen zu lassen. Er schrieb seiner Geliebten, sie möge seine Lage verstehen und den Mann zum Gatten nehmen, den die beiden Kurfürstinnen für sie aussuchen würden. Fräulein von Kessel sträubte sich lange gegen diesen Vorschlag. Wahrscheinlich hoffte sie insgeheim, der Kurfürst würde die unterbrochene

Beziehung zu ihr irgendwann wieder aufnehmen. Aber diese Hoffnung trog. Und so ließ sich die enttäuschte Geliebte von der alten Kurfürstin einen anderen Herrn aussuchen, mit dem sie später recht glücklich geworden sein soll; es war der Feldmarschall von Haugwitz.

Wenn die Gattin des unbeherrschten Kurfürsten geglaubt haben sollte, Friedrich August würde nach dieser unliebsamen Episode endlich wieder ganz zu ihr zurückfinden und als treuer Ehemann seine privaten und offiziellen Verpflichtungen erfüllen, hatte sie sich getäuscht. Denn sehr bald tauchte in Dresden eine andere Schönheit auf, die den Kurfürsten fesselte: Gräfin Aurora von Königsmarck.

Maria Aurora war die Tochter des Grafen Konrad Christoph von Königsmarck und seiner Gattin Maria Christina, einer geborenen Gräfin Wrangel aus Stockholm. Aurora wurde 1668 geboren und entwickelte sich zu einem sehr schönen Mädchen. Mittelgroß, schlank, mit dunklen Haaren und dunklen Augen erregte sie schon als Zwölfjährige bei einem Maskenball in Hamburg, wo sie als Zigeunerin verkleidet auftrat, allgemeine Bewunderung.

Aber Aurora war nicht nur schön, sondern auch intelligent. Trotz ihrer frühen gesellschaftlichen Erfolge blieb sie bescheiden und legte Wert drauf, nicht nur durch ihre äußere Erscheinung zu wirken. Sie las und lernte viel, hatte gewandte Umgangsformen, ein heiteres Wesen und war überall beliebt. Da sie von Jugend auf daran gewöhnt war, auf internationalem Parkett aufzutreten, wirkte sie sicher und gelassen, wobei ihr zugute kam, daß sie sich in mehreren Sprachen – Deutsch, Französisch, Italienisch und Schwedisch – fließend unterhalten konnte. Zur Begeisterung einiger gebildeter Verehrer verstand sie auch genügend Latein, um die alten römischen Autoren lesen zu können.

Nach dem Tode ihrer Eltern lebte Aurora zunächst mit ihrer älteren Schwester in Hamburg und war dort der Mittelpunkt der vornehmen Gesellschaft. Sehr viele Männer bemühten sich um sie, unter anderem Herzog Anton Ulrich von Braunschweig-Wolfenbüttel, der ihr galante Briefe schrieb, und der Herzog Friedrich Wilhelm von Mecklenburg-Schwerin, der ihr mündlich und schriftlich seine Liebe gestand.

Wieweit die schöne Aurora auf solche Angebote einging, ist nicht detailliert belegt; sicher ist nur, daß sich unter ihren Verehrern keiner befand, mit dem sie ihr Leben auf die Dauer hätte teilen mögen. Das änderte sich erst, als die junge Gräfin Königsmarck, auf der vergeblichen Suche nach ihrem Bruder Philipp Christoph, der wegen einer verbotenen Liebe ermordet worden war, an den Hof von Dresden kam.

Schon bei seiner ersten Begegnung mit Aurora war Kurfürst August von der Ausstrahlung der jungen Gräfin hell entflammt. Aurora bemerkte dies natürlich, hielt sich aber – ob aus Takt oder aus Taktik, war schwer zu entscheiden – höflich zurück. August, der sich dadurch erst recht aufgereizt fühlte, ließ ihr von einem seiner Vertrauten einen schmachtenden Brief überbringen, in dem er um Nachsicht für seine Zudringlichkeit bat und ihr versicherte, daß sein Tod oder Leben in ihren Händen liege: »Wahrhaftig, mein Fräulein«, hieß es in dem Brief, »man kann nicht empfindlicher gerührt sein als ich, daher nehme ich mir die Freiheit, Ihnen zu gestehen, daß ich Sie anbete. Erlauben Sie mir, daß ich meine Fehler zu Ihren Füßen wieder gutmache, und wenn Sie meinen Tod wünschen, so versagen Sie mir doch den Trost nicht, mein Urteil aus Ihrem Mund zu hören. Der Zustand, in dem ich mich befinde, gestattet mir nicht, Ihnen mehr zu sagen.«

Die kluge Aurora ging mit respektvoller Undurchsichtigkeit auf das Schreiben des Kurfürsten ein: »Gnädigster Herr!« schrieb sie. »Es schickt sich so wenig für geringe Personen, regierende Fürsten zu beurteilen, daß ich nicht weiß, wie ich mich in Ansehung Eurer Kurfürstlichen Durchlaucht verhalten soll. Man verurteilt diejenigen nicht leicht, die man hochachtet, und noch weniger wünscht man ihren Tod. Urteilen Sie also selbst, gnädigster Herr, ob ich den Ihrigen begehren soll, ich, die ich mit der Hochachtung noch Erkenntlichkeit und Ehrerbietung verbinde.«

August war mit dieser geschickt formulierten Antwort, die ihm alle weiteren Schritte allein überließ, natürlich nicht ganz zufrieden. Er fand sie zu kühl, zu wenig entgegenkommend. Aurora selbst war nicht sicher, ob sie weitere Liebessignale des Kurfürsten abwarten oder nicht doch lieber dem sächsischen Hof den Rücken kehren solle. Sie entschied sich für das letztere und teilte dies ihrer Schwester, der Gräfin von Löwenhaupt, mit. Diese hatte aber inzwischen vertrauteste Beziehungen zum Fürsten von Fürstenberg angeknüpft und wollte Dresden keinesfalls verlassen. Deshalb machte sie sich nun zur Anwältin des verliebten August: Sie beredete Aurora, dem Kurfürsten nachzugeben und gab August zu verstehen, daß ihre Schwester sich nur aus Anstand so zurückhalte, in Wirklichkeit aber verliebt in ihn sei.

Mit dieser raffinierten Strategie brachte die Gräfin Löwenhaupt ein heimliches Treffen ihrer jüngeren Schwester mit dem Kurfürsten zustande, und Aurora kam schließlich den durchlauchtigsten Wünschen entgegen. Für die geplante »Brautnacht« wählte August ein verschwiegenes Lustschloß in einem Wald bei Moritzburg. Er selbst ritt mit einem Teil seines Gefolges voraus. Über die Ankunft der beiden Schwestern liest man in einem höfischen Bericht:

»Fräulein von Königsmarck und die Gräfin von Löwenhaupt verreisten in Begleitung der schönsten Hofdamen in Amazonenkleidung einige Stunden nach dem Kurfürsten, der ihnen zu Gefallen die außerordentlichsten Lustbarkeiten veranstaltete. Als sie in den Wald bei Moritzburg fuhren, wurden sie einen prächtigen Palast gewahr. Wie nun ihre Kutsche stillhielt, damit sie die Kostbarkeit dieses Gebäudes in Augenschein nehmen konnten, sahen sie die Tür mit einem Mal aufspringen, und Diana, umgeben von ihren Nymphen, zeigte sich ihren Blicken. Sie redete Fräulein von Königsmarck an, und mit Anspielung auf ihren Namen

Aurora lud sie sie ein, als wenn sie diese Göttin wäre, in ihren Palast zu kommen und die Ehrenbezeigung der Waldgottheiten entgegenzunehmen.«

Barockfest für Aurora

Dieses anmutige kleine Waldtheater war der Auftakt zu einem ausgedehnten Fest, das Kurfürst August mit aufwendiger Phantasie für seine neue Auserwählte hatte gestalten lassen. Nachdem die Damen aus ihren Kutschen gestiegen waren, wurden sie von einer als Jagdgöttin Diana verkleideten Hofdame in einen prachtvollen Saal geführt, der mit Gemälden antiker Szenen dekoriert war. Aurora und ihre Damen wurden, zu Oboen- und Schalmeienmusik, fürstlich bewirtet, als plötzlich der Hirtengott Pan mit seinem Waldgötter-Gefolge den Saal betrat. Diana lud Pan ein, sich neben die schöne Aurora zu setzen, und der Hirtengott, unschwer als der verkleidete Kurfürst zu erraten, bediente das verehrte Mädchen mit größter Aufmerksamkeit und erklärte ihr unentwegt seine große Liebe. Selbst wenn Aurora bisher noch Vorbehalte gehabt hatte, sich in die Rolle einer kurfürstlichen Geliebten zu begeben, so mußte sie angesichts dieses erotisch-theatralischen Aufwandes wohl allmählich nachgeben.

Aber das barocke Fest hatte erst begonnen. Nach dem üppigen Gastmahl wurde die ganze Gesellschaft in Gondeln auf eine kleine Insel gebracht, an deren einem Ende ein prächtig geschmücktes türkisches Zelt aufgeschlagen war. Im Zelt wurden die Damen von vierundzwanzig schmucken jungen Türkinnen mit Erfrischungen aus silbernen Körben bedient. Dann traten die hohen Beamten des Serails in Erscheinung, mitten unter ihnen der Großsultan, dessen Kleidung von Edelsteinen funkelte; daß es sich bei diesem wieder um den Kurfürsten handelte, leuchtet ein. August setzte sich neben Aurora auf ein Sofa, und gemeinsam sah die heitere Gesellschaft den verführerischen Bewegungen einer Gruppe von türkischen Tänzerinnen zu, bis es Zeit für die nächste Vergnügung, eine Gondelfahrt bei Wassermusik, war.

In einer offenen Kutsche fuhr der Kurfürst dann mit Fräulein von Königsmarck, begleitet von zahlreichen Reitern und gefolgt von der übrigen Gesellschaft, zur Moritzburg zurück, wo Aurora ein verschwenderisch ausgestattetes Zimmer bezog. Vor allem das Bett war eigens für sie verziert worden: Auf dem silberbestickten Damastvorhang waren Szenen aus der mythologischen Liebesgeschichte zwischen Titan und Aurora, der Göttin der Morgenröte, dargestellt. »Hier«, sagte der Kurfürst, »sind Sie in der Tat die oberste Gebieterin, und aus dem Großsultan, den ich darstelle, werde ich Ihr Sklave.«

Aurora war besiegt. In prunkvollster Abendtoilette begab man sich nun ins Theater, wo die Liebeskomödie von Amor und Psyche gespielt wurde. Anschließend speiste man zur Nacht. Bei Augusts Vorliebe für Prachtentfaltung war es kaum noch der Rede wert, daß Aurora auf ihrem Teller einen üppigen Strauß von Diamanten, Rubinen und Smaragden vorfand, ein fürstliches Geschenk, mit dem das Fräulein von Königsmarck gleichzeitig zur Ballkönigin erklärt wurde.

Aurora eröffnete denn auch den Ball mit dem Kurfürsten, und die Bewunderung für das stattliche Paar war allgemein. August hielt sich allerdings nicht allzulange mit seiner schönen Partnerin auf der Tanzfläche auf, sondern verschwand mit ihr nach einer angemessenen Frist aus dem Saal, womit dann die Zeit für den Hofklatsch gekommen war.

Das Fest war damit freilich immer noch nicht zu Ende. Es dauerte noch vierzehn Tage lang, bis auch die letzte Hofdame und der jüngste Lakai über die neueste Liebschaft des starken August im Bilde waren.

So war es kein Wunder, daß die beiden Damen, die zu dieser ausgedehnten Festivität nicht eingeladen gewesen waren, nämlich die Kurfürstin Eberhardine und ihre Schwiegermutter, sehr schnell von Augusts schöner Mätresse erfuhren. Es hätte leicht zu solchen Unannehmlichkeiten kommen können wie im Fall des Fräulein von Kessel. Aber Aurora von Königsmarck war, wie gesagt, nicht nur schön, sondern auch intelligent. Sie hielt sich in taktvoller Entfernung von den beiden Kurfürstinnen, gab ihnen wenig Anlaß zum Ärger und brachte es auf die Dauer sogar fertig, die Achtung der beiden Damen zu gewinnen.

Als August einmal von Moritzburg in einer dringenden Angelegenheit nach Dresden geritten war, hatte er es vor lauter Verliebtheit in Aurora ganz versäumt, einen kleinen Besuch bei seiner Gattin und seiner Mutter zu machen, sondern war umgehend in sein Liebesnest zurückgeritten. Eberhardine und die alte Fürstin waren sehr gekränkt über diese Lieblosigkeit und wollten sich solche Mißachtung nicht mehr gefallen lassen.

Aurora bewies hier ihre überlegene Klugheit und ihr Taktgefühl. Sie sprach dem Kurfürsten gegenüber offen ihr Mißfallen über sein Benehmen aus und erklärte ihm, die größte Probe seiner Liebe zu ihr sähe sie darin, wenn er seiner kurfürstlichen Gattin alle Ehre erweise, die ihr zustehe. Er müsse sie trösten für den Verlust, den sie erlitten habe, und könnte nicht freundlich genug mit ihr umgehen. Dann überredete sie ihren Geliebten, umgehend nach Dresden zurückzureiten, seinen Fehler wiedergutzumachen und der Kurfürstin zu bestellen, daß sie, Aurora, nicht daran denke, ihr den Gatten zu entziehen.

»Das ist mein Trost«, soll Eberhardine daraufhin gesagt haben, »daß ich eine Nebenbuhlerin habe, die eine Person von Verdienst ist.«

Aurora blieb weiterhin bescheiden im Hintergrund, und schließlich waren die beiden Kurfürstinnen neugierig genug, die Rivalin Eberhardines näher kennenzulernen. Sie besuchten sie von Zeit zu Zeit und mußten einräumen, daß August tatsächlich keine schlechte Wahl getroffen hatte.

Während der Kurfürst inzwischen wieder einmal vergeblich versuchte, sich auch bei kriegerischen Unternehmungen Lorbeeren zu holen – im Kampf gegen die Türken wurde sein Heer geschlagen, und August mußte dem Kaiser den Feldherrnstab zurückgeben –, vertrieb sich Aurora die Zeit mit Gedanken über ihre Zukunft. Der Kurfürst hatte ihr einen eigenen Hofstaat eingerichtet, sie mit Geschenken überhäuft und ihr zu Ehren große Festbälle veranstalten lassen. Nun aber erwartete die Gräfin von Königsmarck ein Kind von ihrem Geliebten, und da sie fürchtete, daß Schwangerschaft und Mutterschaft sie für den Kurfürsten weniger attraktiv machen konnten und sie möglicherweise bald einer neuen Frau würde Platz machen müssen, plante sie weiter: Sie, die Mätresse des Kurfürsten, wollte Äbtissin des Stiftes von Quedlinburg werden.

Das Stift war schon im zehnten Jahrhundert gegründet worden und genoß hohes Ansehen. Die Äbtissinnen des Stiftes standen im Rang von Reichsfürsten, und die Stiftsdamen waren meist Prinzessinnen oder entstammten den ältesten Adelshäusern. Eine Stellung als Äbtissin war also als sichere und hohe Position äußerst erstrebenswert für die Gräfin von Königsmarck. Um als Nachfolgerin der amtierenden Prinzessin von Sachsen-Weimar bestimmt zu werden, bedurfte es der Genehmigung des Kaisers, wozu Kurfürst August ganz sicher seine Unterstützung geben würde.

Aber nun galt es, die Stiftsdamen selbst darauf einzustimmen, daß die Mätresse des Kurfürsten Äbtissin eines alteingesessenen, hochvornehmen Jungfernstiftes werden wollte. Vor allem mußte Aurora die Prinzessin von Sachsen-Weimar für sich gewinnen – und sie mußte natürlich verheimlichen, daß sie schwanger war. Beides gelang der klugen Gräfin wider Erwarten ziemlich problemlos. Die Äbtissin war von Auroras Umgangsformen anscheinend so angetan, daß sie versprach, sich für ihren Wunsch zu verwenden. Und Aurora bekam ihr Kind in solcher Heimlichkeit, daß bis heute niemand weiß, wo und wann der kleine Moritz von Sachsen, der später ein berühmter Marschall wurde, geboren ist. Allerdings mußte sich Aurora schließlich bescheiden: Sie wurde nur Pröpstin, weil ihre Wahl zur Äbtissin von anderen Stiftsdamen verhindert wurde.

Mit dem Argwohn, daß August sich bald weniger um sie kümmern würde, hatte die junge Mutter Aurora recht gehabt. Augusts Leidenschaft für sie ließ schnell nach, und bald mußte sie einer anderen ihren Platz überlassen. Um nicht jeden Einfluß am Hof zu verlieren, unterließ sie es geschickterweise, ihrem ehemaligen Geliebten Vorhaltungen zu machen und die Betrogene zu spielen. Sie blieb in Dresden und erhielt sich ihre bevorzugte Stellung und Augusts Freundschaft.

Nun begannen zahlreiche Verehrer um die schöne Frau zu werben. Wem Aurora ihre Gunst schenkte, ist nicht in allen Fällen belegt. Gern hätte sie vermutlich die Krone angenommen, die der verwitwete Herzog Christian Ulrich von Württemberg ihr antrug, der sie noch von Hamburg her kannte. Aber Kurfürst August machte ihr in diesem Fall einen Strich durch die Rechnung und verweigerte seine Zustimmung.

Die neue Schönheit, die Aurora verdrängte, war die Gräfin von Esterle. Sie war verheiratet, hatte weniger Liebreiz und Bildung als ihre Vorgängerin, übte aber auf August schon bei der ersten Begegnung eine solche erotische Faszination aus, daß es ihm buchstäblich die Sprache verschlug. Die erfahrene Gräfin ermunterte ihn ohne Umstände, als sie merkte, welchen Eindruck sie auf ihn gemacht hatte, und der ungeduldige Kurfürst kam denn auch bald zur Sache. Während der Graf von Esterle hinter dem Sessel seiner Gattin stand, flüsterte August seiner neuen Flamme hinter vorgehaltenem Schnupftuch feurige Komplimente zu. Ein Brief mit einem Ohrschmuck im Wert von vierzigtausend Gulden sorgte am folgenden Tag für die endgültige Zustimmung der Gräfin, und schon hatte August den Platz im Ehebett des kränkelnden Grafen von Esterle eingenommen, dem die Ärzte sexuelle Enthaltsamkeit empfohlen hatten.

Dem Herrn von Esterle war zwar zeitweise von der Ausübung seiner ehelichen Pflichten abgeraten worden, aber so krank war er auch wieder nicht, daß er nicht am nächsten Morgen seiner Gattin einen Gutenmorgengruß hätte entbieten können. Das wollte er denn auch und war, als er im Laufe des Vormittags auf Zehenspitzen ans Bett der Gemahlin schlich, um sie zu überraschen, selbst ganz fürchterlich überrascht, den durchlauchtigsten Kurfürsten mit ihr unter einer Decke zu finden. Statt sich mit dem starken August, der sofort seinen Degen zog, brachial auseinanderzusetzen und dabei sicher den kürzeren zu ziehen, verschwand der Graf fluchtartig aus dem Zimmer und beschwerte sich bei mehreren Hofherren über die Schmach, die ihm der Kurfürst angetan hatte.

Die dreiste Gräfin

Doch die Herren des Hofes, die ja Augusts zupackende Art nur zu gut kannten, trösteten den Herrn von Esterle mit den zahllosen Beispielen für Ehebruch, die man in der Mythologie und der Geschichte finden kann. Sie zitierten Amphitryon, der sich sehr über die Treulosigkeit seiner Gattin Alkmene aufgeregt hatte; aber als er erfuhr, daß sie mit dem Göttervater Zeus geschlafen habe, beruhigte er sich wieder. Sie erinnerten an die zahllosen Ehemänner im alten Rom, die ihre Frauen den jeweiligen Kaisern abtreten mußten und manchmal noch froh sein konnten, mit dem Leben davonzukommen. Auch in Frankreich habe beispielsweise Herr von Montespan seine Gattin dem Sonnenkönig, Ludwig XIV., überlassen, und in England hätten viele Ehemänner geduldig zusehen müssen, wie Karl II. ihre Frauen besuchte.

Der Graf von Esterle mochte sich diesen Argumenten aber noch nicht ohne weiteres beugen. Schließlich schlug man ihm vor, er solle doch einfach in die Dienste des Kurfürsten treten und sich dadurch von diesem gewissermaßen entschädigen lassen. Herr von Esterle hielt diesen Vorschlag für eine gute Idee und wandte sich über einen Mittelsmann mit dieser Bitte an August. Der Kurfürst konnte zunächst nicht glauben, daß ein betrogener Ehemann auch noch in den Dienst dessen treten wolle, der ihn betrogen habe, war dann aber unter Hohngelächter bereit, dem Gesuch zuzustimmen. Die Gräfin von Esterle war allerdings mit dieser Regelung nicht einverstanden. Sie bat den Kurfürsten, ihrem Mann nicht die gewünschte Stellung zu geben, sondern ihn mit einer jährlichen Zahlung abzufinden. August war einverstanden und überließ seiner neuen Geliebten alle Einzelheiten des abzuschließenden Vertrags.

Dieser wurde nun aber so formuliert, daß der Eindruck entstand, nicht die Ehegattin, sondern der Ehemann sei der schuldige Teil. Die wenig feinfühlige Gräfin von Esterle machte ihrem Gatten zur Auflage, daß er keines seiner ehelichen Rechte mehr ausüben dürfe, mit keinem Menschen über das Vorgefallene reden dürfe, und sie ansonsten tun und lassen könne, was sie wolle.

Ihre ursprüngliche Forderung, daß ihr Gatte sich dafür entschuldigen solle, sie mit dem Kurfürsten derart überrascht zu haben, ließ sie großzügigerweise fallen. Dafür mußte aber Graf Esterle schriftlich erklären, alle Kinder, die seine Gattin etwa bekommen würde, als seine eigenen anzuerkennen. Der Vertrag wurde von beiden Ehepartnern unterzeichnet und gab allen Hofleuten, die davon erfuhren, viel Stoff zum Lachen.

Weniger Glück mit ihrer Unverschämtheit hatte Frau von Esterle am kurfürstlichen Hof. Da sie weder so taktvoll und zurückhal-

tend noch so kultiviert und gewandt wie Aurora von Königsmarck war, machte sie sich in Dresden bald viele Gegner. Einen
Besuch bei der Gattin des Kurfürsten konnte sie zwar durchsetzen, weil diese sich inzwischen mit den Liebschaften ihres Gatten
abgefunden hatte. »Der Kurfürst hat zu befehlen«, sagte sie resi-
gniert, »er kann zu mir bringen, wen er will.« Aber die alte Kurfürstin, die die liebenswürdige Aurora gerade noch als Geliebte
ihres Sohnes geduldet hatte, dachte gar nicht daran, die dreist
auftretende Frau von Esterle zu empfangen, die über diese Zu-
rückweisung tödlich beleidigt war.

Der Kurfürst hatte in dieser Zeit andere Dinge im Kopf. Sie be-
trafen seinen Ehrgeiz, in der europäischen Politik eine größere
Rolle zu spielen, als ein sächsischer Kurfürst das normalerweise
konnte. Anlaß für diese Überlegungen war der Tod des polnischen Königs Johann III. Sobieski im Sommer 1696. Um die va-
kante Königswürde bewarben sich außer den beiden Söhnen des
Verstorbenen sieben weitere Fürsten; unter ihnen auch Friedrich
August I., Kurfürst von Sachsen. Die Aussicht darauf, ein großes
Reich zu regieren, das an der Ostsee begann und sich, über den
Dnjepr hinaus, bis zum Schwarzen Meer erstreckte, war politisch
wie wirtschaftlich gleichermaßen anziehend. Polen war der
Übergang zum Orient. Wer Polen regierte, hatte Zugriff auf den
gewinnbringenden Transitverkehr und unmittelbaren Anschluß
an den Ostseehandel.

Aber einem protestantischen Fürsten würde die Krone des katho-
lischen Polen nicht aufgesetzt werden, das wußte August. Also
mußte er, um seine Pläne zu verwirklichen, zum Katholizismus
übertreten – und er tat das, zur Bestürzung seines lutherisch ge-
sonnenen Sachsenvolkes und seiner Gattin Eberhardine, die sich
aus Protest gegen Augusts Konversion wochenlang in ihren Ge-
mächern einschloß und sich später weigerte, den Titel einer Königin anzunehmen und ihrem Gatten nach Polen zu folgen.

Der Schacher um Polen begann, und der Meistbietende, nämlich

August, gewann. Friedrich August I. wurde, als August II., König von Polen. Bei der feierlichen Krönung in Krakau übernahm sich der kräftige Sachse allerdings ein wenig. Er trug einen angeblich von ihm selbst entworfenen Aufputz aus Ritterharnisch, römischen Schurzhosen, Feldherrnunterkleidung und diamantbehängtem Hermelinmantel. Das Ganze war so schwer, daß es ihm während der langen Krönungszeremonie den Atem raubte: Als gerade das Glaubensbekenntnis verlesen wurde, sank August der Starke ohnmächtig zu Boden und konnte erst mit ungarischem Wein wieder ins Bewußtsein zurückgeholt werden.

Zu dieser Zeit war die Gräfin von Esterle noch Augusts Favoritin. Sie wurde Zeugin seines Triumphs gegenüber seinen Konkurrenten um den polnischen Königsthron und begleitete den neuen Polenkönig nach Krakau und Warschau. Aber diese Ehre machte sie noch hochmütiger, als sie ohnehin schon war, und sie war sicher, August fest in ihrer Hand zu haben. Dieses Gefühl machte sie so leichtsinnig, daß sie auch anderen Hofherren gelegentlich ihre Gunst schenkte, ohne dabei besonders zurückhaltend zu sein. August sah sich dieses Spiel eine Weile mit an, weil er seine Mätresse immer noch sehr begehrenswert fand, aber schließlich riß ihm die Geduld. Ohne mit der Gräfin noch ein persönliches Wort zu wechseln, ließ er ihr kurz und bündig mitteilen, sie habe innerhalb von zwei Stunden den Palast zu räumen und binnen vierundzwanzig Stunden Warschau zu verlassen.

Das war ein recht überraschender Schlag für Frau von Esterle, zumal diese zu der Zeit ein Kind erwartete; August konnte freilich nicht sicher sein, daß es von ihm stammte. So schlugen ihm seine Ratgeber vor, die Dame doch einfach wieder zu ihrem rechtmäßigen Gatten zurückzuschicken und diesem die ansehnliche Summe von fünfzigtausend Talern zu bieten, damit er sie auch ja wieder nähme. Herr von Esterle aber schien keinerlei Interesse mehr an seiner treulosen Frau zu haben, berief sich auf seine gekränkte Ehre und wies das Angebot zurück.

Die Gräfin mußte sich also wohl oder übel nach einem anderen Quartier umsehen, nachdem sie Warschau verlassen hatte. Für eine reiche finanzielle Ausstattung hatte die umsichtige Dame schon längst gesorgt und machte sich damit schleunigst auf die Reise. Doch sie hatte sich durch ihr anmaßendes Wesen so viele Feinde gemacht, daß man sie nicht ganz ungeschoren davonkommen lassen wollte. Jemand meinte gegenüber König August, man hätte der Frau von Esterle eigentlich einen Teil ihrer kostbaren Diamanten wieder abnehmen sollen, das wäre eine härtere Strafe gewesen als sie nur wegzuschicken. August nahm in seinem Ärger diesen Hinweis sofort auf und schickte berittene Boten hinter seiner ehemaligen Mätresse her, die ihr den Schmuck, den sie in einem Diamantkästchen aufbewahrte, abnehmen sollten.

Aber diesmal war die Gräfin auf der Hut. Sie übergab dem Offizier des Königs anstandslos das verlangte Kästchen, besann sich dann aber kurz und meinte, es sei vielleicht besser, wenn sie es versiegele. Denn falls etwas von dem Schmuck abhanden komme, würde der König sehr wahrscheinlich dem Überbringer die Schuld daran geben. Das leuchtete dem Offizier ein. Die Gräfin schrieb einen kurzen Brief an den König, legte den Schlüssel des Kästchens hinein und übergab dem Offizier das versiegelte Kästchen und den Brief.

Das Schmuckkästchen entsprach genau der Beschreibung, die der Offizier bekommen hatte, und da er keinen Befehl dazu bekommen hatte, den Inhalt zu kontrollieren, machte er sich damit auf den Rückweg, während die Gräfin ihren Weg eilig fortsetzte. Als der Offizier wieder in Warschau eintraf, war Frau von Esterle bereits in Breslau. Sie konnte sich voller Schadenfreude die Verblüffung des Königs ausmalen, der beim Öffnen des Kästchens nur wertlose Sachen darin fand. Sie hatte nämlich, in Voraussicht möglicher Unannehmlichkeiten, ihre Schmuckstücke einem italienischen Freund anvertraut, der sie für sie aufbewahrte.

Verräterische Ohnmacht

Obgleich August sich nach der Enttäuschung mit Frau von Esterle fest vorgenommen hatte, zumindest für eine Weile andere Frauen zu meiden und sich möglicherweise einmal wieder seiner Gattin zuzuwenden, fiel ihm, der die Abwechslung liebte, sehr bald eine neue Schönheit auf. Es war Fatime, eine schwarzhaarige Türkin mit dunkelblauen Augen, sehr anmutig und mit ihrem zurückhaltenden Wesen ein auffälliger Gegensatz zu Augusts bisheriger Mätresse. Fatime widerstand zwar einige Zeit den Annäherungsversuchen des lebhaften Königs, aber schließlich bekam sie doch zwei Kinder von ihm, einen Jungen und ein Mädchen.

Doch als das Mädchen kaum geboren war, hatte August bereits ein weiteres Liebesabenteuer, das ein bißchen länger dauern sollte. Die Auserwählte war diesmal eine Polin, nämlich die schöne Fürstin Ursula Katharina von Lubomirska. Auch die Fürstin, verheiratet mit Georg Dominik von Lubomirsky, ging nicht sofort auf die unmißverständlichen Avancen des Königs ein. Als August aber eines Tages einen Reitunfall hatte und dabei ohnmächtig zu Boden sank, fiel die Fürstin ebenfalls in Ohnmacht. In diesem verräterischen Zeichen sah August die Chance für einen weiteren Vorstoß, der sein Ziel auch erreichte.

Da gerade Fastenzeit war und viele Polen vor den Osterfeiertagen zur Andacht ins Kloster gingen, wurde verabredet, daß auch die Fürstin dies tun, aber gleich anschließend in einem Wagen heimlich zum König gefahren werden sollte. So geschah es denn auch, und Frau von Lubomirska besuchte das Kloster so oft wie kaum je zuvor. Auf die Dauer blieb diese fröhliche Fastenzeit aber dem Gatten der Fürstin nicht verborgen. Er stellte seine Frau zur Rede, und sie gab ihr Liebesverhältnis mit dem König freimütig zu. In ohnmächtiger Wut stieß der Fürst Beschimpfungen gegen den König aus, die August bald zu Ohren kamen. Nachdem er seine

Frau an den König verloren hatte, mußte Fürst von Lubomirsky auf höchsten Befehl nun auch noch den königlichen Hof verlassen. Mit päpstlicher Genehmigung wurde die Ehe schließlich geschieden.

Von nun an zeigte sich der König in aller Öffentlichkeit mit seiner neuen Mätresse. Als er Polen für eine Weile verließ, um sein angestammtes Reich zu besuchen, begleitete ihn die Fürstin nach Sachsen. August zeigte ihr die schönsten Städte seines Landes, beschenkte sie überreich und gab ihr zu Ehren pompöse Feste, wie es seine Art war. Zu guter Letzt machte er seine Geliebte zur Reichsfürstin von Teschen.

Während dieser Reise besuchte August mit Frau von Lubomirska auch die Leipziger Messe, zu der sich immer einige bekannte Fürstlichkeiten einfanden. Dieses Mal war auch Augusts Gattin Eberhardine erschienen, aber nicht, um ihren treulosen Gemahl zu sehen, sondern um Königin Sophie Charlotte, die kluge Gattin Friedrichs I. von Preußen, zu begrüßen. Allerdings erwies sich als unvermeidlich, daß Eberhardine auch mit der neuen Mätresse ihres Mannes bekannt gemacht wurde. Als beide Damen einander gegenüberstanden, fragte Eberhardine nur kühl: »Seit wann halten Sie sich in Sachsen auf?« »Ich bin mit dem König gekommen«, antwortete die Polin offen, »und werde bald wieder mit ihm abreisen.«

Diese freimütige Antwort gab der Gattin des leichtfertigen Königs einen solchen Stich, daß sie fast in Tränen ausgebrochen wäre. Unter einem Vorwand entfernte sie sich eilig von der Gesellschaft. Die souveräne Königin von Preußen aber, der dies leid tat, hatte mit dem unbeständigen August einen Scherz vor, den er nicht so schnell vergessen sollte.

Sophie Charlotte lud August für den Abend zu einem Essen ein, an dem nur von ihr ausgesuchte Gäste teilnehmen durften; Augusts Geliebte sollte nicht dabeisein. Etwas widerwillig erklärte sich der König damit einverstanden. Nun lud die preußische Königin, ohne August einzuweihen, mehrere junge Prinzessinnen, aber auch Augusts drei abgedankte Mätressen – Aurora von Königsmarck, Frau von Haugwitz, geborene von Kessel, und die Gräfin Esterle –, die sich ebenfalls auf der Leipziger Messe verlustierten, zu dem festlichen Abendessen ein.

Selbstverständlich fühlte sich König August, in Abwesenheit seiner derzeitigen Favoritin, wieder einmal von mehreren Damen angezogen. Vor allem gefiel ihm die geistvolle junge Prinzessin Henriette von Anhalt-Dessau, die sich allerdings mit Grandezza von seinen Anträgen befreite. »Ich bitte Euer Majestät zu bedenken«, sagte sie freundlich, aber entschieden, »daß ich auf meine Geburt zu stolz bin, als daß ich Eure Mätresse werden möchte.«

Das war sehr deutlich, aber August hoffte auf weitere Gelegenheiten. Nach dem Essen eröffnete er mit der Königin von Preußen den Ball. Dann setzte er sich wieder neben die junge Prinzessin Henriette, um noch einmal sein Glück bei ihr zu versuchen.

Inzwischen waren maskierte Tänzerinnen und Tänzer hereingekommen, ohne daß August dies bemerkt hatte. Einige der Masken, die als Mäuse verkleidet waren, stellten sich ganz nahe an seinen Tisch, so daß sie jedes schmeichelhafte Wort, das er zur Prinzessin sagte, mithören konnten. Plötzlich mischte sich eine der Mäuse-Masken in das königliche Gespräch und sagte: »Ach, Prinzessin, was der König jetzt zu Ihnen sagt, das hat er heute morgen auch zu mir gesagt. Glauben Sie ihm ja nicht!«

Erschrocken sprang August, der die Stimme seiner Mätresse erkannte, von seinem Sessel auf. Aber auch die Prinzessin stand auf und sagte kühl zu Augusts Geliebter: »Sie brauchen nichts zu fürchten, Maske, der König kann reden, was er will, es sind nicht alle Fürstinnen so wie Sie.« Damit verließ Prinzessin Henriette den Tisch und ließ den verwirrten August mit seiner wütenden Mätresse allein.

Frau von Lubomirska ahnte, daß ihre Zeit als königliche Geliebte nicht für die Ewigkeit bestimmt war. Einige Jahre lang hielt ihre Verbindung noch, und August wurde Vater eines neuen Sohnes, Georg, den er auch als rechtmäßig anerkannte. Doch sein Gefühl für die Mutter ließ bald nach, und er suchte neue Reize. Seiner verflossenen Geliebten setzte er eine Rente von zwanzigtausend Talern aus. Zusammen mit ihren Einkünften aus der Herrschaft Hoyerswerda, die ihr im Jahre 1704 überlassen worden war, und aus weiteren Gütern in der Lausitz machte das eine sehr ansehnliche Summe aus, die der Fürstin von Teschen ein sorgloses Leben ermöglichte. Mit zweiundvierzig Jahren heiratete sie zum zweiten Mal; diesmal war es der zehn Jahre jüngere Prinz Ludwig von Württemberg. Doch mit August blieb sie weiterhin, wenn auch distanzierter, freundschaftlich verbunden.

Für nähere Beziehungen hatte der starke August inzwischen eine andere Dame gefunden. Sie wurde die bekannteste von all seinen Mätressen, und sie war auch diejenige, die ihn am längsten zu halten verstand. Es war die Gräfin von Cosel.

Anna Constanze von Brockdorf, Tochter eines dänischen Kavallerieobersten, war am 17. Oktober 1680, also im selben Jahr wie die Fürstin von Teschen, in Depenau in Holstein geboren. Mit neunzehn Jahren heiratete sie den Freiherrn und späteren Grafen Adolf Magnus von Hoym, der zwölf Jahre älter war als sie und seine junge, schöne Frau so eifersüchtig bewachte, daß er sie während der ersten Ehejahre nicht in den höfischen Kreisen von Dresden sehen ließ, sondern sie auf seinem Gut verborgen hielt.

Prachtliebend und zielstrebig:
Die Reichsgräfin von Cosel

Doch bei einem Abendessen unter Hofherren in Dresden konnte Herr von Hoym, der dem Wein kräftig zugesprochen hatte, es nicht lassen, seine junge Frau, die niemand der Herren kannte, in den glühendsten Farben zu schildern. König August, der über die Eifersucht seines Ministers Bescheid wußte, forderte den Freiherrn mutwillig heraus, indem er stichelte, die junge Frau von Hoym könne unmöglich so schön sein, sonst hätte sich das längst herumgesprochen. Ein anderer Fürst ging noch weiter und wettete tausend Dukaten, daß niemand die junge Frau besonders anziehend finden würde, wenn sie tatsächlich bei Hofe erschiene. Der betrunkene Minister von Hoym ließ sich dazu drängen, seine Gattin durch einen Eilboten für den kommenden Tag an den Hof zu bitten.

Als seine Gattin am folgenden Morgen gehorsam an seinem Bett stand, wurde Hoym klar, daß er sich mit seiner Wette möglicherweise selbst den größten Schaden zugefügt hatte, auch wenn er sie gewonnen haben mochte.

Und natürlich kam es, wie zu erwarten war: August verliebte sich Hals über Kopf in die schöne schwarzhaarige Frau, die ihm allerdings zu Anfang einigen Widerstand entgegensetzte. Dies war aber offenbar weniger ihrer guten Erziehung oder der Liebe zu ihrem Gatten zuzuschreiben, sondern entsprang einer taktischen Absicht. Denn als die ungewöhnlich zielbewußte Dame sicher zu sein glaubte, daß August es ernst mit ihr meinte, gab sie seinen Wünschen nach.

Wie genau sie wußte, was sie wollte, kam sehr schnell ans Licht. Frau von Hoym stellte dem verliebten König Bedingungen, die ihr eine praktisch unumschränkte Herrschaft sicherten:

Erstens mußte August ihr versprechen, sich für alle Zeit von der

Fürstin von Teschen loszusagen, die zu der Zeit noch seine Favoritin gewesen war.

Zweitens sollte August dafür sorgen, daß ihre Ehe mit Herrn von Hoym geschieden werden könne.

Drittens mußte sich der König schriftlich verpflichten, falls die Königin sterben sollte, Frau von Hoym deren Stelle einzuräumen und ihre Kinder als rechtmäßige Prinzen von Sachsen anzuerkennen.

Viertens sollte er ihr ein Jahresgeld von einhunderttausend Talern aussetzen.

So kaltblütig war August noch nie mit Forderungen überfallen worden. Aber der wieder einmal blind Verliebte erklärte sich ohne Zögern bereit, auf alles einzugehen, und Frau von Hoym wurde offiziell die neue Mätresse des Königs.

Nun brauchte die ehrgeizige Dame nur noch ihrem Gatten von der veränderten Situation Mitteilung zu machen. Klipp und klar gestand sie Herrn von Hoym, daß der König ihr seine Gunst geschenkt habe und sie bereit sei, dies Geschenk auch mit allen Konsequenzen anzunehmen. Sie würde ihrem Gatten aber nicht gern Anlaß zur Klage geben, und deshalb sei es sicherlich das Klügste für ihn, auf eine Ehescheidung einzugehen, damit seine Würde gewahrt bleibe und keine Feindschaft zwischen ihnen aufkäme.

Der verblüffte Freiherr traute seinen Ohren nicht. Als ihm endlich klar wurde, daß seine brave Frau es ernst meinte, versuchte er höchst erregt, sie von ihrem Plan abzubringen. Aber Frau von Hoym war längst entschlossen. Und der Freiherr wußte, daß gegen den königlichen Wunsch ohnehin nichts zu machen sei. Schweren Herzens erklärte er sich zu einer Ehescheidung bereit. Seine einzige Bitte war, sich eine Weile vom Hof entfernen zu dürfen, um nicht dem hämischen Klatsch preisgegeben zu sein. Großzügig, wie es seine Art war, entsprach König August dem Urlaubsgesuch seines deprimierten Ministers.

Die Ehe wurde also offiziell geschieden, und beiden Teilen wurde völlige Handlungsfreiheit, also auch eine eventuelle Wiederheirat, zugestanden. Aber die ehrgeizige Freifrau Constanze von Hoym hatte noch ein weiteres Anliegen: Sie bat König August, sich bei Kaiser Joseph I. in Wien um eine Standeserhöhung für sie zu bemühen. Der Kaiser hatte nichts dagegen, und so wurde im Jahre 1706 aus der Freifrau von Hoym die Reichsgräfin von Cosel (der Name stammte von einem Familiengut der Brockdorf in Holstein); das ganze Geschlecht erhielt den deutschen Reichsgrafenstand.

Als nunmehr offiziell anerkannte Mätresse des Königs begann die Gräfin von Cosel ein Luxusleben zu führen, das das ihrer Vorgängerinnen weit in den Schatten stellte. Zwar hatten sich auch Aurora von Königsmarck und die Fürstin von Teschen imposante Geschenke von ihrem königlichen Liebhaber machen lassen. Aber Frau von Cosel setzte dem Mätressenleben buchstäblich die Krone auf.

Abgesehen von den garantierten hunderttausend Talern Jahresgehalt und vielen aufwendigen Geschenken, die sie von August erhielt, überließ ihr der König auch das Lustschloß Pillnitz, das früher der Gräfin von Rochlitz gehörte und später an den König zurückfiel. Neben dem Schloß richtete August seiner Geliebten außerdem eine wahrhaft fürstliche Wohnung ein, die durch einen bedeckten Gang mit dem Schloß verbunden war. Große silberne Tische, silbergerahmte Spiegel, kunstvolle Gobelins, türkische Teppiche und prächtige Spitzen füllten ihre Räume. Vor dem Palast der Frau von Cosel stand ein Doppelposten als Ehrenwache.

Die Prachtliebe der Gräfin entsprach derjenigen des Königs, und es wurden Feste gefeiert, wie das in dieser Hinsicht durchaus verwöhnte Dresden sie noch nicht gesehen hatte. »Die Gräfin kostete soviel wie man braucht, um eine ganze Armee zu unterhalten«, schrieb ein Zeitgenosse. »Unsägliche Summen gingen dar-

Eine herrische Dame: *Gräfin Cosel*. Ölgemälde, vermutlich von Adam de Manyoki oder Louis de Silvestre

auf, um die Hochachtung zu zeigen, die der König für dieses Weib hatte.« Aber obgleich der Aufwand für die Lebenshaltung der Gräfin enorme Beträge verschlang, hielt die berechnende Frau von Cosel immer noch genügend Vermögen zurück, um daraus ein neues Vermögen zu machen: Sie verlieh Geld an bedrängte Herrschaften und ließ sich dafür Wucherzinsen bezahlen.

Nicht nur August war hingerissen von seiner zielstrebigen Geliebten. Auch hohe ausländische Gäste zeigten sich stark beeindruckt von der attraktiven Gräfin, die in Dresden anscheinend alle Fäden in der Hand hielt. Augusts rechtmäßige Gattin Eberhardine spielte nun so gut wie überhaupt keine Rolle mehr. Die Gräfin nahm in jeder Hinsicht ihre Stellung ein. Bei einem feierlichen Götteraufzug, den August für den dänischen König Friedrich IV. in Dresden gab, stellte der Gast den Gott Jupiter dar, August selbst erschien als Göttersohn Apollo, und die Gräfin trat, begleitet von schönen Nymphen, als Jagdgöttin Diana auf. Ihr folgte ein Triumphwagen, der von zwei weißen Hirschen gezogen wurde. Königin Eberhardine dagegen mußte sich, weit hinten im Festzug, mit der unbedeutenden Rolle einer Priesterin bescheiden.

So blieben die Verhältnisse fast zehn Jahre lang. Die Mätresse gebar dem König drei Kinder, zwei Mädchen und einen Jungen. Aber obgleich August in dieser Zeit immer wieder einmal ein kleines Liebesverhältnis nebenbei hatte, kehrte er stets brav zu der dominanten Gräfin zurück.

Doch allmählich schien Augusts Liebe zu ihr nachzulassen. Seine Ausflüge wurden häufiger, und Frau von Cosel machte sich darauf gefaßt, irgendwann vom König verlassen zu werden. Materiell war sie dafür freilich schon seit langem gerüstet: Bei einer Reise in ihre holsteinische Heimat hatte sie heimlich einunddreißig große Kisten mit Schmuckgegenständen, Silberzeug und kostbaren Stoffen für alle Fälle mitgenommen.

Da die Gräfin wegen ihres herrischen Auftretens bei Hof nicht sehr beliebt war, versuchten einige von Augusts Vertrauten, die Augen des immer begehrlichen Königs endlich wieder einmal auf eine andere Frau zu lenken. Die auserkorene neue Schöne war die Gräfin Marie Magdalena von Dönhoff, Tochter des polnischen Großmarschalls Graf Bielinski. August war neugierig genug, die gepriesene Schönheit in Augenschein zu nehmen. Aber bei der ersten Begegnung schien es ihm, als sei die junge Gräfin allzu still und ehrbar; außerdem bemängelte er, daß sie nicht gut tanzen könne. Doch bei einem kleinen Fest, das die Mutter des jungen Mädchens in Warschau arrangierte, fing August Feuer. Denn Gräfin Dönhoff war nicht nur schön anzusehen, sondern sie hatte auch eine hübsche Stimme. Und als sie Liebeslieder für den König sang, war es bald um seine Selbstkontrolle geschehen.

Zwischenspiel mit Frau von Dönhoff

Es dauerte nicht lange, bis Frau von Cosel in Dresden von der neuen Liebschaft des Königs erfuhr. Außer sich vor Zorn machte sie sich auf den Weg nach Warschau. Dort wartete die Gräfin Dönhoff voller Angst auf diesen ungebetenen Besuch, da allgemein bekannt war, daß Frau von Cosel ihre Wünsche notfalls mit Gewalt durchsetzte und unter Umständen auch von der Schußwaffe Gebrauch machen würde, die sie gut beherrschte. Aber soweit kam es nicht, weil August seiner Mätresse einige Boten entgegenschickte, die Frau von Cosel, wenn auch mit äußerster Mühe, von einer nutzlosen Weiterreise nach Warschau abhielten und sie nach Sachsen zurückbegleiteten.
Während die Gräfin von Cosel sich grollend in ihr Palais in Pillnitz zurückzog und Rachepläne schmiedete, genoß die Gräfin Dönhoff in Warschau die ungeteilte Aufmerksamkeit des neu

verliebten Königs. August ließ seine bisherige Mätresse nicht lange darüber im unklaren, was er vorhatte: Er wollte die Gräfin Dönhoff mit nach Dresden nehmen und ihr alle die Privilegien einräumen, die bisher Frau von Cosel genossen hatte. Vor allem wollte er mehrere wichtige Vertragspapiere, unter anderem das schriftliche Eheversprechen, das er seiner bisherigen Mätresse gegeben hatte, zurückhaben und Frau von Cosels Pension neu regeln.

Die Gräfin von Cosel war außer sich. Sie drohte dem König, sich zu rächen, private und offizielle Geheimnisse auszuplaudern, ihm zu schaden. Aber im Grunde war ihr klar, daß sie auf die Dauer keine Möglichkeit hatte, Augusts Forderungen zu entgehen. Sie konnte nur sich selbst entziehen – sie floh, mit allem, was sie zusammenraffen konnte, in höchster Eile nach Berlin, dann nach Leipzig, dann nach Halle.

Mit großer Spannung verfolgte man in Dresden den Kampf zwischen August dem Starken und seiner verstoßenen Mätresse, die offenbar immer noch genügend Macht über ihren Geliebten besaß, um ihn nervös zu machen, so nervös, daß die Hofgesellschaft bei mancher Gelegenheit allen Ernstes glaubte, der König habe den Verstand verloren.

Ein Berliner Gesellschaftsblatt berichtete über einen höchst denkwürdigen Vorfall: Während einer höfischen Zusammenkunft in Dresden sei König August ganz plötzlich über seine derzeitige Mätresse, die Gräfin Dönhoff, hergefallen, und habe ihr Stück für Stück in einer Art Raserei sämtliche Kleider vom Leibe gerissen, worüber alle Anwesenden höchst bestürzt waren. Erst als die Gräfin völlig nackt dagestanden habe, sei der König anscheinend wieder zu sich gekommen und habe verwirrt und schweigend den Saal verlassen. Darauf hätten Hofdamen die weinende Gräfin notdürftig bekleidet.

Diese »Raserei« des Königs konnte unmöglich mit rechten Dingen zugehen. Sie wurde denn auch sofort – der »Hexen«-Prozeß gegen die Frau von Neitschütz war noch nicht vergessen – den vermeintlichen Zauberkünsten der Gräfin von Cosel zugeschrieben, die sich für die schlechte Behandlung durch ihren ehemaligen Geliebten rächen wollte. Bestärkt wurde diese abergläubische Ansicht noch durch Zeitungsberichte, daß August eine Woche später inkognito nach Berlin gereist sei, und zwar in einem offensichtlich verwirrten Zustand: Seine Majestät sei anfallsweise »an der Vernunft etwas irrig«, hieß es in vorsichtiger Umschreibung.

Die geflohene Gräfin von Cosel hatte düstere Zeiten vor sich.

In ihrem Exil in Halle sah sie eines Tages ein Student, Johann Michael von Leon, der später darüber schrieb:

»Die Gräfin sah ich von ungefähr in Halle, wo sie als eine vom Hof verwiesene Liebhaberin des Königs sich hingeflüchtet hatte; sie hielt sich daselbst ganz verborgen in einer abgelegenen Straße bei einem Bürger, unweit dem Ballhause, auf ... Außer den Leuten, die ihr das Essen über die Straße brachten, sah man niemand als einen wohlgekleideten Menschen bei ihr aus- und eingehen, den wir für ihren Liebhaber hielten. Man kann keine schönere und erhabenere Bildung sehen. Der Kummer, der an ihr nagte, hatte ihr Angesicht blaß und ihren Blick sehnend gemacht. Sie gehörte unter die bräunlichen Schönen, sie hatte große, schwarze, lebhafte Augen, ein weißes Fell, einen schönen Mund und eine fein geschnitzte Nase. Ihre ganze Gestalt war einnehmend und zeigte etwas Großes und Erhabenes. Es muß dem König nicht leicht gewesen sein, sich von ihren Fesseln loszumachen.«

Doch auf die bräunliche Schöne mit dem weißen Fell warteten jetzt ihrerseits Fesseln: Auf Ersuchen des Sächsischen Hofes verfügte der preußische König Friedrich Wilhelm die Festnahme der Cosel. Am Abend des 22. November 1716 wurde die einst allmächtige Mätresse des Königs von Polen an ein sächsisches Militärkommando übergeben. Über Leipzig wurde sie in das Schloß in Nossen gebracht und dort vorläufig eingesperrt. Vierzig Mann wurden zu ihrer Bewachung abgeordnet. Keiner der Offiziere und Soldaten durfte sich mit ihr in ein Gespräch einlassen, kein Brief von ihr oder an sie durfte befördert werden. Vor allem sollte streng darauf geachtet werden, daß die Gräfin nicht etwa in der Kleidung eines ihrer Bediensteten heimlich verschwände.

Die gebrochene Gräfin wurde schwer krank. Der Brief einer Augenzeugin aus diesen Tagen schildert den elenden Zustand der Gefangenen: »Die arme Gräfin von Cosel ist miserabel. Man hat sie unterwegs von Halle todkrank geholt, der Schlag hat sie gerührt, die ganze rechte Seite ist lahm. Sie ißt und trinkt nichts, es ist recht zum Erbarmen. Die Geistlichen sind bei ihr, um sie zu trösten. Sie hat die schwere Not fort und fort …«

Doch unter ärztlicher Pflege erholte sich die Gräfin langsam ein wenig. Als sie transportfähig war, brachte man sie, wieder unter strengster Bewachung, auf die Festung Stolpen, einen alten Bischofssitz mit einigen schloßartigen Gebäuden. Hier bezog Frau von Cosel mit dem kleinen Gefolge, das man ihr gelassen hatte – einem Kammermädchen, einer Küchenmagd, einem Koch, einem Tafeldecker und einem Stubenheizer – zwei Stockwerke im sogenannten Fürstengemach. Einen kleinen Teil ihrer Kleider und Schmucksachen hatte sie mitnehmen können, der weitaus größere Teil war in guter Verwahrung bei ihren wenigen Vertrauten, und über diese verborgenen Schätze gab sie keinerlei Auskunft. Selbst König August erfuhr bis zu seinem Tode nicht, wo seine ehemalige Mätresse ihre Kostbarkeiten versteckt hatte.

Im Laufe vieler Jahre fand sich die Gräfin von Cosel zwangsläufig mit ihrer Isolation ab. Man gestand ihr gewisse Hafterleichterungen zu, sie durfte Zeitungen lesen, Besuche empfangen und ihre Kinder in Stolpen sehen. Als ihr Haus durch mehrere Blitzschläge stark beschädigt wurde, zog sie in den nahegelegenen Johannisturm um, wo sie bis zu ihrem Ende blieb. Das mit Steinplatten belegte Turmzimmer war sehr karg eingerichtet. Zwei alte, schadhafte Stühle, zwei kleine Holztische, ein großes Holzbett ohne

Vorhänge bildeten das Mobiliar. Die alte Gräfin saß fast immer am Ofen, auf zwei schäbigen übereinanderliegenden Federkissen. Am 31. März 1765 starb die einstige Herrin von Dresden, völlig vereinsamt, im Alter von fünfundachtzig Jahren.

Während der Zeit, als die Gräfin von Cosel in ihrer einsamen Klause der verlorenen Macht und Herrlichkeit nachsann, war König August in gewohnter Weise tätig. Er feierte üppige Feste, ließ Gärten anlegen und Prachtbauten erstellen, zog in Feldschlachten und liebte die Frauen. Die Gräfin Dönhoff, als Nachfolgerin der Frau von Cosel, machte es sich inzwischen in Dresden bequem – so sehr, daß man behauptete, der König habe sie zwar von allen seinen Mätressen am wenigsten geliebt, aber sie sei ihm gewiß am teuersten gewesen.

Eine allzusehr geliebte Tochter

Es war allerdings weniger die Gräfin selbst als vielmehr ihre habsüchtige Mutter, die Großmarschallin, die die Wankelmütigkeit des Königs genau durchschaute und deshalb rechtzeitig vorsorgen wollte. Ihre eher zurückhaltende Tochter war dem König sehr ergeben, ging auf alle seine Wünsche ein und machte ihm keine Szene, wenn sie erfuhr, daß er auch andere Damen mit seiner Gunst beehrte. Sie soll sogar so weit gegangen sein, dem König ihre Schwester, die litauische Kronfeldherrin Potzky, zuzuführen, um ihm eine kleine Freude zu machen. Doch auch mit Großzügigkeit konnte die Gräfin ihren unsteten Liebhaber nicht für die Dauer an sich binden. Auf einer Reise nach Polen nahm August sie zwar nebst ihrem ganzen Troß mit, zog es dann aber vor, allein wieder nach Dresden zu fahren und seine Mätresse in ihrer polnischen Heimat zurückzulassen.

Selbst wenn man August dem Starken keine abgezählten siebenhundert Geliebten und dreihundertvierundfünfzig Kinder unterstellen will, wie es die Markgräfin von Bayreuth in ihren Erinnerungen tat, so war doch seine Lebens- und Liebesgier anscheinend unerschöpflich. Inzwischen war August über fünfzig Jahre alt und immer noch auf der Jagd nach erotischen Abenteuern. In zahlreichen europäischen Adels- und Bürgerhäusern hatte er für anerkannten oder ignorierten Nachwuchs gesorgt. Bei der kaum überschaubaren Zahl seiner kürzer oder länger dauernden Liebesverhältnisse war es nur eine Frage der Zeit, bis der hemmungslose König irgendwann einmal auch in den Armen einer eigenen Tochter liegen würde. Das geschah, als er sich in eine anziehende junge Dame namens Anna verliebte.

Die lebhafte Anna war im Jahre 1707 als Tochter einer Schankwirtin geboren, der schönen Henriette Duval, bei der August manche durchzechte Nacht verbracht hatte. Als Kind hatte Anna ziemlich vernachlässigt in Warschau gelebt, bis einer ihrer Brüder, der Graf Rutowski (übrigens der Sohn von Augusts zeitweiser Favoritin Fatime), sie am Dresdner Hof einführte.

Es ist nicht sicher, ob der König von vornherein wußte, daß die attraktive Anna seine Tochter war. Er sah sie zuerst in der Uniform des großen Grenadierregiments von Potsdam und war von ihr sofort derart beeindruckt, daß er sie nicht mehr von seiner Seite ließ. Unter dem Namen einer »Gräfin von Orselska« wurde sie zu seiner letzten großen, kaum geheimzuhaltenden Liebe.

Anna sah ihrem Vater nicht nur sehr ähnlich, sondern sie hatte anscheinend auch viel von seinem ungestümen Temperament mitbekommen. Sie ritt wie ein Mann, trank und rauchte und galt als eine der »Löwinnen« des achtzehnten Jahrhunderts. Auch Friedrich der Große lernte die damals Einundzwanzigjährige kennen, bei einem ausgedehnten Karnevalsfest am Königshof in Dresden, von dem er in wenigen Tagen erschöpfter war, »als wenn ich alle Tage zwei Hirsche tothetze«, wie er nach Berlin

Die allzu liebevolle Tochter *Anna von Orselska*. Pastellgemälde von Rosalba Carriera

schrieb. König August sei zwar außerordentlich gastfreundlich gewesen, aber das Leben am Dresdner Hof sei alles andere als christlich. Friedrichs Schwester, die Markgräfin von Bayreuth, notierte, daß die Gräfin Orselska sehr anziehend sei. »Übrigens«, fügte sie hinzu, »hat sie neben ihrem über fünfzig Jahre alten Vater alle ihre Brüder begünstigt, von denen es einen ganzen Schwarm gab.«

Die freigebige Anna spielte auch eine tragende Rolle bei dem größten Fest, das der feierfreudige König jemals gab: dem sogenannten Mühlberger oder Zeithayner Lustlager, das in ganz Europa berühmt wurde. Für das militärische Riesenspektakel, das den ganzen Monat Juni des Jahres 1730 dauerte, wurde ein kilometerlanges Waldstück dem Erdboden gleichgemacht, um Platz für die mehr als vierzigtausend Gäste und Holz für die Pavillons und Feuerwerksgerüste zu bekommen.

Zu den vierwöchigen Festlichkeiten hatten sich, außer dem König und dem Kronprinzen von Preußen, siebenundvierzig deutsche Herzöge und Fürsten, Gesandte des deutschen Kaisers und des russischen Zaren, der Könige von Frankreich und England, von Holland, Schweden und Preußen eingefunden, dazu neunundsechzig Grafen und achtunddreißig Barone. Revuen, Bälle, Konzerte, Theateraufführungen, Jagden und Feuerwerke lösten einander ab. Eins der Riesenfeuerwerke dauerte nicht weniger als fünf volle Stunden. Zu Augusts Befriedigung soll dieses Fest, das weit über eine Million Taler kostete, nach allgemeiner Ansicht die prachtvolle Schau, die der französische Sonnenkönig, Ludwig XIV., einmal bei Compiègne veranstaltet hatte, weit übertroffen haben.

Die besondere Aufmerksamkeit des versammelten internationalen Adels galt bei dieser Mammutveranstaltung immer wieder der schönen jungen Frau an der Seite des Königs, der Gräfin Orselska.

Es dürfte August nicht ganz leichtgefallen sein, diese Verbindung wenigstens teilweise aufzugeben. Vermutlich tat er es, weil er sein inzestuöses Verhältnis nicht vor aller Welt aufdecken wollte. Wenige Monate nach der großen Festlichkeit verheiratete er seine Tochter Anna mit dem Prinzen Karl Ludwig von Holstein-Beck, der in der sächsischen Armee diente und als ein eher farbloser Mann beschrieben wird, der sich in allen Belangen den Wünschen des Königs und seiner Tochter gefügt habe. Ein Palais mit kostbarster Ausstattung, achtzigtausend Taler, die ihr sofort ausgezahlt wurden, sowie mehrere große Güter in Böhmen waren das Hochzeitsgeschenk des spendablen Vater-Geliebten.

Doch diese Ehe hielt kaum drei Jahre, dann zog die Gräfin Orselska von Dresden fort und wohnte seitdem abwechselnd in Venedig und in Avignon.

August der Starke feierte ohne sie weiter, bis zum 1. Februar 1733. Dann starb er – nicht an einer venerischen Krankheit, sondern an einem falsch behandelten Fußleiden, das er sich, viele Jahre zuvor, bei einem Sturz vom Pferd zugezogen hatte, als er die schöne Lubomirska, die spätere Fürstin von Teschen, mit seinen waghalsigen Reiterkunststücken hatte beeindrucken wollen. An einer Ironie des Schicksals, die in ihrer Beiläufigkeit fast tragisch anmutet, ging ein rauschhaftes Leben zu Ende.

»Mein Körper gehört mir«

Die Mätressen des Barock und der Rokokozeit, die Kurtisanen der Renaissance und die Hetären des Altertums sind für uns ferne Vergangenheit. Ein paar Dutzend Namen sind noch in Erinnerung, verbunden mit einer meist prachtvollen Umgebung, in der sich lebensfrohe, willensstarke Frauen für begrenzte Zeit in einer männlich dominierten Welt unabhängig zu machen versuchten.

Aus Ehrgeiz, aus Armut, aus Lust überschritten sie die Scham-
grenzen des Anstandsdenkens und trugen wohl oder übel die oft
bitteren Konsequenzen.

Hetären, Kurtisanen, Mätressen – die Begriffe sind an vergange-
ne Zeiten gebunden, aber das Gewerbe der Liebeskunst ist aktuell
geblieben. Im Zeitalter der Industrialisierung, in dem Menschen
wie Maschinen tätig geworden sind, hat sich mit einem veränderten Moralempfinden auch das Körperbewußtsein gewandelt.
Der energische Protestruf »Mein Körper gehört mir!«, mit dem
sich Frauen während der öffentlichen Abtreibungsdebatten in
den siebziger Jahren unseres Jahrhunderts gegen Eingriffe des
Staates zur Wehr setzten, ist der Ausdruck eines intensiven Wun-
sches nach Unabhängigkeit von männlichen Urteilen und Vor-
Urteilen. Unabhängigkeit und Selbstbestimmung sind in den
letzten Jahrzehnten zu hoffnungsvollen Leitmotiven geworden,
mit denen sich Menschen beiderlei Geschlechts als Individuen
definieren und für die sie mit vielen Mitteln kämpfen.

Diesen Wunsch nach Unabhängigkeit hatten schon Hetären wie
Phryne, Kurtisanen wie Veronica Franco und Mätressen wie
Cora Pearl oder, besonders ausgeprägt, Anna von Orselska. Daß
solche Frauen nicht bei allen Männern auf Verständnis stießen
und deshalb vorsichtshalber in die Kategorie »Amüsiermäd-
chen« abgeschoben wurden, liegt auf der Hand – indem man diese Frauen moralisch verurteilte, glaubte man, mit ihrer Unbän-
digkeit fertig werden zu können. Gleichzeitig genoß man aber
ihre Angebote, legitim, auf dem Handelswege.

Dabei war es keinesfalls so, daß Hetären, Kurtisanen oder Mätressen für alle Zeiten ungebunden bleiben wollten. Wie es Hetären
gab, die von einer – wenn auch erst späteren – bürgerlichen Ehe
mit einem großzügigen Gatten träumten, so gab es auch Kurtisanen, die ihren Beruf gern zugunsten einer einzigen Liebesbeziehung aufgegeben hätten. Immerhin waren Hetären wie Kurtisanen im allgemeinen wenigstens frei genug, sich ihre Liebhaber

selbst aussuchen und mißliebige ohne weiteres wieder vor die Tür setzen zu können; den Männern, die ihnen angenehm waren, blieben sie in gewisser Weise treu, auch wenn es sechs oder sieben in der Woche waren. Anders war dies bei den Mätressen: Sie suchten in der Regel nicht selber aus, sondern wurden ausgesucht. Dann aber waren sie lebhaft daran interessiert, möglichst dauerhafte Beziehungen zu ihren Gönnern aufzunehmen.

Was die meisten der oft sehr zielbewußten Hetären und Kurtisanen vor allem wollten, war die Wahlfreiheit auf allen Gebieten, die die Männer gewöhnlich für sich allein in Anspruch nahmen. Und diese Wahlfreiheit betraf, wie bei Männern, auch die Freundschaft, die Liebe, die Sexualität.

»Es ist keine Leidenschaft so gewaltig wie diese. Und dennoch soll ihr allein das weibliche Geschlecht widerstehen, und zwar nicht bloß wie einem anderen Laster, sondern als dem abscheulichsten und verfluchtesten Laster«, kritisiert der französische Schriftsteller Michel de Montaigne in seinen berühmten *Essais* diese männliche Anschauung. »Wir halten es für ärger als Ketzerei und Totschlag und begehen es doch selber, ohne uns für schuldig zu halten oder einen Vorwurf zu machen. Alle Männer, die jemals versucht haben, diesen Trieb zu unterdrücken, haben die Schwierigkeit, wenn nicht gar die Unmöglichkeit dabei bekennen müssen, auch wenn sie ihren Körper noch so sehr durch Arzneimittel ermatteten, schwächten und erkälteten; das Frauenzimmer aber soll gesund, munter, schön, fett und zugleich keusch sein: Das aber hieße, heiß und kalt zugleich sein.«

Einem so differenzierten Standpunkt konnten die meisten männlichen Zeitgenossen Montaignes nicht allzuviel abgewinnen. Sie hielten es eher mit dem italienischen Philosophen und Literaten Sperone Speroni, der ebenfalls im sechzehnten Jahrhundert, in seinem »Dialog über die Liebe«, schrieb, eine Frau, die nicht als Kurtisane lebe, verletze die Natur. Denn die Liebe sei das, wofür die Frau schließlich geschaffen sei.

Auf viele Hetären, Kurtisanen und Mätressen mochte diese sexualbetonte Ansicht zutreffen; auf kluge Frauen wie Ninon de Lenclos ganz sicher nicht. In einem ihrer Briefe lesen wir: »Ich habe viele Liebhaber gehabt. Ich habe mich aber nie Illusionen hingegeben. Ich habe es stets verstanden, sie zu durchschauen ... Sie waren in mich verliebt, weil ich ein hübsches Gesicht hatte und weil sie ein gewisses Verlangen hatten. Daher haben sie auch immer nur einen zweiten Rang in meinem Herzen eingenommen. Den ersten reservierte ich für meine Freunde.«

Literatur

Aretino, Pietro, *Kurtisanengespräche*, Frankfurt 1986

Basserman, Lujo, *Das älteste Gewerbe*, Wien/Düsseldorf 1963

Blanchard, Claude, *Die letzten Kurtisanen*, Bonn 1950

Blei, Franz, *Glanz und Elend berühmter Frauen*, Berlin 1927

Brantôme, Abbé de, *Das Leben der galanten Damen*, München 1966

Burbardus, Johannes, *Kirchenfürsten und Intriganten*, Zürich 1985

Corso, Rafael, *Das Geschlechtsleben des italienischen Volkes*, Nicotera 1934

Dieckmann, Heinz, *Hetären-Katalog*, Zürich 1962

Dühren, Eugen, *Englische Sittengeschichte*, Berlin 1912

Englisch, Paul, *Sittengeschichte Europas*, Berlin/Wien 1963

Feustel, Gotthard, *Käufliche Lust. Kultur- und Sozialgeschichte der Prostitution*, Leipzig 1993

Fuchs, Eduard, *Illustrierte Sittengeschichte*, Renaissance, München 1909

Gleichen-Rußwurm, Alexander von, *Kultur und Geist der Renaissance*, Wien/Hamburg o. J.

Grotthuß, Freiherr von (Hg.), Lucian, *Ausgewählte Schriften*, Berlin o. J.

Hofmann, Werner (Hg.), *Eva und die Zukunft der Frau* (Ausstellungskatalog), München 1986

Infessura, Stefano, *Römisches Tagebuch*, Jena 1979

Latour, Anny, *Kulturgeschichte der Dame*, Hamburg 1963

Le Cortigiane di Venezia dal trecento al settecento (Ausstellungskatalog), Mailand 1990

Lenclos, Ninon de, *Briefe*, München 1968

Licht, Hans, *Sittengeschichte Griechenlands*, Dresden/Zürich 1926

Masson, Georgina, *Kurtisanen der Renaissance*, Tübingen 1975

Mey, Dorothea, *Die Liebe und das Geld*, Weinheim und Basel 1987

Montaigne, Michel de, *Essais*, Zürich 1992

Neuman, Erich, *Die große Mutter. Der Archetyp des großen Weiblichen*, Zürich 1956

Paoli, Ugo Enrico, *Die Geschichte der Neaira*, Bern 1953

Plankl, Wilhelm, *Alkiphron – Hetärenbriefe*, München 1939

Pomeroy, Sarah, *Frauenleben im klassischen Altertum*, Stuttgart 1985

Rabenalt, Arthur Maria, *Mimus Eroticus*, Hamburg 1966

Reinsberg, Carola, *Ehe, Hetärentum und Knabenliebe im antiken Griechenland*, München 1989

Rosenthal, Margaret F., *The honest courtesan. Veronica Franco, Citizen and Writer in 16th Century Venice*, Chicago 1992

Scherr, Johannes, *Menschliche Tragikomödie*, Leipzig 1937

Schreiber, Hermann, *August der Starke*, München 1981

Schultz, Uwe, *Montaigne*, Reinbek 1989

Semerau, Alfred, *Die Kurtisanen der Renaissance*, Berlin/Leipzig 1914

ders., *Pietro Aretino. Ein Bild aus der Renaissance*, Wien/Leipzig 1925

Siems, Andreas Karsten (Hg.), *Sexualität und Erotik in der Antike*, Darmstadt 1988

Zinserling, Verena, *Die Frau in Hellas und Rom*, Stuttgart 1972

Zorzi, Alvise, *La Vita Quotidiana a Venezia nel secolo di Tiziano*, Mailand 1990

ders., *Cortigiana Veneziana. Veronica Franco e i suoi poeti*, Mailand 1986